胡贝尔·戈纳 著

李中文 译

爱因斯坦在柏林

1914—1933

Einstein in Berlin

中央编译出版社

CCTP Central Compilation & Translation Press

1955 年 4 月 18 日，科学巨人爱因斯坦病逝。他生前立有遗嘱，要求把他的骨灰撒在不为人知的地方，不发讣告，不建坟墓，不立纪念碑。火化时免除所有公共集会，免除所有宗教仪式，免除所有花卉布置及所有音乐典礼。根据他的遗嘱，火化时在场的人只有：大儿子汉斯·爱因斯坦，遗嘱执行人、经济学家纳坦，爱因斯坦最忠实的合作者杜卡斯，助手诺伊施泰因，图书管理员范托娃，以及他的妻子等 12 人。没有奏乐，没有花卉，小教堂里一片寂静。只有遗嘱执行者纳坦在结束仪式时，念了歌德悼念席勒的诗，表达自己的哀思：

　　我们全都获益匪浅，
　　全世界都感谢他的教诲；
　　那专属他个人的东西，
　　早已传遍广大人群。
　　他像行将陨灭的彗星，光华四射，
　　把无限的光芒同他的光芒永相结合。

目录

4

序　言

Einführung

　　本书叙述爱因斯坦及在柏林和他一起生活过的人，并把他们纳入一座城市和某段时期的文化史中。爱因斯坦生前就被誉为"新牛顿"和"人类史上最伟大的学者之一"。直到今天，他仍是20世纪知名的偶像。1914年4月到1932年12月，这位不寻常的人物住在柏林。虽然1931年12月，他已暗中决定（彻底）放弃他"在柏林的职位"，但1933年3月底，他在美国停留后，却仍愿意回到他在市内的住所及市区西南边波茨坦（Potsdam）附近卡普特（Caputh）自己心爱的避暑宅子。在比利时和英国等待几个月后，纳粹仇恨分子与打手的疯狂行径，终于促使他决定在美国东北部的普林斯顿（Princeton）过完后半辈子。

爱因斯坦在普林斯顿的家

底下，将设法把这位多才多艺的天才人物生活中的一个阶段，和一座多元都会的命运结合起来。这两者可说是齐头并进：柏林跃升为大都会，理论物理学家爱因斯坦则登上生涯的高峰。爱因斯坦在柏林生活的头几年，只有学院同事和一小批和平主义知识分子认识他。约莫自 1919 年起，他才广受众人瞩目。魏玛共和时期（Weimarer Republik，1919 — 1933）的柏林，分裂成许多市镇和乡村，较像一个地区性的世界都会，同时又具备巨大的经济力，迅速发展成具有欧洲水准的学术文化重镇，成为德意志帝国的真正首都。在这两段"经历"中，都有盛极而衰的转折：爱因斯坦成了普林斯顿的移民学者，他的政治和道德见解却比研究成果更受瞩目；而柏林则在极权体制下，没落为文化平庸的城市。

20世纪20—30年代，柏林不止一个，更有许多个当时的观察者以不同方式整合起来、由布里茨（Britz）经潘科（Pankow）到策伦多夫（Zehlendorf）等占地辽阔且相当自主的"小柏林"[1]。同样，柏林不只这种"同时存在的"柏林，还有各种具有不同时代意识的社团。一般在描述城市或人物时，不免会凸显或忽视某些特点，于是我们见到了政治狂热的柏林，艺术或学术的柏林，剧场、讽刺剧和电影的柏林，工人斗争和漫画家奇勒[2]笔下的柏林等。在爱因斯坦的传记中也有类似情形，他不断被视为天才物理学家、平易近人的男子、举世瞩目的和平之友及其雅俗共赏的科学贡献。近年来，侧重他在文化和社会领域上的描述，也越来越多。

　　至今的描述，多半着重在爱因斯坦的生活本身，本书则同时透过时人外部的眼光来观察他。柏林的文化、社会和政治氛围，构成了这20年传记的架构。若只单单描述柏林，爱因斯坦不过只在数百人中占有一席之地。柏林既未受爱因斯坦影响，当时的他也不愿说出"我是柏林人"。[3]不过，这18年的柏林岁月，仍令他觉得惬意，并对市内的一些机构和某些人心怀感激。

　　一个与爱因斯坦相关（双向或单向）的人际网络逐渐成形。他活跃其中的这个绵密网络，多为学界同僚，即一般的知识中产阶级

1　大致为本市东北边至西南地带。——译者注
2　Heinrich Zille（1858—1929），柏林当时著名的艺术家，擅长讽刺漫画，在许多画报中描绘出柏林中下阶层的生活场景。——译者注
3　美国总统肯尼迪于1963年访问西柏林演说时的名言。——译者注

(Bildungsbürgertum)，特别是犹太同事。爱因斯坦在柏林才开始意识到自己的犹太身份，一种无关宗教的种族文化归属感，促使他投入犹太复国主义中的精神道德革新运动。这位以时空理论打破许多人既定世界观的知名学者，因而成为反犹言论的箭靶。功成名就的艺术家和演员、政治和社会团体、劳工组织、文学界和新闻界等圈子，和他则有少许接触。爱因斯坦跟新派艺术家之间亦无关系，对他们的作品也未有好感；他与工业巨子和贵族世家间没有任何社会关系——除了认识其中几位之外。然而，身为贵宾和指标人物，他却到处吃得开，例如富豪和政治人物的家宴及文化界、社交界的大事。

爱因斯坦性格中的矛盾，可从他和市中其他人等的交往看出：外在融入社会，同时内在保持独立；意志坚强与自信卓绝，却不太愿意对物理世界外的事情负责；谦虚、友善和性情坦率，却有时对两任妻子和孩子们表现出强势和冷酷；外表不修边幅，却在媒体前刻意展现自我。这些矛盾几乎不曾出现在至今许多出于天才崇拜而产生的浪漫描述中。他人生中的最大挑战，当为在为领悟自然法则而殚精竭虑，及基于民主和人权促成人类社会团结公正之间，找到最佳的综合。

就"当代发展"而言，爱因斯坦的相对论和量子论论文对物理学界贡献良多；在私生活中，却是一位品味保守的知识阶层和传统男女地位的拥护者。他在物理学界的创造性，并未展现在其他领域：和前人与同时代人相比，他的所知所言并不独特——却常常很

4

动听。虽然一般人无法了解爱因斯坦的物理理论，他却有种特殊天分，表达得简洁幽默，许多名言长留大众心中。除了对物理学的影响，身为和平与民主人士的他虽然不愿受拘束，却算不上自由思想家。他的启蒙立场和道德价值，与其说追随法国文豪伏尔泰，不如说服膺德国文豪席勒。

和今日爱因斯坦的"市场化"相比，20年代的"爱因斯坦热"便较为逊色。今日，他的肖像出现在纸钞和邮票上，目前至少有三出爱因斯坦歌剧，即由德绍（Paul Dessau）、格拉斯（Philip Glass）和英裔德籍的德斯（Dirk D'Ase）创作的剧本，后者为了庆祝他125周年诞辰，而在其出生地德国南部的乌尔姆（Ulm）上演。许多小说、故事和专著的书名里都有他的名字。在作家伦茨（Siegfried Lenz）的故事中，人们可以和他一起越过易北河[1]、做梦、休息及探索世界的奥秘。德国有十余所爱因斯坦高级中学，学生们也都有许多这类读物的文选。美国出版家贝内特·瑟夫（Bennet Cerf）甚至写了一首关于爱因斯坦的打油诗，里头还包括了美裔英籍雕塑家爱勃斯坦（Jacob Epstein）和美裔法籍女作家格特鲁德·斯坦因（Gertrude Stein）。译文如下：

> 知名的家族——斯坦里有
>
> 格特鲁德、爱勃和爱因。

---

1 Elbe，源于捷克而流往西北经德国入海。——译者注

格特鲁德风格不太鲜明，

爱勃的雕塑很巧妙，

爱因却没人能明了。

　　笔者希望能够透过别处没有的细节，勾勒出爱因斯坦在柏林真实却不失恭敬的图像。城市及文化只能在强光下检视。我长年在哥廷根（Göttingen）大学探索爱因斯坦的物理学理论及其科学和社会环境，构成了这次彻底研究的先决条件。书中引用的大量资料，为了方便阅读，则刻意省略其引文和出处注解。想找正文详细注解的人，请上网查阅（亦参阅书末参考资料）。在主观叙述和推测之处，都在文字中清楚表明。当中若有错误，还请读者不吝指正。

1 1910年的帝都柏林

Das wilhelminische Berlin um 1910

沉思中的爱因斯坦，时年31岁，1910年。

现在的柏林和动物公园多美啊！

游人熙熙攘攘，在若隐若现的阳伞下，人群成了移动的黑点。

淡蓝的天色像梦一般轻触大地的绿意。

大家步履轻盈，仿佛深怕行军步伐或类似的大动作会破坏气氛……

19世纪末期的柏林街景

散步者有时三五成群，有时独自一人，

隐身在高耸光秃的树木，或一片新绿的矮灌木林中……

公园的景致就像画，像梦，像怡人的轻吻……

四处望去，灌木丛中随处可见女士们戴着别上红、蓝饰品
的遮阳帽……

真是美极了，这座公园！

哪位柏林居民会不喜爱呢？

1911年6月，瑞士作家瓦尔泽（Robert Walser）在文章中，对此地人文和自然风光赞誉有加。市中心的动物公园（Tiergarten，一译"蒂尔加滕"）¹早先是选帝侯的猎场，亦即王室的私产。威廉二世（Kaiser Wilhelm II）皇帝在此陈设许多大理石像，包括一尊其夫人维多利亚（Auguste Viktoria）的雕像。这条胜利林道两旁，安置了从12世纪阿尔布雷特（Albrecht）到威廉一世（Wilhelm I）等勃兰登堡边区的各代君王，君王像旁还有两人随侍，令人景仰，柏林当地人却戏称为"偶像大道"。据说画家李伯曼（Max Liebermann）还对这32尊雪白晶亮的名贵大理石像打趣道："我买了墨镜，游园时才不致伤到眼睛。"当时胜利女神柱还矗立在帝国议会大厦前的君王广场（后改名为共和广场），1938年才移至园中的"星辰"（Stern）中²。柏林人觉得轻飘飘的维多利亚和底下厚

---

1 动物公园不是动物园，真正动物园在公园西南区，称柏林动物园。 ——译者注
2 即由园东挪到园西，"星辰"为路中圆环。 ——译者注

重的圆柱格格不入，就调侃这位胜利女神为"唯一不协调的柏林人"。

当爱因斯坦的妹妹玛娅（Maja）由瑞士阿劳（Aarauer）来到柏林研习时，想必很能领略这里的自然风光：动物公园、市区西南边的格林瓦德（Grunewald，一译"格鲁内森林"）、公园北缘的施普雷河（Spree），以及由蓊郁的松林所环绕、其上点缀着数百张白帆、在市区西南边的万湖（Wannsee）。她在1904—1907年间，在市中东区的柏林大学听课，主要是罗曼语文研究所古法语专家的课，之后回瑞士伯尔尼完成相关的博士论文。不过，她不能在柏林大学就读——1908年，普鲁士才准许女子上大学，是帝国最后通过此一提案的行政区。所以她是9000名左右的大学生中不到千名的"旁听生"之一。玛娅在本城的生活如何，对于立着创校者洪堡兄弟（Brüder Humboldt）石像的大学附近"菩提树下大街"（Unter den Linden）的观感如何？这可是她进修和十年后她兄长随心所欲授课之处。其实爱因斯坦很早就想来柏林——1901年，即在他拿到"数学专业教师"证书后一年，曾经应征市区西边的夏洛滕堡（Charlottenburg）科技大学助教一职[1]。

玛娅应该是住在亲戚家，或是在舅舅科赫（Jakob Koch）家。玛娅的一位堂姊艾尔莎·列文塔尔（Elsa Löwenthal），娘家姓爱因斯坦（后成为爱因斯坦第二任妻子），堂姊夫叫马克斯·列文塔尔（Max Löwenthal）。马克斯为柏林纺织商兼工厂股东，当时住在市中西区帕绍街（Passauestraße）。1901—1902年间工厂关门

---

1 即写信给该校大教授自荐。——译者注

后，艾尔莎与两个女儿伊尔莎（Ilse）和玛戈特（Margot）搬回德国南部赫辛根／霍亨佐伦（Hechingen/Hohenzollern）双亲的家乡。艾尔莎的父亲为鲁道夫·爱因斯坦（Rudolf Einstein），便在动物公园南区丽山（Schöneberg，一译"舍内贝格"）威尔默斯多夫（Wilmersdorf）西岸的哈伯兰街（Haberlandstraße）买了栋房子，和妻子范妮（Fanny）及次女保拉（Paula Einstein）在此落脚。艾尔莎直到1908—1909年间才离开赫辛根，来到位于新巴伐利亚社区的这栋房子。当时玛娅也早已回到瑞士。所以说，爱因斯坦－列文塔尔一家是住在有17万居民的独立大城丽山，而不是柏林。

是乡下，抑或都市？

柏林在威廉二世时代是普鲁士的国都，自1871年起，也是德国皇帝的帝都。然而，柏林的城乡（Kommune）仍然存在，不断和普鲁士政府与专制王权周旋。在第一次世界大战前，柏林包括有轨电车环形线绕行的地区，东西两端间则由城乡铁路联络。根据1910年的统计，本市拥有两百多万居民。周边的独立城镇有市区西边的夏洛滕堡、施潘道（Spandau）、市区西南边的威尔默斯多夫、市区南边的丽山、市区东边的利希滕贝格（Lichtenberg）；大小城区有市区西北边的泰格尔（Tegel）、市区东南边的克佩尼克（Köpenick）、市区南边的瑞克斯多夫（Rixdorf，即新克尔恩［Neu-

Kölln]）、市区东南边的上丽原（Ober–Schöneweide）和市区西南边的施特格利茨（Steglitz）；以及移民区像市区西南边的"乡村别庄区"达冷（Dahlem）和"别墅区"格鲁内森林。这些地方也以百万人口围绕柏林市，其间亦有未经垦殖的平地和森林，如王公猎场格鲁内森林林地、农田、领地和地产等等。自从皇帝不再到该森林打猎后，此处就遭到砍伐，柏林及其周边土地便因国库考量而遭变卖。时至今日，在观察家眼中，这片一望无际的城市地产（如作家豪斯[Theodor Heuss][1]所描述），却"有些令人惊喜的田园生活。来到河谷中的古老村庄，看见的是中世纪哥特式砖造小教堂，或是带有18世纪腓特烈二世巴洛克风的简朴小教堂"。不过，这些地方的开发往往漫无章法，缺乏全盘的计划，只偏重土地开发商的投机和高税收的地区。《德国日报》（*Deutsche Tageszeitung*）在1910年报道：

> 去年春天，在园艺人士采收马铃薯，而郊区农夫收割黑麦的地区，柏林的营建风这时大肆吹起。聪明勤奋的大建筑商兼商务顾问哈勃兰（Georg Haberland）的建筑公会，设法在此打造租屋天地。周边的街道名称弥漫着莱茵葡萄酒的味道……大部分尚未兴建，只有市西南的吕德斯海姆广场（Rüdesheimer Platz），拥有唯一一条对外联络道路，仿佛荒野中的绿洲。

---

1 豪斯亦为战后西德首任总统。——译者注

其中夏洛滕堡和丽山大力反对与柏林市合并的提案。到了1912年4月1日，周边城镇才组成"大柏林协进会"，推动城市联络和交通发展的计划。不过，该协进会的真正意图，却是维护周边县市的地方利益，阻挠柏林的现代化。

优美的居住环境

威廉时代的柏林与其说是都市，不如说是一种城市景观。撇开城堡和若干19世纪辛克尔（Schinkel）大师的仿古建筑不谈，脍炙

辛克尔（Karl Friedrich Schinkel）像

2006 年发行的纪念辛克尔的邮票（图中建筑为辛克尔设计的旧博物馆）

人口的历史古迹并不多，此处没什么贵族生活，也算不上真正的都会。四分之三的建筑都是新建的，没什么历史。1910 年的柏林，只有四成多的居民是土生土长，因而有所谓"大半柏林人是从波兰西里西亚（Silesia）火车站过来"的说法。难怪当时的保守派艺评家与作家舍夫勒（Karl Scheffler）在书中指出，柏林"十分讨厌，一直在变，不曾定型"。

19 世纪柏林都市扩张时期的重大缺失，是土地开发失衡，导致"在宽阔的干道和应运而生的街道间，没有明显区别。宽阔且低平的昂贵地产本该善加利用，建造多楼层、小中庭的建筑。目前在市内这类的地产上，随处可见昂贵的临街房屋和廉价而拥挤的背街房屋"。1910 年，柏林还有 48% 的租屋，是这种背街或侧街楼房，以下是柏林画家纳格尔（Otto Nagel）在其自传中的观察：

我在柏林出生时的房间，只在窗边有点亮光。母亲生下我时的床，听说位于房间最阴暗的角落。在这间由所谓的卧室和无走道厨房构成的屋里，我是第七口人。里头还有较大的空间，却不是客厅，而是当木匠父亲的作坊。家具摆设很普通。有好几张床、一张沙发和前面的一个椭圆形桌子，屋角放了一个花式壁台，上头摆设着各种不同的小人像。靠中庭的窗户显得阴暗……我记得自己很小的时候，总是坐在窗旁瞧着一小片天空……

柏林这种建筑方式很有意思，临街楼房的一楼当作住家和商店，后街楼房则当成作坊及库房。成为今日观光景点的市中东区的哈可许杂院 (Hackescher Hof) 和哈可许市场 (Hackescher Markt)，就呈现出这种商务、居住和工作场所的组合。

　　漂亮房子当然也很多，例如动物公园的高级住宅区，"往南延伸到后备军运河 (Landwehrkanal)，散落着美轮美奂的别墅和庭园、私人道路和别墅群"。后来，有不少艺廊，像艺术界出版人保罗·卡西尔 (Paul Cassirer)，便搬迁到这里的美景街 (Bellevuestraße)、维多利亚街 (Victoriastraße) 和动物公园街，而银行家、工业家、大教授、艺术家和作家等则在格鲁内森林落户。1920 年，在该城镇划入更大的行政区前，都还提供优惠税率[1]。住过这里的社会名

---

1 基于合并这项事实，对于包括格鲁内森林这些地区，译者将视情况译成城镇、市或区。——译者注

流有政商名士拉特瑙（Walther Rathenau）、大科学家普朗克（Max Planck）、文艺评论家科尔（Alfred Kerr）、大作家豪普特曼（Gerhart Hauptmann）、出版家萨穆埃尔·菲舍尔（Samuel Fischer）、银行家父子弗朗茨·门德尔松（Franz Mendelssohn）、罗伯特·门德尔松（Robert Mendelssohn）和出版家乌尔施泰因兄弟（Brüder Ullstein）等人。

营房和百货行

军人不必为自己的房子伤脑筋。柏林除了知名的酒馆、膳宿公寓和"租用营房"（Mietskasernen）[1]之外，更有真正的营区。在第一次世界大战前，以22000人保护祖国及其"神授"秩序的所谓近卫军团，就有十几个。这些兵营呈圆弧状围绕市中心。最接近皇宫的兵营，是介于市中心的铜渠街（Am Kupfergraben）、柳道街（Am Weidendamm）和格奥尔格街（Georgenstraße）的亚历山大（Alexander）沙皇近卫步兵团。在1901年的启用典礼中，威廉二世皇帝鼓舞军队："你们是国王的卫队，要是这座城再像1848年那样反对他的话，你们就有责任用刺刀驱逐这些叛徒乱党。"

粗鲁和军礼，就是刚到柏林而后成为柏林大学知名妇科教授的施特克尔（Walter Stoeckel）所见到的城市面貌：

---

1 似为戏称，实指柏林工业化、都市化时期所发展的，分前栋、后栋与侧栋和之间中庭的ㄇ字型小坪数楼房，也是前述小纳格尔的家屋。　　——译者注

在我1904年来到柏林的那天，是个不怎么舒服的秋日。在车站前的腓特烈大街（Friedrichstraße）上，人群在我两旁穿梭。有个边走边读报纸的男子，撞到我时只说了声"喔唷"就走了，也没道个歉……柏林就这样啊！……菩提树下大街——真是熙熙攘攘！……在皇宫和勃兰登堡大门间，五名男子至少就有一位是军人……军官们彼此精神抖擞地敬礼。士官或士兵一旦置身……在这个上流社会的圣地，将会举步维艰。"大官"一接近，低阶者要马上闪到旁边，立正"不动"，两手紧贴裤缝，头部跟着佩戴"勋章"者移动，直至他走远到一定距离。[1]

想要摆脱市容中的军服，不妨离开菩提树下大街，穿过这"皇

波茨坦广场，19 世纪末期

[1] 引自《由（名医）绍尔布鲁赫（Sauerbruch）的手术到施特克尔的接生》。

帝跑马道"上情话绵绵的情侣和不太协调的景象,到市中心的腓特烈大街和贝仁街 (Behrenstraße) 转角,离开腓特烈大街逛到莱比锡大街(Leipzigerstraße),然后沿路走到莱比锡广场和波茨坦广场 (Potsdamer Platz)[1]。这是作家席克勒 (René Schickele) 的走法:

> 走在金光闪闪的街道上,
>
> 落日余晖在天空流转。
>
> 迎面几位天仙似的女人,
>
> 驻足于明亮的店门前。
>
> 波茨坦广场沐浴在花海中,
>
> 梦到诸神的宝贝——月亮。

都市生活就在这些大街上演。每当来到莱比锡广场,"一定要"逛韦特海姆 (A. Wertheim) 百货公司[2],那大理石装潢的门面延伸到佛斯街 (Voß traße),内有工艺美术品部门、铺地毯的大厅和售票处。不妨再向西走到"新西区"(Neuen Westen)[3],至维滕堡广场 (Wittenberg Platz) 的"西区百货"逛逛。在亚历山大广场 (Alexander Platz) 西北侧和莱比锡街上的两家提茨(Tietz)百货,正分别在拼业绩[4]。

经济生活

1912 年的旅游指南有简单扼要的讯息：

> 河中船运兴盛，水道四通八达……（柏林）如今也是德国最重要的铁路中心和最知名的贸易集散地之一，甚至是欧洲第一大工业城。除了货币交易外，此处的贸易以谷物、酒类和羊毛为主……尤其是铸铁、机械制造、火车头、铁道组件、车厢生产、武器及盛极一时的电机和照明工业……流行商品和成衣……

在重工业和电子工业方面，堪称市场龙头的柏林企业，包括在泰格尔的博席西（Borsig）、夏洛滕堡施普雷湾（Spreebogen）的西门子－哈尔斯克（Siemens & Halske）公司，对市北区的洪堡林（Humboldthain）及其他地区来说，则有在市中北区莫阿比特（Moabit）和市北区威丁（Wedding）的西门子－舒克尔特（Siemens & Schuckertwerke）公司和通用电气（AEG）。武器生产方面，则有同样位于莫阿比特的德国军备武器制造公司，化工方面有爱克发（Agfa，苯胺制造公司），分布于市东南区特雷普托（Treptow）和市东北区市集堡（Rummelsburg）。值得一提的，是有助于这座城市转型，应用在照明、电机、交通和通讯设备等多方面的电子工业。

这里除了龙头大厂，也有生产特定产品的许多中小企业。尤其是服装、制鞋、纸品及烟类，都可通过家庭代工（特别是妇女）而获利甚丰。1906 年柏林贸易局表示，当时有 14 万家庭手工人口。

柏林是银行之都。除了当时还是民营的"帝国银行"外，还有 20 家一级银行，如德意志银行（Deutsche）、德累斯顿银行（Dresdner）、达姆施塔特银行（Darmstädter）和国家银行（Nationalbank）等银行、柏林贸易行会（Berliner Handelsgesellschaft）或柏林－西里西亚银行协会（Berliner und Schlesischer Bankverein），几乎都位于菩提树下大街以南腓特烈门町（Friedrichsstadt）[1]的平行街道上。1909 年时，柏林八大银行就占了德国银行资本额的 83%。柏林也是大报社之城，报社多在市中东区的保卫街（Schützenstraße）、耶路撒冷街（Jerusalemstraße）、齐默街（Zimmerstraße）和柯霍街（Kochstraße），罗列着《柏林日报》（*Berliner Tageblatt*）和《民族报》（*Volkszeitung*）的"莫泽（Rudolf Mosse）报社暨广告发行部"。乌尔施泰因（Ullstein）在 20 世纪 20 年代成为欧洲最大的出版暨印刷社，拥有《晨邮报》（*Morgenpost*）、《柏林画报》（*Berliner Illustrirte Zeitung*）及柏林最老牌的报纸《佛斯报》（*Vossische Zeitung*，自 1914 年起）。另一家最知名的报社是"舍尔（August Scherl）出版社"，旗下有大众报刊《柏林地方广告》（*Berliner Lokal-Anzeiger*）报和画报的《周报》（*Die Woche*）。书籍出版社也毫不逊

---

[1] 柏林自古以来在周边建了不少城门，而位于 19 世纪旧柏林西南、今在市中区的腓特烈门及旧柏林西的勃兰登堡门，即为其中的例子。"门町"则取今日"西门町"中的字义对译"Stadt"一词。——译者注

色，如在市中心毕罗街（Bülowstraße）上的菲舍尔（Samuel Fischer）出版社以及罗渥尔特（Ernst Rowohlt）出版社。两家都有知名的文学期刊，菲舍尔发行《新综览》（*Die neue Rundschau*），罗渥尔特发行《文学界》（*Die literarische Welt*）。

往来交通

随着工业生产往北和西北推移，住宅用地和工厂用地继续切割开来：新的住宅区出现在市东北区的健康泉（Gesundbrunnen）车站和普伦茨劳林阴大道（Prenzlauer Allee）。由于住家和厂区之间的距离越来越远，劳工的交通费用日益重要。基于这类考量，大企业开始在厂区附近设置员工社区（例如西门子关系企业），出现了清一色的企业园区：西门子园区。

玛娅到腓特烈－威廉大学上课的交通工具，大概是市营马车，即利用两匹或三匹马拉动的公车，例如市中心友好同盟街（Belle-Alliance-Straße）的坡道就用三匹，由不同方向贯穿城市，费用比汽车和"大柏林电车公司"的电车来得便宜。

柏林第一条地下铁路于1902年开通，早纽约地下铁两年，却晚伦敦地下铁近40年。丽山地铁是为了连接"巴伐利亚社区"，而在1908到1910年间建造完成：由市中心诺伦多夫广场（Nollendorf Platz）到市南区的巴伐利亚广场和今日的因斯布鲁克广场（Innsbrucker Platz）。威尔默斯多夫－达冷线快铁（Schnellbahn），经市中心维

维多利亚广场（Viktoria Luise Platz，摄于 1908 年）

滕堡广场（Wittenberg Platz）—费尔贝林广场（Fehrbelliner Platz）—布莱腾巴赫广场（Breitenbach Platz）—市西南区的提尔广场（Thiel Platz），于 1913 年 10 月启用。由夏洛滕堡市兴建的选帝侯大道地铁线（Kurfürstendamm-U-Bahn），由维滕堡广场（Wittenberg Platz）至市中西区乌兰德街（Uhlandstraße）也落成了，原本还要开往市西南区哈蓝湖（Halen See）的。

柏林的速度变快了，政治评论家梅林（Walter Mehring）这么形容：

菩提大道上跑啊跑！

步行、马车嫌太慢！

手里抓表、头顶戴帽，

没时间哪！没时间！

17

20世纪初的柏林，以菩提树下大街和腓特烈大街这十字路口，交通最为繁忙，后来被市中心波茨坦广场和威廉皇帝纪念教堂旁的维多利亚广场（Auguste-Viktoria-Platz，今为布莱特夏德广场[Breitscheid Platz]）取代。菩提树下大街上的速度却快不起来，因为这条皇帝的跑马道不准行驶嘈杂的电车，只有一条街道电车穿越。在市北、市南间增建电车路线的议案，因为威廉二世一句话而作罢——"可以从下而不能由上穿越！"于是有了在市中心腓特烈广场（Forum Fridericianum）底下联络栗树林子（Kastanienwäldchen）和歌剧院广场（Opern Platz）的电车隧道，工程耗费多年，如今则已停驶，部分且被封填。1901年，柏林还有八千多辆（8114）出租马车，到了1926年只剩两百多辆（226）。同时，"引擎动力车辆"（即汽车）数量自1901年以来逐年激增，1909年，警察总长雅戈（Traugott von Jagow）因而停止发照。

流行风尚

时尚也在柏林占有一席之地，与巴黎时尚设计师和纽约的买家交流频繁。这一行主要位于旧西区和城中地带。精品服饰在蒂尔加滕区，大概在雷内街（Lennéstraße）和蒂尔加滕街；成衣在豪斯弗格泰广场（Hausvogtei Platz）、医院市场（Spittel Markt）和二战后消失的登霍夫广场（Dönhoff Platz），约今莱比锡大街和耶路撒冷街路口。20世纪20年代，德国大约有600家女装成衣厂，柏林就有

500家。当时的知名厂商是位于市中东区河洲街（Werderstraße）的格尔松（Hermann Gerson），拥有1200位员工，客户包括由贵族到歌剧女伶及演员等不同社会阶层。

柏林时尚曾很古板。一位巴黎时装模特儿穿着裤裙（Jupe-Culotte）在菩提树下大街漫步，却引起公愤，躲到附近的阿德龙（Adlon）酒店，并由警方护送回住处。雅戈总长曾以违反善良风俗为由，禁止人民在公开场合穿着"裤裙"。少数柏林男女还是相当正经八百，例如，作曲家兼乐评人尼尔森（Rudolf Nelson）的一首《先是外衣和缩腰上衣》香颂便博得喝彩：

她在莱比锡大街

一间时装店，

一只小妖精

为所欲为，

时髦而自信。

有一天，他发现她，

在最后一间库房的角落。

她躲在外衣和缩腰上衣后头，

很难找着：

先是外衣和缩腰上衣，

再是滚边长内裤，

接着是内裤等等，

然后，

然后就是她！

社会、文化与学术

柏林的社会

如同 1920 年之前没有大都会柏林，当时也没有柏林这样的社会。两者由个别部分组成：城镇、乡村和封地，下层社会、社团和社交圈。其中一个就是从贵族到政界、军方及外交界等配戴各种勋章的权贵圈子。再来则是金融巨子、大工业家、经济、知识中产阶级和劳工阶层——"军官还是军官，鞋匠仍是鞋匠。"根据比格尔（Bruno H.Bürgel）《从工人到天文学家》一书的描述，由劳工升级成为资产阶级的情形并不常见。柏林保有"封闭社会"的魔咒，上至贵族在市中心巴黎广场布列西瑞德宫（Palais Bleichröder）里的汽车俱乐部，下至财务互助、劳工教育、影剧、慈善、运动等社团，甚至一般的固定餐会等等。

皇帝和百姓不相闻问。议员会在君主召开国会和致词讲话时，走进史律特皇宫（das Schlütersche Schloss），社会主义者则不然。当皇帝伉俪的马车或象牙色轿车伴着"具有特殊音色和旋律的喇叭声"，自皇宫经菩提树下大街开进动物公园，或是皇帝以超前随扈一个马头的架势，骑乘在大道中央（即他的跑马道）时，男士们挥

1920 年的爱因斯坦

帽，女士鞠躬。然而，与其说这是受百姓爱戴的场面，不如说是想"到过柏林、见识皇帝"的观光客景点。尤其每条路口的安全人员，只要警察总长一声令下，就要刁难，甚至毒打民众。

柏林军方地位之高，是项特色，官方在时尚和艺术的守旧，又是一绝。言论检查极其严格。舞台表演不许光脚，女性穿着男性长裤，简直不可思议。缇拉·迪里厄（Tilla Durieux）说，在 20 世纪初的柏林，还有作家为了一句话遭到起诉——"于是慵懒地凝视着如同乳房般白皙的漂亮山丘！"另一方面，当玛娅再度离开柏林那阵子，大万湖解禁，准许男女同时下水。以下是1909年法国旅游作家于雷（Jules Huret）的报道：

> 我在德国西部诺德尼岛（Norderney）曾经差点吃上官司，因为在不知道规定的情况下，太靠近女子泳区——此刻，我却站在数百位半裸的柏林女人当中。那些让母亲擦干身子的少女，在我面前披上衬衣，而数百位男子和少年几乎只剩一小条布……打球、跑步、做操，在异性面前展示他们的肌肉。

1907年11月，社会民主党（Sozialdemokratie）趁新国会召开及普鲁士议员选举前，在各地发动50场群众集会，抗议普鲁士三级选举制，视之为"对公理正义最尖刻的嘲弄"时，爱因斯坦的妹妹玛娅大概已回到伯尔尼。当局借着提高有产阶级的选票价值，使得社民党议员在获得多数选票的情况下，却依然维持少数。[1] 于是，隔年1月爆发了数千人的群众抗议——但无成果。当年的选举结果非常不合理：保守派的41万多张选票（418400）拥有212位议员，获得近60万张选票（598500）的社民党却只有7个席位。后来，警察总长在社民党策动示威之前，便在各处贴出以下告示：

> 将在街头颁布法律。

---

1 该选举制依收入分成三级，但每级选民所占人口比例差异虽大，比如第一级5%，第二级15%，第三级80%，各级所能选的议员人数却一样多。　　——译者注

街道仅供交通。

反抗公权力，将招致武力干涉。

我警告跃跃欲试者。

柏林，1910 年 2 月 13 日。

名士和艺术家的安乐窝

尽管街道不许柏林人任意使用，却有若干能够令他们感到自在的地方。

柏林人没有酒馆便无法生活。任何人在自己的老馆子里都有个"老角落"或"斜对角"。生活在柏林，却未定期上酒馆的人，要么生病，要么便不是柏林人。柏林佬的酒馆癖有很多因素。社会学者当然首先指出这里恶劣的居住状况……维也纳人有咖啡馆，柏林人则上酒馆。

艺术家也在一定的悠闲场合中聚会。例如，在原有的腓特烈门町的话，就是位于市中心朵若缇雅街 (Dorotheenstraße) 上的"黑家伙" (Schwarzen Ferkel)。咖啡馆则随柏林的发展逐渐聚集在波茨坦广场，令当地人流连忘返的有糕点咖啡屋约斯第 (Josty)、顶级咖啡厅皮卡帝里 (Picadilly) 和"爵爷府" (Fürstenhof)，及 (仍然在西区的) 选帝侯大道的咖啡馆和早点咖啡亭。耶克尔 (Willi

Jaeckel）1912 年出版的《浪漫咖啡馆》一书，提及文艺人士会去市中西区的威廉皇帝纪念教堂聚会地点，亦即陶恩钦街（Tauentzienstraße）和选帝侯大道路口[1]，就不是那么悠然自得。这家咖啡馆被形容成火车站大厅，许多有才华者端坐在这里等着被发掘。这有两位一次大战前印象派画家，即斯莱福格特（Max Slevogt）和奥尔利克（Emil Orlik）的固定桌位，艺品商兼出版商布鲁诺·卡西尔（Bruno Cassirer）会找斯莱福格特制作版画。奥尔利克则为本市的文化名流画像或拍照。具哲学素养的数学家兼国际象棋大师拉斯克（Emmanuel Lasker）在此以棋会友，他反对爱因斯坦相对论，认为是"带有真理的谬论"。出入这里的作家，有瘦子克勒曼（Bernhard Kellermann）和胖子平图斯（Kurt Pinthus）。多亏奥尔利克，浪漫的咖啡馆中也有几幅爱因斯坦的画像。

提供上百份报纸的名店"城西咖啡"（Café des Westens），又名"自大狂"（Café Größenwahn）[2]，位于选帝侯大道偏西，1913 年起，迁至大道与约雅幸塔勒街（Joachimsthalerstraße）的交会口，即在今日"街边花环"（Kranzler-Ecks）之处。在"城西咖啡"的几位女性中，可以见到作家拉斯克 - 徐乐儿（Else Lasker-Schüler）。据印象派文人布拉斯（Ernst Blass）的看法，这家馆子"并没有什么无政府主义歪风，而是文雅人士的聚会场所。那里有

---

1 今为布达佩斯街（Budapesterstraße），现址是欧洲中心。——译者注
2 1920 年由瓦莱蒂（Rosa Valetti）成立，位于同一家馆子里的讽刺剧团也叫"自大狂"。

特殊取向的刊物：瓦尔登（Herwart Walden）的《狂风》（*Sturm*）、普芬佛特（Franz Pfemfert）的《行动》（*Aktion*），赫尔佐克（Wilhelm Herzog）的《潘神》（*Pan*）[1]。这里会出现和我们息息相关的事情。咖啡馆文摘及自由自在、无商业气息的夜晚"。他的《夜氛》一诗大概也源自于此，请看最后四行：

> 来呀来，吾爱！吧台
> 调酒师透露最隐秘的暗示，
> 你那仙女也似的秀发
> 跟雪莉白兰地的微红多搭啊。

画家佩希斯坦（Max Pechstein，又译佩西斯泰因）还记得："'自大狂'里的哼唱，仿佛蜜蜂的嗡鸣……我们成立'新分离派'（Neue Secession），并经常聚会。我本人跟'蓝骑士'（Blauen Reiters）画社走得较近……'自大狂'和新闻界之间争执激烈。"

画家协会展览和艺廊互别苗头。艺术理论家暨"狂风"艺廊总监瓦尔登，已经展出从意大利未来主义、"蓝骑士"画派到德法表现主义等五花八门的现代风格。一战前的柏林人，早已展览过西班牙毕加索（Pablo Picasso）的版画和俄国阿尔西品科（Alexander Archipenko）的抽象雕塑。威廉二世的绘画品味稍落后于本市的脚步，他雅好的是历史画、战争画和帝王肖像。据说他对保罗·卡

---

1 潘神：爱好音乐、发明排箫的畜牧神，人身羊足，头上有角。 ——译者注

西尔举办的塞尚展（1901 年）不以为然："卡西尔竟然想把巴黎这种烂艺术献给我们……"

艺术女神的住所

柏林早在威廉王朝就在市中东施普雷河上的博物馆岛设置别致的场所，这里有"旧博物馆"、"新博物馆"、"旧国家画廊"（Alten National Galerie）、"腓特烈皇帝博物馆"[1]，以及 1909 年到 1930 年间建立的佩加蒙博物馆（Pergamon Museum），这里有普鲁士选帝侯国王的收藏品和艺术史家博德（Wilhelm von Bode）私人收藏及其基金会的添购藏品。后者的博物馆理念，是在同时呈现艺术家的作品及其时代背景，即同时代的家具、地毯和陶瓷器等。

本市在 1912 年已有 20 家剧院，不包括那三家歌剧院。1905 年，莱因哈特（Max Reinhardt）在市中心舒曼街（Schumannstraße）成立德国剧场，一年后，他以易卜生（Ibsen）《群鬼》（*Gespenstern*）和挪威表现主义画家蒙克（Edvard Munch）剧场造像创建的小型社会问题剧（Kammerspiele），凭其多样手法而走红国际，至此，剧组已广受喜爱。莱因哈特在一次大战前的竞争对手，是王储桥（Kronprinzenbrücke）[2]附近莱辛剧场（Lessing Theater）的布拉姆（Otto Brahm），他曾让年轻的豪普特曼（Gerhart Hauptmann）

---

1 今为博德博物馆（**Bode Museum**）。——译者注
2 该桥在帝国国会堂北侧跨越施普雷河，今已不存。——译者注

辛克尔 1818–1821 年设计建造的柏林皇家剧场（Konigliches Schauspielhaus）

的作品《日升之前》名噪一时。

　　戏剧协会在严格的言论检查下成立，官方却无法阻绝内部的活动作业。于是，有布拉姆和萨穆埃尔·菲舍尔的自由剧场（Freie Bühne）、自由人民剧场（Freie Volksbühne）及和劳工教育协会关系密切的新自由人民剧场（Neue Freie Volksbühne）。柏林的剧场兴盛，剧评随之而起：《佛斯报》（*Vossische Zeitung*）剧评冯塔内（Theodor Fontane）对后起之秀之多，感到讶异，当中也包括文艺评论家科尔（Alfred Kerr）。话说，艾尔莎喜好诗歌。大家知道，1913 年，她分别在 2 月和 12 月在市中心吕佐街（Lützowstraße）的克林德沃特厅（Klindworth-Saal）和美景街的艺术家馆朗诵会中发表诗歌，也跟堂弟爱因斯坦打听在苏黎世的发表机会。

位于菩提树下大街、上演歌剧和芭蕾舞剧的皇家歌剧院，由音乐总监穆克（Carl Muck）和施特劳斯（Richard Strauß）指导，后者也在宫廷乐团的"冬中十夜"晚会上指挥交响曲。由夏洛滕堡市设立的德国歌剧院，在1912年以贝多芬《费黛里奥》开幕，当时有11000名预订者。1905年，私人在市中心柳道桥（Weidendammerbrücke）附近设立了喜歌剧院，1911年开始以轻歌剧知名，但和今日靠近贝仁街（Behrenstraße）的喜歌剧院无关。除了歌剧管弦乐团，指挥家尼基施（Artur Nikisch）的柏林爱乐，在这里打开了欧洲知名度，更和西格弗里德·奥克斯（Siegfried Ochs）的爱乐合唱团（Philharmonischem Chor）演出大型合唱曲。

在演艺界的新潮中则有"电影剧场"（Kinematographen Theater），在皮卡帝里咖啡厅、海军上将殿（Admiralspalast）或市中心诺伦多夫广场的莫扎特厅，播放无声电影。1913年10月，莱因哈特的首部电影《永福者之岛》在由建筑师考夫曼（Oskar Kaufmann）于选帝侯大道上兴建的"联盟宫"（Union-Palast）上演。

学术研究

尽管威廉二世在艺术方面较守旧，但他对自然科学的兴趣，却推动普鲁士学术研究机构的现代化，进而也影响了柏林。他的学术管理机构透过设立注重大型工业与科学合作的研究所，改变了过去大学垄断的地位。图书馆整理得比以往更好，大学法也现代化了。1899 年，尽管各大学反对，在皇帝一声令下，普鲁士的大学采用了博士授予法，包括夏洛滕堡科技大学。同时，以实用学科和自然科学为取向的理科中学和高校，地位提升，和文科中学并驾齐驱。在普鲁士文化部长阿尔特霍夫 (Friedrich Althoff) 的推动下，皇帝和罗斯福总统签订了两国大学（"威廉皇帝学人"和"罗斯福学人"）的定期交流，再度推翻了柏林大学教授群的决议。他们拒绝承认美国同侪的应有学术地位。1907年，当首位"罗斯福学人"到来时，阿尔特霍夫形容这种交流为：

促进两民族和平与相互进一步理解的最有效方法……我们在外交和贸易已经合作许久，现在是两民族文化界领袖进行无私的交流，为真正世界文明铺路的时候。我们借着这种新的文化交流，为世界和平与世界文化打下坚实的基础。

这个崇高的观念完全符合爱因斯坦的想法。十年后，这种"坚实基础"却淹没在这两个"文化国"彼此杀戮的血海中。

1912 年 4 月，爱因斯坦教授由布拉格前来柏林访问一周。在拜访哈伯 (Haber)、能斯特 (Nernst)、普朗克、鲁本斯 (Rubens) 和瓦尔堡 (Warburg)，并与自己的堂姐艾尔莎相恋时，他对这城市有何印象呢？他后来在信中写道，当自己回忆起"到万湖的远足"和同她"在柏林舒畅的森林里"谈天说地时，感到相当快乐。当时，这里除了动物公园，还有不少可供休憩的公园绿地，但也有不少军营。爱因斯坦在慕尼黑上学时，对德国人军事崇拜的厌恶，至今未见消减。对艾尔莎的爱意和对未来学术交流的期待，或许能略加缓和。位于今日市西区罗伊特广场（Ernst-Reuter-Platz）北边的帝国物理技术学院(Physikalisch-Technischen Reichsanstalt)院长瓦尔堡（Emil Warburg），给他提供了另一个来柏林的机会，希望他接受国立物理科技精密测量仪器学术机构及其相关基础研究的职位。爱因斯坦推辞——他并不想成为这种实用科学研究单位的"御用理论家"。

后来，在1910年10月11日，即柏林大学创校百周年纪念会上，皇帝登上礼堂讲台，向该校神学教授哈纳克（Adolf von Harnack，又译哈尔纳克）等人致词，希望"在自己的擘画和名义下，成立一个学会，执行建立和维护研究机构的任务"。他把这项举动列入重视学术的普鲁士传统：洪堡卓越的研究计划，主张成立"在科学院和大学之外的独立研究机构，成为总体科学组织的一部分"，亦可得到国家的补助。这是威廉皇帝学会成立的缘由。许多经费来自民间和工业界。在这以科学新知为基础的工业（如电机工业）突飞猛进时代，各大学原本无从实现洪堡结合学术研究的理念，因为学府在基础研究方面人员和设施不足，无法达到突出的成就。这种新学术团体的设立，有助改善这种情况——1911年，组织基础已具雏形。皇帝从赞助者中选出20位理事，其中包括财力并不雄厚的四位教授，并且任命哈纳克为首任理事长。最早的两个研究所，为化学和物理化学暨电化学研究所，坐落在市区西南边的前达冷的国有土地，于1912年10月兴建完成。早在前一年，哈伯（Fritz Haber）就被任命为后者的所长，全由科佩尔银行和欧司朗公司（Osramwerke）的大股东及犹太企业家科佩尔（Leopold Koppel）独力赞助。

除了腓特烈威廉大学和威廉皇帝学会这两名年华正盛的女士外，柏林还有一名令人景仰的年迈妇人，即当年莱布尼兹（G.F. Leibniz）提案创办的"勃兰登堡科学会"，今为"皇家普鲁士科学院"（Königlich Preußi sche Akademie der Wissenschaften），下辖两组，即哲学—历史和物理学—数学组。科学会的宗旨在于促进纯学术研究。两组成员人数相当，均常设一位"主任秘书"。1912年，理论物理学家普朗克便担任物理学—数学组的主任秘书。能斯特、鲁本斯和瓦尔堡也是学院的正规成员，哈伯则要等到1914年才选上。各组都以研究为首要任务。院士被视为大学的教员，却无授课的义务。例如荷兰化学家、诺贝尔奖得主范特霍夫（Jacobus H. van't Hoff），至其1911年过世为止，便是如此。1911年，在成立威廉皇帝研究所的同时，物理学—数学组增加三个新的有给职，"让科学院有机会遴选威廉皇帝研究所的所长为正规院士"。三年后，爱因斯坦便利用了这个机会。

柏林除了这三个与爱因斯坦密切关联的顶尖研究所，也有其他与物理学相关的研究机构，例如拥有2000名学生的夏洛滕堡科技大学和市中心荣民街（Invalidenstraße）有600名学生的农业大学及相关的自然科学博物馆。值得一提的，还有两座天文台，即市区南边的波茨坦－巴伯斯贝格（Potsdam–Babelsberg）皇家天文台和市区东南边特雷普托的阿恒霍德人民天文台（Archenholdschen Volkssternwarte）。大型企业亦各自成立实验研究单位。

爱因斯坦还能在哪找到如此密集的物理学者及其所属的教学研究单位呢？

2 知识欲和情欲:
吸引爱因斯坦到柏林的力量

Wissenschaft und Eros
Was Einstein nach Berlin lockte

爱因斯坦在柏林

柏林物理学者基于什么理由接纳爱因斯坦,而他又为何决定迁居柏林呢? 根据记载,爱因斯坦未满 17 岁时,就中断在慕尼黑的高中学业,及时申请撤销他在德南部符腾堡的国民身份,无须在当地服兵役。后来,他在意大利和瑞士生活。到那时为止,他的学术经历来自瑞士和奥地利—匈牙利的大学。在苏黎世取得博士学位及在伯尔尼获得授课资格后,他在苏黎世两度担任教授,期间在布拉格卡尔大学 (Karls-Universität) 担任过一年的正教授,婉拒荷兰莱顿 (Leiden) 和乌德勒支 (Utrecht) 大学的邀聘。在德国大学方面,迄今未曾得到任何机会。1912 年,德国北部哥廷根大学数学家希尔伯特 (David Hilbert),曾邀他担任动力理论讲座教授未果。在工业和文化的民主程度上,普鲁士和柏林远远落后于苏黎世。不管皇室、贵族、军方、教会或官僚,都在维护某种不平等的社会秩序。另一方面,先不谈该市的"休闲价值",柏林却是普鲁士,甚至德国的物理学重镇。但柏林实在巨大繁忙啊! 1913 年来到柏林的罗伊特 (Ernst Reuter),便不怎么兴奋:

　　我觉得柏林跟我很不投缘。到处是灰尘和三步并做两步、仿佛每分钟都很值钱的人……我完全可以理解你对此地的反感，这个城市很讨人厌。我却还得住上很久呢。

这个预示没错，后来他对柏林的观感变得比较友善——二次大战后，他成为该市市长。至于最吸引爱因斯坦的，应该是两件事：柏林独特的学术风气和自 1912 年起对艾尔莎的爱恋。

爱因斯坦的柏林同僚

在物理学家基尔霍夫（Kirchhoff）和亥姆霍兹（Helmholtz）的主持下，柏林腓特烈威廉大学成为理论物理学的重镇。普朗克自 1888－1889 学期，开始在此授课，1900 年提出 "量子假说"（Quantenhypothese），解释热体辐射能而大受瞩目。假说认为，原子的放射能并不是一任意量，而是和放射频率的量成一定的比率。自此，这个具有比率性质的自然常数，便被命名为 "普朗克常数"（Plancksche Konstante）。1918 年，基于这项 20 世纪前 30 年对量子力学和生活科技的重大发现，普朗克获得诺贝尔奖。1905 年 6 月，当爱因斯坦发表 "狭义相对论" 基础的《论动体的电动力学》（*Zur Elektrodynamik bewegter Körper*）时，他也是第一位明白其重要性的人。普朗克的研究助理冯·劳厄（Max von Laue），后来在 1911 年写出关于相对论的第一本教材。1906 年起，普朗克与他和爱因斯坦通信。1909 年，爱因斯坦和普朗克在奥地利萨尔斯堡举办的德国自然学者暨医师大会上结识。

　　实验物理学家暨柏林大学物理学研究所所长鲁本斯（Heinrich Rubens）也来开会，他专攻电磁辐射，尤其是长波的红外线领域。他和同校的物理学化学研究所所长能斯特（Walther Nernst），在低温时的比热方面合作。在这方面，能斯特和爱因斯坦一样做出理论贡献。前者有"热定理"（Wärmetheorem），后者则根据量子观提出假设，即固体的比热在极低温时也会降到零点。为了检验爱因斯坦的说法，必须熟悉晶格的震荡频率，这正是卢本斯想测定的。他也和爱因斯坦通信。1910 年，当他有办法证实爱因斯坦在比热方面的结论时，能斯特就来到苏黎世拜访他。能斯特在一封信中以

柏林物理学家群像，包括爱因斯坦、弗兰克、哈伯、奥托·哈恩和赫兹等

为，爱因斯坦是位非比寻常的学者[1]，而爱因斯坦则把能斯特看成神奇的"技术人士"（Techniker），似乎不无贬义——但能斯特毕竟比爱因斯坦更早拿到诺贝尔奖。

威廉皇帝物理化学暨电化学研究所所长哈伯（Fritz Haber），是有名的哈伯—博施法（Haber-Bosch-Verfahren）的发明人之一，也就是从空气中提取氮，并转化成氨和硝酸盐的方法。爱因斯坦最早是在1911年9月在德国南部卡尔斯鲁厄（Karlsruhe）举办的德国自然学者暨医师大会时认识他的。哈伯与爱因斯坦相谈甚欢，前者并写信告诉后者，他从爱因斯坦那儿受益良多而衷心感谢。他们讨论化学反应时的热平衡及其与普朗克量子理论的关联性（哈伯的推测）。爱因斯坦赞赏哈伯学养丰富，却认为他的思考和自我批评不足。不过，哈伯拿诺贝尔奖也早于爱因斯坦。另一位对爱因斯坦感兴趣的柏林同事，为帝国物理技术学院主任埃米尔·瓦尔堡，他是在1911年布鲁塞尔的比利时化学家索尔维研讨会（Solvay-Kongress）时认识爱因斯坦的，他受能斯特之邀，而与会的人并不认识年轻的爱因斯坦。两学者的讨论话题为辐射现象和量子观念。瓦尔堡设法把量子假说应用在光领域已有多年——同样出版于1905年[2]。爱因斯坦建议，与其把光看成波，不如看成某种微粒气体（Teilchengas），其中各粒子都携带一能量子，如今，这种粒子叫做光子（Photon）。立场保守的普朗克，排斥这种光子论，

---

1 以至于在初次遇见时，认不出全无学者架势的青年爱因斯坦。——译者注
2 爱因斯坦在该年发表三篇别开生面的论文，特称"爱因斯坦奇迹年"。——译者注

瓦尔堡却看出光线对化学反应的影响，亦即对光化学的意义。爱因斯坦与瓦尔堡讨论后，找到一项证据，即在光化学反应中，光是以量子形态的微粒被吸收的。

所以，基本上爱因斯坦和柏林同事有不少科学研讨与合作的机会。大家共同的兴趣都在新的量子观及由此导出的结论上。早在一次大战前，这里就已成为这个领域研究的前线据点之一。根据英学者麦克斯韦（James Clerk Maxwell）电动力学的观念，放射中的原子会违反经验而变得不稳定，丹麦理论家玻尔（Niels Bohr）的量子法则也这么认为。根据两者，原子中的电子只能在特定的能阶之间来回跃迁，而其中的能量差则释放成电磁辐射。但根据古典理论，原子却是不断在任意位置放射能量，并在短时间内衰竭的。这项矛盾要如何解决呢？

1911 年的索尔维会议

像普朗克这样敏锐的观察家就会注意到，爱因斯坦在1912到1913年间写就的引力学术论文分量，几乎是1909到1910年间量子现象和辐射领域文章的两倍。目前，他的兴趣是凭借自己的狭义相对论，发展出更好、更适当的重力理论吗？1912年苏黎世时期的笔记，显示当时爱因斯坦差不多已圆满完成这样的理论发展。1913年，一份关于水星运行的未公开手稿，显示他和好友贝索（Michele Besso）合作拟定了一份暂时性的理论草案。天文学家虽然观测到牛顿万有引力理论所预言的水星轨道偏移，两者最后结果的精确数值却有所出入。早在两年前，爱因斯坦就写了一篇关于重力场影响光行进的论文，发现星光会向太阳偏斜。现在，他设法让天文学者注意这些微小的效应，好最终证实理论。当时只有一位学者回应这件事，他是"柏林皇家天文台"研究助理弗罗因德利希（Erwin

"奥林匹亚科学院"成员：哈比希特、索罗文和爱因斯坦（1903年摄于伯尔尼）

Findlay Freundlich）。他在爱因斯坦访问柏林时前去拜访，也向其他所谓的物理学权威讨教。

来自柏林的机会

1913 年 1 月，哈伯与文化部长，即"教会暨课程事务部"（Ministerium für geistliche und Unterrichts-Angelegenheiten）施密特－奥特（Friedrich Schmidt-Ott），和已经答应出资的赞助者科佩尔（Leopold Koppel）会商后，提议在院内帮爱因斯坦安插重要的职位。哈伯的构想在于，既然范特霍夫（van't Hoff）的化学能让热学获致成功，"辐射学和电子力学"对化学也将有所帮助。所谓电子力学（Elektromechanik），不妨理解成电子理论，或解释成具有电磁辐射的原子或分子的交互作用，而其电子力学性质当时仍然不明。哈伯认为普朗克的基本能量子新概念为理解所有分子过程不可或缺一事，逐渐明朗起来。这就迫切需要新式的实验研究。假使爱因斯坦能够进入哈伯的研究所，一定能以别开生面的方式达成这种奠基任务。为此，实验设备的可观经费和给这位年轻教授的优渥薪资，将大有助益。哈伯也以这个想法来说服在学术地位上仅次于爱因斯坦的普朗克。事情有了结果，且在后来几个月，能斯特也加入这两人的商议，显示能斯特强调以劳厄和英国布拉格（Bragg）的 X 射线绕射（Röntgenbeugung）方法来探讨晶体的结构，而只有普朗克还记得，由于爱因斯坦对引力理论深感兴趣，更

爱因斯坦与尼尔斯·玻尔。爱因斯坦发明了很多名言,诸如"上帝不掷骰子","我们的主很狡猾,好在他不怀歹意。"(The Lord is subtle but not malicious.)对此,玻尔曾说:"爱因斯坦,别再管上帝该干什么。"(Einstein, stop telling God what to do.)

需天文学者的帮助。

在三位柏林科学家的研议下,规划出让爱因斯坦前来柏林的新计划。按照这个计划,他这时应该脱离哈伯的研究所,成为科学院全职院士,一如范特霍夫那样。1913 年 6 月 12 日,普朗克和能斯特、鲁本斯及瓦尔堡联名推荐,在院务会议上宣布邀聘爱因斯坦为院士。爱因斯坦早就享誉国际,这是他的相对论原理及其所引起的时间概念革新所致。然而,可以经验证明的理论结果,却处在可度量事物的边缘。爱因斯坦的量子假说获得的具有实践意义的成果,包括了固体的比热、晶体在弹性常数和光自然振动(optischen Eigenschwingungen)之间的关联,及光电和光化学效应。他对光量子的思考"有时也不得要领"。他更出色地把动力论和热力学巧妙结合起来。他最近关于新引力论的论文，尚未得到公认。爱因斯坦进入柏林科学院这件事，"被整个物理学界看成科学院极具价值的收获"。爱因斯坦的年俸是12000马克，科佩尔答应12年内都将负担一半额度。我们在此比较一下：化学研究所所长恩斯特·贝克曼（Ernst Beckmann）年俸为10000多马克，身为大学正教授则还有9000马克，总额比爱因斯坦还多。但是，相较于一般院士900马克的"名誉年俸"，他的薪资却好得太多。在爱因斯坦既定的薪资外，也加计这份荣誉俸。同年（1913年）7月初，科学院物理学－数学组在只有一人反对的情况下，一致通过这项聘任案。"由于某位民间人士出面"（即科佩尔），7月10日的这场院务会议圆满达成神圣任务。这事不得不急，因为大家还想在8月、9月休既定的长假。

隔天，不等全体院士会议确认选举结果，普朗克和能斯特夫妇一行人便搭周五晚上的夜车，到苏黎世拜访爱因斯坦，以便在周六向他提出这项邀聘，也包括范特霍夫所拥有的柏林大学名誉教授职位。或许，更谈了延揽爱因斯坦进他们自己所内的可能性。周日，普朗克他们到附近郊游，让爱因斯坦安静考虑。在他们傍晚搭车回柏林前，要是看到爱因斯坦挥动一条白手帕时，就知道这个讲定的信号表示他同意这件事。几天后，他写信给柏林的情人艾尔莎，说他"最晚明年春季"会来柏林，成为范特霍夫的接班人是极大荣誉，但他更期待"我俩相聚的甜美时光"。部长还得商定技术性的细节，需要一些时间。爱因斯坦的聘任也要"尊贵的皇帝陛下""仁慈地"核准，由11月12日"至高无上的诏书"加以确认。月底，爱因斯坦收到科学院的入选通知。院方请他选定到柏林述职的日期，他在回函时表示，可以在隔年"4月初那几天"。

在给艾尔莎的信中，爱因斯坦后悔接受聘任的想法，先是想放弃，后来又改口，说这项计划要推迟到他来柏林的时候才决定，而柏林同仁则有相当具体的构想。1914年1月，哈伯、能斯特、普朗克及赞助者科佩尔和文化部长开会时，意见出现分歧。能斯特的提案最为具体，他想筹备一间探讨辐射线和固体理论的研究所，聘请发明测定放射性物质辐射计数器的盖格尔（Hans Geiger），但也有人主张把爱因斯坦所属的研究计划"委托"给民间赞助的学术小组。后来一份由能斯特起草，哈伯、普朗克、鲁本斯和瓦尔堡联名签署呈交文化部的备忘录，则提议设置"威廉皇帝物理学研究所"。这再次仰赖了科佩尔基金的财务后盾。这个新设研究所的筹备计划遭到既有的自然科学研究所即威廉皇帝学会的强烈反对。本来拥有掌理所务全权及其研究人员的所长，现在却由委员小组执掌，没有自己的人手，也没有自己实验设备的研究所。简而言之，就是成立一个名为评议会（Kuratorium）的监督单位，一个名为委员会（Direktorium）、拥有一个工作小组的理事会。关于备忘录中所谓的委员会，"身为常务名誉秘书，我们建议爱因斯坦教授先生，每三年重新遴选一次所属成员。"新的威廉皇帝研究所的方针是：

结合并安排最适任的物理学研究人员，来解决重大且迫切的专门问题，进而按部就班，既透过数学—物理学考察方法，更透过所属人员在实验室中进行的实验研究，对相关问题寻求最完善的解决方法。

为什么要让爱因斯坦担任这种一人研究所的所长呢？到目前为止，他在主持研究所方面——不管在苏黎世或布拉格，并无值得一提的经历。这不仅要有发现新概念的创意，更要有诸如组织研究计划及其过程、鼓励工作伙伴和评价研究方案等等的能力。柏林同仁知道这点。根据普朗克的信函，爱因斯坦本人也不太有自信，在所长一职及其相关的计划议定和支援任务方面，自己就是"最佳人选"。同僚们排挤爱因斯坦，另一方面也是为了让自己的研究计划得到更多经费。他们推荐自己担任前三年的理事。另外，在专门领域方面的因素也有影响。前面提过，爱因斯坦及其柏林同仁共同的研究兴趣，投注在新的量子观及从中推导出的结论上。这是块不易耕耘的土地。除了玻尔的原子模型，没人拥有令人振奋、深具潜力的构思。仅凭一位院士，就要来完成古典辐射理论的持续发展，似乎不太可能——未加厘清的效应太多，不同研究领域的经验数据太多，概念和数学的问题太大。可以想见，想形成探讨和决策的论坛，把论题分配给实验和理论物理学者和物理化学专家，这些都需要许多人协助。这便是今天所谓的跨学科或科际合作。在同样拥有资格的同侪间，理解量子物理学所需的研究大方针，交付给研究所及所长爱因斯坦。一如预期，这项研究则由其他研究者执行。

1914年4月，即爱因斯坦抵达柏林，哈伯提交另一份备忘录后，威廉皇帝学会和科佩尔基金会于6月呈交普鲁士文化部一份共同提案，申请成立理论物理学研究所。国家补助所需款项的三分之一，其余均由基金会和学会负担。科佩尔本人愿意出资兴建没有实验室的小型研究楼馆。7月，这项申请案来到前两天还在总动员进行抵制的普鲁士财政部。驳回的理由并非迫在眉睫的一次大战，而是该所本身。资金若直接由相关的国家或大学的研究所，而不是间接透过威廉皇帝学会来负担，事情会容易得多。这应该也是达到这种学术目标的合乎体系与程序的方式。于是，爱因斯坦及其同仁便只能在没有自己研究所的情况下想办法。

逃离婚姻

影响爱因斯坦决定来到柏林的因素，优渥待遇尽管重要，却只是其中之一。另一项因素，则是他与米列娃（Mileva）·爱因斯坦（娘家姓马里奇[Marić]）婚姻褪色及他和堂姊艾尔莎的恋情。经过少时在慕尼黑相遇后，1912年4月，爱因斯坦和她在柏林重逢。艾尔莎既是爱因斯坦母系的表姊，也是他父系的堂姊。两人情投意合，成为恋人：

> 才不过几天，我就喜欢上你，不知如何对你表白……
> 我俩不住在同一个城市，多么可惜！我应聘到柏林的希望十分渺茫……你的阿尔伯特（Albert）献上一吻。

1912 到 1913 年间，爱因斯坦与艾尔莎秘密通信，他的信被保存下来，而他则按艾尔莎的意思销毁她的信。这事不仅瞒着米列娃，恐怕也瞒着柏林的亲戚。此事还瞒着艾尔莎的父母及其妹妹保拉，爱因斯坦也和后者有过一段"感情"。"我很难了解自己对她能有什么情愫。事情其实很单纯。她是位年轻可爱的姑娘，就这么多了，其他事都掺和了过多的想象。"

爱因斯坦自怨自艾，不仅因他惦念艾尔莎，更因他不得不和米列娃生活。"我和她都是可怜人，被无情的义务给束缚住。"1912 年 5 月，他试着跟艾尔莎一刀两断，表示不会再写信给她，却同时答应她，在搬到苏黎世后会写信告知新址，"你就可以写信给我"[1]。实际上，当艾尔莎隔年 3 月向他祝贺生日时，通信又再开始。"只要能跟你相聚几天，而不要带着我的十字架，我愿意付出一些代价……你的阿尔伯特。"

他的"十字架"米列娃自从怀了第三个孩子，即小儿子爱德华（Eduard）以来，就不再期待丈夫全心全意。她必须单独陪孩子们待在家里，日渐忧郁，且患了风湿——还不提造成她跛行的先天性髋关节发育不良（Hüftschade）。爱因斯坦接受布拉格的聘任，并未改善她的处境。一家人不得已搬迁，使得爱德华经常中耳发炎且长期头痛，米列娃更抱怨布拉格空气不好且卫生很差。生性乐观快活的爱因斯坦在为艾尔莎描述他的米札（Miza，即米列娃）时，不太留情，说她是"世上最最忧郁的人。我害怕同时看到她和你。就

---

1 就当时的用字习惯而言，"你"（Du）字只用在极亲密的对象上。

算她只从远处看到你，也会缩得跟虫似的！"爱因斯坦晚年还说她的容貌已经变得丑不堪言，希望这样的话不要传到米列娃耳里。这话不符实情，1911年，一张她和爱因斯坦的合照，显示她有大而清秀的脸孔、灵巧的上唇和自信的眼神。在一张离婚后摄于苏黎世的照片上，我们看到的女人有着一张和善的圆脸和有些沧桑的表情：和艾尔莎相比，并未比较漂亮，或比较难看。不过，爱因斯坦在婚后不久，却写信告诉好友贝索，说米列娃能打点大小事，厨艺好，"总是心情愉快"。但是，她的心情低落并非源于自己。爱因斯坦表示，米列娃经常抱怨，一天到晚想着"她要如何防范你们的监视"。这里指的是柏林的亲戚。爱因斯坦的母亲随时都想伤害米列娃——"我母亲恨起人来也很恶毒的。"米列娃并不妥协，甚至以牙还牙。爱因斯坦自觉身在"苦海"，而让知识带领他"升上安静

爱因斯坦与米列娃（1911年）

的境界，没有人间的纷扰和折磨"。艾尔莎和爱因斯坦母亲也会有口角，却会重新跟她和解。令人惊讶的是，她更介入了爱因斯坦的职场事宜，亦即她登门拜访哈伯。1913年8月，爱因斯坦写信给她时说，她的帮忙或许并非全无作用——哈伯多少听了爱因斯坦这位好心堂姊的话。"我应该以平常心看待科学院的事，留在熟悉的圈子里……你贸然登门造访哈伯，确实有着自己的作风。你有对谁说过，还是全赖自己的大胆性情？"

1913年8月，爱因斯坦和居里夫人（Marie Curie）及其女儿一同漫游瑞士恩加丁（Engadin）。9月，他和妻儿一道探望塞尔维亚的岳父母，随后，他将在维也纳的德国自然学者暨医师大会上发表报告。米列娃似乎应该一同前往，然后再回到苏黎世，这时却发生争吵，爱因斯坦独自前去。于是，塞尔维亚丈人就让两个外孙在希腊正教教会受洗。爱因斯坦从维也纳直接去柏林，商议新职务，且不带"十字架"，和情人相聚。他愉快地回家：

> 现在总算有个人可以让我以全然的喜悦来想念并为之生活了。如果我猜得不错，你的信告诉了我，那个人已经在那里等着我……我们分离的这半年很快就会过去。

情势已经确定——有利于身段软、比较迷人的艾尔莎，而不利于米列娃。不过，柏林的住处依然需要身为人生伴侣的妻子本人来打点，爱因斯坦不会插手。于是，米列娃前去柏林，寄宿哈伯家，

30. V 26.

Liebe Mileva

[手写德文信件内容]

Albert.

1926 年 5 月 30 日爱因斯坦写给米列娃的信

为这个形式上还在一起的家庭找了房子。她大概还奢望着能够改善自己跟先生与孩子的爹的关系吧。

柏林——独特的良机

爱因斯坦在苏黎世一定问过自己,除了柏林,哪里更能提供既不受干扰,同时又有高薪的研究工作。他尤其喜欢没有教学**义务**这一点。在苏黎世,他有既定的授课时数,参与举办文科中学教师的国家考试,甚至指导一两位博士生的论文。在柏林,并无这些,或是由身为柏林大学教授的他自己决定。他属于一所知名的欧洲学术机构，能在世界知名的学者圈中讨论，甚至合作。在自己的研究所，就是有这种机会。设所之事虽遭到推迟，却仍有希望。他34岁，最具创造力的时期或许已经过去——但谁知道呢？他能否像柏林物理学者所期许那样，在量子现象领域"下金蛋"？答案仍不确定。但是，他可以确定自己完成了引力理论——他现在已经能够预测其效应，而柏林则有不少能够加以证实的天文行家，何况他还发现一位跃跃欲试的年轻天文学者弗罗因德利希呢。

这座世界都会为他提供了参与文化和社交活动的绝佳机会。苏黎世、布拉格、莱顿、乌德勒支，甚至维也纳，均望尘莫及。不过，普鲁士的军国主义让他很感冒，这位巴伐利亚人早就加以唾弃。对于以后必须长久相处的人，也令他感到不愉快。他写信给艾尔莎时说，柏林人的缺点就是"素养不足"。相较于法国、英国人的言谈和感受，柏林人颇为粗俗野蛮，简言之，缺少人文素养。他这么快就得到关于"柏林人"的结论，不禁令人讶异。这看法是从他跟柏林同事的交往得来的吗？艾尔莎对他的感情，弥补了这点，爱因斯坦觉得这是种难得的快乐，是"一种同我极为投缘的乐事"。他期待能常和她在一起："最美好的就是我俩在格鲁内森林里散步，及阴雨时，在你闺房里的相聚。"他相信，自己在柏林会更加振奋——他恋爱了。

1914年过去了。春天来临，却带给我们极为剧烈且频繁的风雨。大自然似乎失序了。几乎每天都在闪电打雷，仿佛世界即将沉沦，接着就是去年所无的那种山雨欲来风满楼的气氛。当时大家沉浸在一种独特的梦幻气氛中，摆荡于战争欲求与和平希望之间。人们大肆庆祝……

当爱因斯坦搭火车由莱顿经德国西部的亚琛（Aachen），于1914年3月29日抵达柏林时，或许正如同作家多米尼克（Hans Dominik）所描绘一样地风雨交加。他向荷兰学者艾伦费斯特（Ehrenfest）讲述了自己的引力理论，并一同讨论量子物理学的现状。说不定哈伯在波茨坦站，或者在夏洛滕堡，或是有科隆列车靠站的市中心勒特尔（Lehrter）车站等他呢？三个月前，哈伯帮米列娃在市区西南边的达冷埃伦堡街（Ehrenbergstraße）33号找到房子，离哈伯在法拉戴路（Faradayweg）4号的研究所不远。房屋重新装修，一周后，家具也运到，不过，却使爱因斯坦得暂住舅舅科赫家。同年（1914年）4月1日，他在苏黎世办好离职手续，

米列娃与汉斯·阿尔伯特和爱德华(1914年摄于柏林)

兴奋地告诉情人艾尔莎，自己的妻儿还得在瑞士洛迦诺(Locarno)调养两周，所以他们俩可以安心享受爱情。

米列娃和孩子们于4月下旬来到柏林。这个新家交通便利，邻近城乡快铁利希特菲尔特西站(Lichterfelde-West)和联系符滕堡广场，即"新西区"的地铁提尔广场(Thiel-platz)站。从快铁站利希特菲尔特搭弗罗瑙(Frohnau)线，可达位于菩提树下大街普鲁士皇家图书馆附近的科学院及比邻的大学。在达冷这人口不到一万的乡村别墅区，生活相当舒适。当时盖瑞街(Garystraße)往市区西南边的策伦多夫方向，是片开阔的田园。住家附近更有植物园，占地广大、景色怡人，并有培育许多仙人掌的观赏馆和一座拥有棕榈树的热带馆。但屋内的气氛并不怎么好。4岁的爱德华在中耳痊愈后，仍然病弱，跟母亲待在家里，汉斯则开始上学。米列娃跟夫家亲戚不相往来，而先生常常连续几天不在家，没有交代理由或地址（当然是到艾尔莎家）。米列娃或许已经察觉个中情况——这与其说和先生的"老朋友"有关，不如说和他的堂姊有关。这个状况从5月某周末艾伦费斯特夫妇来访时，可以看出端倪。但客人来过便走，夫妻却得单独相对。当爱因斯坦没有问过太太就租了个房间时，两人大吵起来。她责怪他被亲戚牵着鼻子走，大家正等着看这位教授先生会有什么作为。爱因斯坦躲到艾尔莎家，米列娃则接受哈伯太太克拉拉(Clara)的邀请，带着小孩搬到他们家。早在迁居前就冷却的这层关系，如今降至冰点——看来分离会比较妥当。夫妇两人仍然保持联络，但由哈伯代传信件。关于孩子归米列娃及其赡养费用的磋商，由律师进行，爱因斯坦则委托好友贝索去处理。谈判因爱因斯坦严苛的条件和双方的猜忌而破裂。7月底，爱因斯坦的妻儿回到苏黎世。他把大部分家具寄给他们，而在威尔默斯多夫的维特尔斯巴赫街（Wittelsbacherstraße）13号租了较小的房子，只要步行一刻钟便可到哈伯兰街。一年后，大家才在苏黎世再见面。柏林关心不了这种在众多不幸中的一桩私事。

缇拉·迪里厄点出了1914年夏天的气氛：

一步舞（One-Step）正风行，大家随着流行歌曲《鲍比你的头发呢？》跳"木脚"舞，亦即僵着一条腿绕着舞池跛行。整个柏林陶醉其中……柏林洋溢着工作狂热和生活快感，没有人料到，在我们大跳其舞的同时，战争幽灵也亦步亦趋。诚然，是有些警告的声音，但人们充耳不闻。仿佛每个人都受制于莫名的恐慌，要在大祸降临之前尽情欢笑，享受人生。

3 "所长先生"：爱因斯坦及其督导者

Der "Herr Direktor"

Einstein und seine Kontrolleure

爱因斯坦与保罗·朗之万，1920 年左右

了解爱因斯坦的私领域后，再来看看所谓"他自己的"研究所的后续发展，约在1914年8月大战初期，到1917年1月两年半的期间。当时，柏林的工厂厂主弗朗茨·施托克（Franz Stock）加入威廉皇帝学会，致赠54万马克的高额礼金。施托克经营一家机器工厂，也是哥哥罗伯特（Robert）生意兴隆的电报机工厂股东，该工厂后来成为"德国电话设备"公司。这笔款项源自战时公债，施托克拿所得利息来赞助物理学研究。学会要是不想错过这个良机，就得加以处理。在跟科佩尔基金会、文化部和柏林物理学者磋商后，学会评议会于7月初决定，将于1917年10月1日成立"威廉皇帝物理学研究所"。年度预算为75000马克，三分之二由学会、三分之一由科佩尔基金会负责。后者只愿负担10年，学会也只答应固定拨款10年。爱因斯坦担任所长，年薪500马克，却没有提及研究楼馆一事。虽然研究所的经费，少于既有的6间研究所当中的5间，但仍高于柏林大学自然科学研究所的平均预算。

　　学会的评议会由大工业家西门子和能斯特与普朗克所组成，而科佩尔基金会则由赞助者科佩尔和哈伯来维持，课程部则由部长施密特－奥特掌管。委员会有主任委员爱因斯坦，五位常务理事哈伯、能斯特、普朗克、鲁本斯和瓦尔堡等研究所教授及所有柏林科学院院士。这意味着研究单位委员会的人事重叠，也意味着分外眼红的科学院的适当牵制。筹备处主任是西门子和爱因斯坦。这种职务具有筹备性质，以便开始筹办设置研究所事宜。工作小组从缺。各单位之间的分工是：评议会负责财务收支，审查每项研究计划及委员会的年度预算。委员会则负责提出学术计划，并加以推动。

12月中旬，大众从柏林两份日报及专门学刊的公告版上，得知这间新研究所的事情：

威廉皇帝物理学研究所

将于1917年10月1日成立，其任务在于透过遴聘及支援最合适的学者，对重大且迫切的物理学问题，循序渐进进行研究。

题目、方法及工作地点的选定，由常设的委员会来处理。不过，其他物理学者在提案和经费方面，仍得行使同意权。

当然，尽管该所要到战后才能发挥最大功效，却应从即日起，尽量推行工作。详情请洽该所主任委员爱因斯坦教授（柏林市丽山区哈伯兰街5号）。

委员会：爱因斯坦、哈伯、能斯特、鲁本斯、瓦尔堡

少了普朗克的名字——爱因斯坦预付公告费时，竟然把他给忘了。上面的通信地址，为爱因斯坦当时的私人地址：要办理所务，与其在哈伯自己所上提供的办公室,不如在艾尔莎家——他的第一位秘书,就是他情人19岁的女儿伊尔莎 (Ilse)。她起初每周工作三天半,可以拿50马克月薪。爱因斯坦跟西门子申请"几百马克的所务经费"——后来则用于购买打字机和支付办公开销。

由于爱因斯坦的提案,研究院破格擢升弗罗因德利希为"柏林皇家天文台"研究技士,三年内从事"以推动实验和理论天文学研究为目标,检验广义相对论及其有关问题"。普朗克判断得很正确——爱因斯坦的研究重心不在量子论,而在引力论。1915年,爱因斯坦完成广义相对论及其分析后,想验证其理论。弗氏则在熟悉天文摄影技术后,从事恒星光谱红移的测定。在1917年10月19日威廉皇帝学会大会上,会长哈纳克总结爱因斯坦新所的设立缘由如下:

> 这间物理学研究所——通过学会极重要成员科佩尔基金会及柏林物理学者的提案和办法,一间由爱因斯坦教授担任所长的常设物理学研究所,在本年度诞生了。该所具有不同于学会其他机构的独特结构,没有自己的研究楼馆和实验室,却拥有一批学有专精的物理学家。他们决定进行哪些研究及为哪些学者提供支援和仪器,以推动其工作。然后,这些研究便由所内有关的学者来进行。但仪器仍然是中央机构的财产,最后会回到那里,提供给后续的其他院士使用。大家当然想借着这个办法来加强、结合物理学研究——并"节约成本"——现在

有许多贵重仪器遭到搁置，正因先前所属的必要研究，在该所并不能继续使用。

新所成立公告上的间接要求，即送交委员会的物理学"提案"，由于许多同事被征召入伍，而缺少成果。除了技术工业取向的计划和一项被爱因斯坦否决的成立放射学研究中心探讨 X 射线对生物系统的影响的方案外，仅有一项计划具有发展潜力——这是 1918 年 7 月，由荷兰学者德比（Peter Debye）提交哥廷根大学物理所的案子。这项受到爱因斯坦重视的研究计划，成功发展了爱因斯坦的固态晶体比热理论。这个计划探讨钻晶上的 X 射线散射，从中可以得到电子分布的证据。德比推测了古典电动力学的失效，提出在高能（亦即短波长）X 射线照射下"发射自由电子的辐射线之量子化"。他为了加以证实，需要一种高压变压器。这恰好与设所者的构想不谋而合。在委员会的常会中，一致通过了这项提案——大家也想像爱因斯坦到波罗的海（德北）阿伦舒普（Ahrenshoop）度假那样，好好休个长假！尽管经费拨发得快，德比的研究却进展很慢，因为西门子公司要两年后才能够生产他所订制的仪器。于是，所方决议将制作期限缩短成一年，同时允许变压器借出国外。德比却放弃这部配发给他的仪器，连同期间累计的租金一并归还。

威廉皇帝物理所的工作

大家已预见，直到大战结束时，外界建议，由所方资助的研究计划成果不佳。那么所方本身的研究计划又如何呢？除了委员会呈请擢升弗罗因德利希为技士一案，尤其有关解决"量子问题"的方案外，都乏善可陈。哈伯和能斯特搞战时研究，爱因斯坦在1918年一整年，不时生病，瓦尔堡已七十出头，鲁本斯则专攻实验物理学和精密测量。但是，爱因斯坦还是能够在引力理论领域发表两篇研究论文（其中包含一篇关于宇宙学的重要文章）及关于量子物理问题的两篇论文。后两篇也在把光子看成具有量子化脉冲的微粒的观念上有所突破。接着，停战和"革命"，影响了研究的集中度。直到委员会在1919年3月发布第二次公告后，真正的研究推广工作才开始。

1911年索尔维国际研讨会，除了哈伯外，所有委员会成员都出席，但自成为量子现象方面的杰出专家以来，这些柏林学者逐渐远离新知而有所落后。但爱因斯坦在动力理论和热动力学领域，仍是无可匹敌的大师，特别在与电磁射线理论的结合上，更持续到1926年。不过8年之后，量子物理，尤其原子物理方面的声势，就转移到别处，例如慕尼黑的索末费尔德（Sommerfeld）、哥廷根的学者及哥本哈根的玻尔。新研究所本来可以透过量子现象领域测量成果的系统性整合、委员会跨学科的共同讨论，甚至从中发展出来的研究策略来迎头赶上的。他们却没有把握这个机会。委员会这些深具个人色彩的学者团队,原本可以在令人信服的领导下通力合作的。

爱因斯坦并无领导风范,甚至自称"独行侠"。他自己说过,陈述那些首先需要人家支援的问题,是种"狂妄"。在未涉及自己的学术研究时,他就不是以问题,而是以个人为中心。简单来讲,优秀的人才能够从事优秀的研究计划。爱因斯坦提到值得奖励的人才有科塞尔(Kossel)、弗兰克(Franck)、斯特恩(Stern)、沃尔默(Volmer)和格拉赫(Walter Gerlach),都是知名的科学家。弗兰克和斯特恩后来甚至成为诺贝尔奖得主,只是当时已不再年轻。他们跟在量子论方面取得关键性进展的(奥地利)薛定谔(Schrödinger)、海森堡(Heisenberg)、(英国)狄拉克(Dirac)、玻恩(Born)和约尔旦(Jordan),并无直接关系。既然爱因斯坦在柏林不需指导博士生和硕士生,就不能够提携像索末费尔德、玻尔和玻恩等后起之秀。他大概也没这个打算——他的合作人员要负责计算工作,执行他的指示,亦即充当"验算人员"。显然,爱因斯坦不曾走过学界的"升等之路",不曾当过研究助理,不曾学习学术合作,包括指导研究生的运作方式。他心目中的榜样,是在做学生时和同窗好友及米列娃一起讨论的学术著作。爱因斯坦的对手玻尔和索末费尔德同样服膺"卓越人才成就卓越研究"的格言。索氏却会运用志同道合的资优学生,这些学生是他很早就从研究班循序渐进带上来的。玻尔的办法,则是尽可能集合博士研究生和拿奖学金的博士后,进而促进在量子物理领域不同小组之间的思想交

弗里茨·哈伯与爱因斯坦（右）（1914年）

流。物理所也可以颁发鼓励后进的奖学金，但爱因斯坦主持所务期间并未这么做。

委员会其他成员的研究兴趣已经有所转移。哈伯在战后积极投入从海水中提炼黄金，以帮助德国支付给战胜国的赔款。能斯特对付着宇宙学领域中热动力学的第二条定律，即所谓宇宙的"热死亡"——亦即世界逐渐趋向漫无结构、丧失秩序且敌视生命的状态。能斯特主张宇宙中少量原始构造的自行生发，当中的放射性衰变能够形成"崭新的"能量。他认为这种衰变产物和"宇宙辐射线"有关，是种落在地球上、具有饱含能量粒子的射线。他在所方提出该领域的研究方案，以寻求支援。至于那位从"量子堆"出发的理论家普朗克又如何呢？关于量子之谜的解答，他只想在现有的古典物理学之内做最小的修正，所以并不是能够提出全新研究命题的最佳人选。这么说来，假使所里没有人在自己的研究中，尽可能多面且深入地研究量子物理，那么一项衔接古典物理和量子物理之间鸿沟的方案，如何能够产生呢？

1919 至 1922 年间，物理所投注约 40% 的经费在原子、分子的分光镜上，另外 36% 多少都和物质的量子特征密切相关。截至目前为止，所方都按照发展原子物理的经验基础的初衷在运作。这方面有项既是非常重要、又得到所方支援的实验，就是斯特恩和格拉赫的方向量子化和关于原子具有磁性成分的证明。由于上述因素，所方无法实现最初的构想而提供大笔经费给广泛的实验研究，尽管他们似乎不曾放弃——委员会在每个预算年度，都为这类假想的大型研究计划，保留较大的款项，只要有人提得出来！后来没多久，学会的行政单位就发现这个情况，而把物理所的预留款项挪为他用——资助德国昆虫博物馆（即昆虫所），或是给波茨坦天体物理观测站中的天体物理研究中心添购设备。

奇特的是，爱因斯坦在面对哈伯和能斯特时，并不会为自己所内的研究计划提出需求，而是找其他赞助者另辟财源——他的声望让这种事变得容易。他是不好意思为其他委员不太懂得自己的引力理论及由此发展出来的"统一场论"，要求研究经费吗？或许他对所里的同事有不同的想法，争取他们的认同反倒是一种累赘？

1922年，爱因斯坦写信给美国洛克菲勒（Rockefeller）基金会代表时，就这样表示，即应该补助的是少数有能力的人，而不是给遵循最少阻力法则加以分配的"组织"。主持所务的他，必须超然于组织过程来审核提案，并提出预算计划和年度报告。其实，他绝对可以稍加要求自己研究用途的现成款项，作为应有的补偿的。爱因斯坦却不会往这方面想——他对学术的管理和政策，并无偏好。这也显示在当弗罗因德利希为了爱因斯坦塔楼的落成而举办活动时，爱因斯坦持保留态度上——他并不是八面玲珑的外交家。他在给学会提交年度报告时，没有太花心思。1921年4月至隔年10月，他的报告简短至极，以致可在此全文照登：

> 威廉皇帝物理研究所，柏林
>
> 本所应该根据委员会的自主考量，透过购置任何必要的仪器来支援物理研究工作。本意在于，把便利的工具提供给个别研究者，尽可能不使重要的研究活动被切割开来。1921—1922年度的重要补助项目：提供给舍费尔（C. Schäfer）教授研究硅酸盐红外线固有频率，及给格拉赫博士探讨单原子金属蒸汽的光谱。

哈伯的年度报告，则是一份包含由所上研究产生的所有出版物的清单。在劳厄的接管下，自1924年10月开始，这种资讯也列入物理所的年度报告。

一如先前基金会所料，物理所的角色缩减成研究推广的设施之一。推广范围之大，甚至使德国物理学会的新学刊《物理学报道》(*Physikalischen Berichte*)，连续两年拿到补助。1922年，学会会长概览所属各所时表示："本会在物理学和应用数学方面，并未设立所属的研究楼馆，因为帝国物理技术学院大致满足了这种需求。在爱因斯坦领导下的物理所，其任务主要在于分配资源，给不同研究者提供机会，添购有助其研究的仪器，及从事大规模工作。"在战败后恶劣的经济情况下，物理所的经费远不足以供应全德的物理研究人员。于是，1920年在哈伯和施密特－奥特的提案下，效法物理所开办了更为重要的研究推广设施"德国科学急难协会"(Notgemeinschaft der deutschen Wissenschaft)——但爱因斯坦没有参与。急难协会主要由国家资助，且有若干部分由大工业补贴。它的研究支援涵盖所有领域，不仅针对个别科学家，更在较大程度上扩及全部学科——这本来是物理所想为量子物理办到，却没有真正完成的事情。

爱因斯坦移交职务

爱因斯坦在两年多的所长工作后，似乎不堪负荷。他在1921年3月3日的委员会议中，经过评议会同仁的同意，提议让劳厄成为委员会成员，直到12月才实现。次年1月初，劳厄首度参加会议。为何是他呢？劳厄在1910—1911年间撰写了谈论爱因斯坦狭义相对论的第一部专著，1914年以关于晶体上X射线绕射现象的论文，成为诺贝尔奖得主，1919年担任柏林大学理论物理学教授。1920年得到柏林科学院的推荐，1921年成为院士后，他已有一定知名度。他似乎颇具组织和审核能力，因为1921年7月他还被推荐为急难协会物理学小组理论物理学召集人，并于隔年年初经过会员选举而正式上任。爱因斯坦在即将访问美国之前，一定考虑过委员会和所长职务代理人的问题。能斯特和哈伯两位都不到60岁，当中没有人能代理他吗？能斯特不行，因为他已是接替瓦尔堡担任帝国物理技术学院院长最有希望的候选人，后来在1922年4月1日接任这项职务。

1921年3月的爱因斯坦应该还不知道隔年他会离开柏林好几个月——要到夏季才知道要应海象社（Kaizosha）出版社之邀到日本，这是罗素（Bertrand Russell）所促成的。隔年1月，爱因斯坦和出版家山本（Yamamoto）签约，要在日本访问6周，发表12场演说，且在该国不许发表其他谈话，日方则致赠可观的酬劳。去程时，他想访问中国，回程时则停留巴勒斯坦和西班牙，所以会离开柏林至少三个月之久。于是，爱因斯坦在7月请劳厄自10月1日起暂代主任委员一职，期间爱因斯坦的薪给当然归他。爱因斯坦也知会了普朗克。委员会的同事一定以为这项协议是暂时的。

但爱因斯坦从日本回来后，已不再接回主委一职。理由何在呢？1922年夏季，他在经济上已不再依赖主委的薪资，这款项由于通货膨胀而提高到18000马克。科学院支付他75000马克。他从出书、签约，尤其和德国北部基尔（Kiel）的工业家兼发明家安许茨－肯普费（Hermann Anschütz–Kaempfe）一同改良旋转罗盘所得的收入，就相当于他的常规薪俸。例如1920年9月，他在基尔签一份约便获得2000马克。另有证据显示，安氏在1921年1月"私下"付给爱因斯坦20000马克，好让双方避税。基尔这些钱大概汇到苏黎世赡养其前妻及孩子。1922年夏天，爱因斯坦写信给洛克菲勒基金会一位熟人时表示，他现在已经济独立，能够放弃学院的薪俸而不致财务失衡。他早在一些场合中抱怨身为主委的繁文缛节，借还所方测量仪器时的公文往返，更令他反感。既然不再依

拉特瑙

赖这份薪资，他便移交职务给劳厄，尽管不再支薪，但在对外名义上，依旧保留到 1933 年。这种虚位方式，对院方、所方及他本人都有好处。

1922 年 6 月，拉特瑙（Walther Rathenau）[1] 被暗杀后，爱因斯坦的生命遭到威胁，更不会回到先前的职位。从这方面来讲，身为所长的他，从今以后不会再公开露面。此外，他更在战争爆发纪念日，即 1922 年 8 月 1 日时，加入柏林的"终止战争"大规模示威活动，作家图霍尔斯基（Kurt Tucholsky）当时也参与其中。不过，爱因斯坦没有发言。但当隶属"新祖国同盟会"（Bund Neues Vaterland）的德国和平联盟在拉特瑙命案后两周，于帝国会议组成的"德法友好对待会"（Deutsch-Französischen Freundschaftsbegegnung）上，他还是讲了话。当时他的文章还刊登在和平集会的手册上：

就本于各民族共同合作的所有努力，尤其一切文化奋斗的发展而言，战争是最严重的阻碍，剥夺与精神劳动者事业息息相关的种种内外在条件——要是他还年轻力盛，战争就会让他成为有组织毁灭活动的奴隶，让他处在愤慨和仇恨的氛围中。此外，由于战争导致的穷困，更造成多年严重的经济依赖。因此，最重视精神价值的人，便不得不成为和平主义者。

---

1 拉特瑙为犹太裔政商名士，代表德国签订败战后的和约。——译者注

所以,身为和平主义者的爱因斯坦在民族主义和反犹风潮中不为所动。身为所长的他,为何要有所作为呢?他连一栋研究楼馆都没有。海德堡大学所长莱纳德(Lenard)的研究楼馆,在拉特瑙下葬当天就遭到激进团体占领[1]。日方的邀请正好让爱因斯坦暂时回避拉氏命案后柏林一触即发的紧张气氛。

物理所职务的移交相当顺利。由于劳厄任用芭思(Bathe)小姐,爱因斯坦继女伊尔莎失去秘书工作。爱因斯坦在职时,一年只开一两次委员会议,使得一些提案人要等上一年才能定案,所以劳厄接任后,便视情况调整,例如,1923年便开了5次会议。他用一张明信片就够了——后来委员会就并入科学院院会,所有事归它包办。

柏林及东京:身为本地和海外的学人

20年代,柏林未曾吹过"日本旅游风",但当时人们对该地、中国和远东却颇感兴趣。

例如,1920年时克勒曼(Bernhard Kellermann)的游记《漫步日本》,便在保罗·卡西尔出版社卖到第三版。既然德国失去了在中国的殖民地,对日本的工业和文化交流也就日渐频繁。1922年,急难协会还成立"日本小组",由哈伯、哈恩(Otto Hahn)和普朗克负责。该小组和日本工业家星一(Hajime Hoshi)知名的

---

[1] 莱纳德在所里既未按规定降半旗,也没有停半天课,而遭学生强行押至警局。

基金会磋商，以便促进"总体化学领域和原子研究的物理学领域之实验工作"。星一是日本首位在工业基础上批量生产吗啡、古柯碱、奎宁和颠茄碱的人。逗留苏黎世和伯尔尼几日后，爱因斯坦和妻子艾尔莎于1922年10月7日在法国马赛搭上一艘日本船，准备通过苏伊士运河后前往斯里兰卡科伦坡（Colombo）、新加坡、香港和上海等地。好友贝索认为，爱因斯坦能够暂时离开"这个死气沉沉的欧洲"，实在羡煞许多"德国名士"。爱因斯坦写了许多旅游日志。

爱因斯坦1922年访日期间，住在娜拉酒店（Hotel Nara）

日方出版社代表早在上海恭候，随即展开全天候访问行程，使得夫妇俩应接不暇。在接下来的访问期间，爱因斯坦在船上收到自己获得1921年诺贝尔物理学奖的电报，"以表彰其在光电效应方面所发现的法则"。如果是表扬他的相对论，就比较不那么令人意外，而这项颁奖理由，导致自1920年起便反对爱因斯坦的莱纳德发函向诺贝尔评审委员会抗议。

爱因斯坦与爱尔莎在去日本的船上（1922年）

客船在11月17日抵达日本神户。这位此时变得更加知名的柏林贵宾，受到日本同侪及当地德国侨胞热烈欢迎。然而，他没有接受此地德国人俱乐部的邀请——来这里就先顾好和日本人的关系。12月，在邀请出版社的期刊《改造》（*Kaizo*）上，刊登了他早在柏林 8 月时就写好的文章《当前理论物理学的危机》。当中提出量子物理需要一种新的数学语言——"微分定理和积分条件"已经不够。1926 年，薛定谔以其方程式提出反证。爱因斯坦直接由两位日本物理学者接待，其中一位叫桑木雄（Ayao Kuwaki，1878-1945），是普朗克 1907-1911 年间的学生。1909 年 5 月，他在苏黎世拜访过爱因斯坦，是第一位在日本阐述狭义相对论的人。另一位是石原纯（Jun Ishiwara [Ishihara]，1881-1947），他在 1912-1914 年间师从慕尼黑的索末费尔德（Arnold Sommerfeld）和柏林的普朗克。1913 年，他也在苏黎世拜访过爱因斯坦。漫画家冈本一平（Ippei Okamoto，1886-1948）在描绘时，突出了这两位学者的鼻子。

1922 年 3 月，凯斯勒伯爵（Harry Graf Kessler）提及在爱因斯坦家吃晚饭时，后者曾和艾尔莎说过："只要这场热闹还继续，他就应该到东亚看看。他至少可以体验一下。"如今日本和热闹，他两者兼得，因为出版社的这次邀约与其说是科学推广，不如说是商业考量。该社举办的爱因斯坦演讲，民众趋之若鹜。德国驻日大使索福（Wilhelm Solf）气愤地向柏林报告，爱因斯坦的"学术讲演……变成落入山本先生口袋的日币"。不妨说，爱因斯坦透过辛苦的讲演工作，支付自己的旅费——他在协议的 12 场演说外，至少还多讲了两场。在他的日本之行里，真正的参访是在最后两周。在那六周当中，似乎只有三天没有预定行程，难怪爱因斯坦会有健康问题。德国大使对爱因斯坦的到来颇有好评。尽管受到"各界莫大好评"，他依旧不改谦和、直率的本色。艾尔莎请索福代为留意，让爱因斯坦行李中的奖品免税进入德国。

爱因斯坦这一趟，也给有意与日合作者铺路。如哈伯于1924年前往日本筹备一间"为促进德日在精神生活和官方设施交流的研究所"，简称"日本所"。作家也开始有所往来，如1925年的霍利切尔（Arthur Holitscher）及担任汉堡－美国航线船医的达达主义作家何尔森贝克（Richard Huelsenbeck）。对远东艺术的兴趣，开始在柏林增长。1924年，隶属工艺美术博物馆（今为格罗佩斯展览馆[Martin-Gropius-Bau]），位于阿尔布雷希特王子街（Prinz-Albrecht-Straße）8号的工艺美术学校，以日本风格设置东亚艺术部。1929年，位于巴黎广场旁的艺术学院，则举办大型的"中国艺术展"。

好在爱因斯坦的酬劳在协议后以英镑支付——德国通货膨胀在下半年一发不可收拾。1922年5月，1美元还值500马克，12月21日成了6750马克，隔年1月竟然变成28000马克。这是战败后举债的结果，其他的因素包括复员费用、资本抽离、外汇投机和偿付赔款等等。通货紧缩和粮食短缺，致使国内物价大举上扬——尽管薪水和工资有所提高，却弥补不了价格上扬。尽管如此，罢工仍然保持在一定限度内，这或许要归功于1920年2月颁布的《企业工会条例》，其中赋予劳工在企业中较多的权利和义务。夏秋两季时，左派政党召开企业工会全国大会，主张提高工资、价格管制和解决房荒等事项。大约同一时期，多数社会党人与独立社会民主党再度结成联合的社民党。爱因斯坦在访日回程，亦即在中国或新加坡时，可能得知法国和比利时因为德方拖欠充当部分赔偿的物资生产而于 1923 年元旦进占鲁尔区。

就算没有爱因斯坦，柏林丰富的文化和学术生活仍蓬勃发展。他错过了丽莎·迈特能（Lise Meitner）的就职演说《放射现象对于宇宙过程的意义》，及与自己交好的耶斯纳（Leopold Jessner）导演的颇受好评的莎士比亚《麦克白》。艾尔莎是否和先生一同在柏林施威西腾厅（Schwechtensaal）观赏过丰腴的艺术舞者与爱闹绯闻的瓦蕾丝嘉·格特（Valeska Gert）的演出，就很难说了。瓦蕾丝嘉·格特演出《十字路口的繁忙交通》荒诞默剧，或是在法式手风琴伴奏下模仿《痞子》中的一位好姑娘。1930 年 11 月，爱因斯坦曾在同样场地讲述过他的理论，这场透过麦克风的演讲还被录成黑胶唱片。柏林一位跟爱因斯坦同姓的作家、立体派艺术理论家卡尔·爱因斯坦（Carl Einstein）遭到起诉，爱因斯坦也同样错过他的出版商罗沃尔特的渎神审判。魏玛共和，包括柏林的司法，并非以具有自由、宽容且能反映新政治制度的精神而闻名。就连赏心悦目的艺术，也无从豁免官方检查——柏林最高检察长便以"粗鄙、猥亵"为由，查禁了格罗斯（George Grosz）的组画《看，这个人》。格罗斯先前早就惹恼柏林二级法院：1920 年 6 月，他和赫茨菲尔德（Wieland Herzfelde）趁"第一届达达国际博览会"在柏林博查特（Burchard）美术品卖场因为展出鲁道夫·施利希特（Rudolf Schlichter）的《普鲁士天使长》——即长着一个猪头、佩戴铁十字勋章的军官人偶，而被课以罚款。检察官认为这是"以卑鄙下流的方式侮辱军队"。

瑞士人爱因斯坦：是德国公民吗？

尽管爱因斯坦是普鲁士支薪的院士，却拿瑞士护照前往日本。根据符腾堡王国1896年1月28日的文件，他在搬离慕尼黑一年后，"提出申请移居意大利"而放弃符腾堡公民权。在几年的无国籍生活后，他于1900—1901年间取得瑞士公民权。小说家阿诺尔德·茨威格（Arnold Zweig）把自己在1933年时的处境投射到过去的事件而错误地写道："爱因斯坦的父亲把德国误以为意大利，而随随便便放弃了德国公民权……于是，身为无国籍者的爱因斯坦便因

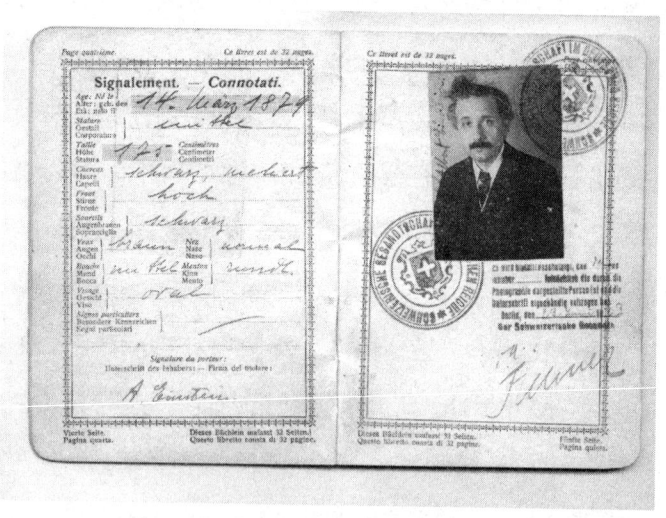

爱因斯坦的瑞士籍护照（1923年）

76

为缺少一张现代国家的有效护照，而不得不经历无国籍生活的艰辛。"

直到爱因斯坦在1922年12月的日本之行领取诺贝尔奖后，他的公民权问题才成为政治事件——瑞士和德国公使都想争取这个奖项。虽然德国外交官争取到了，但之后出现了法律认定问题——科学院询问爱因斯坦，在到柏林应聘时，是否明确表示过不需要普鲁士公民权。否则，按照帝国暨普鲁士宪法，身为官方成员的他，得被视为德国公民，却无损于他的瑞士国籍。爱因斯坦不愿照办。他在1913年接受聘用前，提过不愿成为普鲁士公民的条件，哈伯和能斯特知道这项条件，且部会里应该有案可查。由于文化部没有找到任何卷宗，于是该部于1923年6月找爱因斯坦个别谈话。这时爱因斯坦的记忆出了差错。他宣称他的国籍丧失了14年，因为他父亲已加以撤销。如同凯泽（Rudolf Kayser）于1931年在其岳父爱因斯坦的传记中表示，爱因斯坦的父亲仍然保留德国公民权。至于他所提的条件，则只得到过哈伯的口头保证。由部会笔录看来，爱因斯坦坚持只具有瑞士国籍，因为他担心出示护照时的不利情况。假使他真的取得过普鲁士国籍，就该尽可能不对外张扬，而他也签字认同了部方的法律见解。这项法律鉴别进行到1926年12月，从爱因斯坦的公务员资格、支薪办法及所属行政长官的证词所得到的明确法律鉴定，让人无从怀疑他的普鲁士公民权和国籍。

在一次大战期间，普鲁士官方大概视爱因斯坦为瑞士人，否则开战时，他就必须从军，且战时只能在取得许可后才可入境中立国，所以他必须用"原国籍证件"向官方证明自己是瑞士人。此外，他更以明确的瑞士身份应聘到科学院。就连他在战后访问国外，官方也准用他的瑞士公使馆护照。官方或许认为，这么做有助德国战败后的国际声望。尽管爱因斯坦并非全不知情，直到20年代，仍坚称自己只有瑞士国籍，甚至在各种场合中特别强调。这符合他身为和平主义者对德国主战政策的指责。他在面对德国同侪时，也从这件事中得到好处。大约20年代中期，他跟物理所学生依丝忒·萨拉曼（Esther Salaman）谈话时表示，幸好自己不是德国人，而是瑞士人，年轻时过过不少民主岁月。"只要合他们的意，德国人就说我是德国人，只要一不合意，马上就说成是犹太人，我怎样都适应不了他们这种方式。"爱因斯坦头一次不得不使用德国护照出国，是在1925年前往南美时，瑞士大使馆拒发护照。他在20年后写信给好友普勒许（Plesch）时很生气：

> 我在1914年受聘到柏林时，就已明白拒绝德国公民权，后来1918年战败后，却在同事的强迫下接受——这是我对外生活的蠢事之一。我从小就在政治观点上厌恶德国，感受由此而来的威胁。

话说回来，接受柏林的优渥官职，从而服务这个"不论是帝国或共和的"政治德国，就他而言，显然并没有什么顾忌。

以瑞士人身份受聘，会比较方便。"当我以瑞士公民身份评论

伯尔尼的爱因斯坦小屋，又称爱因斯坦博物馆，1903—1905 年爱因斯坦和米列娃住在这里。馆内大致维持当初爱因斯坦所住的格局，展示了他生前各个时期的照片、相对论的学术资料、上课的录音带等，其中还包括爱因斯坦在报上分类广告刊登的招生启示、爱因斯坦的成绩单，详细而清楚地记录爱因斯坦的生平事迹。

政治，对时事表态时的某种保留，不仅缘于事情的本性，更是出于自己内心对任何派系纠葛的反感。"整个大战期间在柏林工作的路德维希·施泰因（Ludwig Stein）能够了解这一点。1910 年，他放弃伯尔尼大学哲学及社会学教授职，1912 年起在柏林发行《北与南》月刊，提倡国际合作。1914 年起，为《佛斯报》撰稿，并以假名"外交人"（Diplomaticus）发表《与政界人士交往的个人回忆》。不论在政治上的保留或是对党同伐异的厌弃，他都很像爱因斯坦。从保守的政界、军界，经过女婿利希特（Licht）等人的柏林地方政策，直到和平主义的圈子，施泰因处在一张大网络的交接点。1930年夏，施泰因过世时，艾尔莎写信给安东尼娜·吕谢尔（Antonina Luchaire，娘家姓瓦伦丁[Vallentin]）："我知道你跟他合作了许多年。在柏林的社交生活中，很难想象有过这么一位不偏执而有活力的男士。"1899—1909年间，施泰因担任过伯尔尼大学教授，也在伯尔尼国际和平署工作过。另一方面，爱因斯坦在1902—1908年间，在一览无遗的伯尔尼生活，在此取得授课资格，所以很可能两人在这段期间已经认识。所以说，在施泰因的回忆录中只提爱因斯坦的相对论，却没有谈论这个人，就有些奇怪。

不无反讽的是，早在1922年4月《德意志犹太人》（*Der nationaldeutsche Jude*）期刊，即右派犹太裔德国公民的期刊，就议论了根本不想做德国人的爱因斯坦的德国身份："只要不去追究爱因斯坦在出身或意愿上，都不属于这个民族，那么他的作品对世人，他的性情对其友人，自有某种魅力。之所以成为德国人，并不是因为用德语写作，或是在柏林有张办公桌。"不过，该文作者似乎忽略爱因斯坦是在乌尔姆接受启蒙，并在慕尼黑度过童年的。

4 战时身为民主和平人士的爱因斯坦

Einstein als Pazifist und Demokrat im Ersten Weltkrieg

爱因斯坦像，素描，Zirinsky 作于普林斯顿（1934 年 3 月 16 日）

从外部来看，爱因斯坦来柏林还不到5个月，就发生了两件不幸的事：6月时，妻子米列娃带着儿子离开他，回到苏黎世，以及大战出他意料地爆发。据说当妻儿在由瑞士特利安（Trient）赶来的同窗好友贝索的陪同下离去时，爱因斯坦流了一整天的泪，但眼泪是为爱子流的，而对妻子，也就是他的"十字架"，早就关系冷淡，且已认定自己和艾尔莎的感情。丈夫变心后，夫妻俩还生活了一段日子，她借助"铁饭碗职员"的角色，维持了这位教授对她的义务。在进行协议时，爱因斯坦像对佣人一样地对待妻子，给她一张书面指示——由甲到丁四条，各有一至三点——当中"秩序"、"你要放弃"和"你有义务"等词语出现不止一次。每天还要端三餐到他房间，而且不得奢望温柔相待。

善妒的米列娃不比丈夫那么有魅力，她在迁居柏林之前，就预感到艾尔莎的威胁，却因为害怕夫家亲戚，而仿佛瘫痪在柏林。对这位内向、忧郁、被丈夫忽视、除了哈伯家便没有亲友的妻子，爱因斯坦及其亲戚都不曾做过什么来帮她适应。对先生已经不能期待——他得负责自己的重要职务，行使他在院方和所方的权责，更要完成多年来对牛顿重力理论的修正。爱因斯坦的情形则不同于米列娃，他5月初写信给苏黎世数学家赫维茨（Hurwitz）时，就表示自己在当地的生活出乎意料地顺利——甚至到了这种程度："为了一些长辈的命令，而必须接受比如衣着等等的训练，才不致在这被当成游民。"对于他感情和生理的需求，艾尔莎百依百顺。7月2日，爱因斯坦在皇家普鲁士科学院发表就职演说。他来柏林不到4周，便完成《相对原理》一文，发表在1914年4月26日自由派的《佛斯报》上，提供给柏林的读者。

这位具有泛欧思想、反战、反军国主义的人，由于扁平足和汗脚，而不必服瑞士兵役，如今置身在为了战争和胜利而亢奋的城市，处于皇帝可能在无意间引发的暴风圈中。7月28日，社民党发动反战示威，喊了32次"终止战争"的口号，终归白忙一场。31日，当一位军官在市中东区的腓特烈大帝纪念碑前宣读《急迫的战争威胁状态》诏书时，多数柏林人大概都站在欢呼的行列中。当天随即完成战时动员——自8月2日起，伴随着"军乐声"和行人喝彩的军灰色部队，行军经过本市。例如第二近卫军团，从腓特烈大街军营经过夏洛滕堡林阴大道，走到西端（Westend）车站。一批批在外地休完暑假的市民涌出列车，穿越沸腾的街道，怀着满腔热血回到家中。这一天恰巧也是柏林大学的创校纪念日，枢密顾问普朗克则在旧礼堂中演讲《科学中的规律性》。作家费希特尔（Paul Fechter）记叙道：

完全不谈时代生活和历史事件：冷静、务实、客观……他谈到波尔茨曼（Boltzmann）和维恩（Willy Wien），仿佛那是最深沉的和平。首先，有些东西在反抗对普遍存在不近人情的疏离，直到大家领会其对比中的卓越，并把这种仿佛不带感情、不受撼动的态度，视为某种无限生机蓬勃的力量。听众折服于这种彻底稳定的秩序，在外界的骚动下，仍保有其永恒价值，具有经久不变的确定性。

8月4日，德军进驻中立的比利时。威廉皇帝在皇宫白厅召开国会时，讲了一句意在消弭政治与社会差异的名言："朕不懂什么党派，只知大家都是德国人。"这句话让所有反对战争拨款的社民党人，包括李卜克内西（Karl Liebknecht），都成了叛国者。一如德国各地，柏林人也开始高喊"上帝惩罚英国"，随后便寄发上头有"一枪一老俄，一刀一老法"标语的明信片。

爱因斯坦的学术环境，并未让他好过些。柏林大学一如普鲁士的阶级社会，拥护政策，效忠皇帝。就连爱因斯坦敬重的普朗克，也认为所有德国大学都要像柏林大学，不仅在地理上，更在心理上向皇室靠拢。10月30日，该校法学教授基普（Theodor Kipp）在公开演讲《论法律权力》中，不但不批评德军破坏比利时的中立，甚至还说："大家不约而同表示，在这场猛烈的战火中，敌国是如何多方持续地破坏国际法。我不愿再重复这种向天呐喊的控诉，而只想质问，这种不断的违法乱纪是否合理：难道国际法荡然无存了吗？"他给了否定的答案，值得注意的却是，这种国际法仅只针对敌国。在生物学家黑克尔（Ernst Haeckel，又译海克尔）发起下，包括诺贝尔奖得主莱纳德和X射线发现者伦琴（W.C.Röntgen）等31位德国教授，都放弃他们的英国奖项，而且只要是金质奖章，就交给红十字会。后来大家都响应"金换铁"的号召，把贵金属换成铁片。

基普的演讲，其实是在回应1914年10月4日《呼吁文化界》声明。这声明由93位德奥名流，即科学家、作家和艺术家联署，其中还包括爱因斯坦的同仁普朗克、能斯特和哈伯等9位院士。住在本市的知名作家，如剧作家富尔达（Ludwig Fulda）和祖德曼（Hermann Sudermann，又译苏德尔曼），也和柏林第二任市长莱克（Georg Reicke）共同发表含6项要点的声明，第6点是：

> 所谓"宣战乃藐视国际法"的说辞，并不对。这不是什么穷凶极恶。东方俄罗斯民族杀人而后饮其血，西方则把枪弹打进我国军队将士的胸膛。要捍卫欧洲文明，至少要有这项权利，对付那些与俄国和塞尔维亚结盟，并唆使蒙古人和黑人一起跟白种人为非作歹的民族。

军国主义还结合了文化使命——"军队和民族实为一体。"凡指责德军进入比利时为暴行的人，都是大逆不道的反战者。声明作者更引用歌德、贝多芬和康德，证明德国行的是正义之事，对抗的是阴险狡猾的敌人。联署的还有知名作家豪普特曼、音乐家洪佩尔丁克

(Engelbert Humperdinck）和画家李伯曼等人。

在文化精英的声明12天后，更有教授和讲师群的联署，并有由古代语言学权威维拉默维茨 - 莫伦多夫（Ulrich von Wilamowitz-Moellendorff）起草的《德国大学教师声明》，人数达3500位，但不包含和平主义者。所以，当中没有爱因斯坦，而有史学家克维德（Ludwig Quidde）和柏林天文台前任台长弗尔斯特（Wilhelm Foerster）——即1888年为了教育民众而和西门子共同创办的柏林"乌拉尼娅"（Urania)[1]学社的人。爱国而保守的普朗克毕竟排斥激情，于是，连同其他温和倾向的院士——当然包括爱因斯坦，提醒院方不要跟巴黎科学院一样，抵制联署德国《93人宣言》的院士。1915年，严谨的天主教科学哲学家迪昂（Pierre Duhem）在波尔多（Bordeaux）的四场《论德国科学》的演讲中指出，德国科学的特征是"几何精神"，大大落后于法国的"敏锐精神"。

开战时，柏林的剧院和博物馆率先关闭——工具馆除外（今为德国历史博物馆），公开场合禁止舞蹈，数百家原本替代妓院的酒吧也关了。有着"敌方"名称的娱乐场所，如"皮卡帝里咖啡厅"、"温莎咖啡馆"（Café Windsor）或"黑猫"（Chat Noir），必须立刻改名，成了"祖国咖啡厅"、"葡萄业者咖啡馆"（Café Winzer）和"黑猫"（Schwarzer Kater）。随着8月1日戒严开始，严格的报刊检查也跟着展开。因而不难见到"祖国朗诵晚会"，剧场重新开张

---

1 希腊神话中的天文女神。 ——译者注

后，更有《更加坚强！》、《圣战》、《献身祖国》等剧名的戏码。9月，备受爱因斯坦敬重的李伯曼捐出一幅杀气腾腾的炭笔画《让大家教训他们！》，只见战场上一位手持军刀的骑兵大肆砍杀，成了鼓舞士气的战争海报。大作家豪普特曼尽管不需从军，但儿子都在战场上冲锋陷阵，于是写下这样的诗句：

> 走吧！我们将上战场
>
> 赴死。这里骏马驰奔，
>
> 到处是刺丝网
>
> 和至死不屈的英魂。
>
> 保重，年轻的爱妻
>
> 和摇篮里的宝宝。
>
> 我这沉重的身体
>
> 或许不再拥抱你们。
>
> 这身躯，要拿来挺向
>
> 子弹和榴弹，
>
> 若侥幸没有阵亡，
>
> 就能赢得这一战。

柏林土生土长的青年诗人利希腾施泰因（Alfred Lichtenstein，又译利希滕斯坦）以更加笃定的信念迈向战场：

死前也得有诗作。

安静，弟兄们，别吵我。

上阵拼命何必多说。

爱人呐，莫为我难过。

……

太阳向地平线移动。

我也将落入万人家。

开战后不到两个月，他就命丧黄泉了。

《93人宣言》旨在唤起文化界的民族沙文主义，知名的哥廷根数学家希尔伯特(David Hilbert)和柏林史学家德尔布吕克(Hans Delbrück)两人则未联署。大家争论是否要请瑞士籍的爱因斯坦来联署，或像他的好友、物理界同仁玻恩(Max Born)所认为那样，另一张护照让他在拒绝签署时不会被视为叛国。10月，生理学家、知名的柏林"慈善家"、主治医师尼古拉(Georg Friedrich Nicolai)起草《呼吁欧洲人》小册子，对这份声明做出答辩时，曾和爱因斯坦与威廉·弗尔斯特会商。

尼古拉和爱因斯坦的关系源自艾尔莎，她因为心脏问题接受过尼古拉的诊疗。为他立传的楚尔策(Zülzer)表示，尼古拉在周遭女性的眼中，是位有魅力、有理念的男子汉，然而却没人像他一样，认为单凭自己的能力就能阻止大战。他的文章呼吁欧洲人在交流日渐频繁的世界中，致力欧洲统一，对抗自我中心的民族主义，阻止因长期战争而导致的文明败坏。柏林许多教授都收到这份呼吁，但除了三位起草人，只有尼古拉的一个朋友加入——来自俄国圣彼得堡（Petersburg）的业余学者比克（Otto Buek）博士，他出版过俄罗斯作家果戈理（Gogol）和康德的作品，翻译过托尔斯泰、思想家赫尔岑（Herzen）和西班牙思想家乌纳穆诺（Unamuno）的书。一般大众却不知道这项令人敬佩的举动，起草人则因为联署人数不足而作罢。1917年，尼古拉在瑞士发行的书《战争生态学》中收入这篇《呼吁》，当时德国国内则无法获得。

一般在谈到这段过去时，有时会让人以为，当时德国只有爱因斯坦及其好友在反对《93人宣言》。路德维希·施泰因则有如下的报道：

> 我在《北与南》月刊中，发起一场运动，反对93位文化人士草率的声明，要求给其他人士表达不同观点的机会。我召集了近40位学者，联名在杂志上发表反对声明，其中更包括一些原本属于93位联署成员，觉得今是昨非而加入我们反对行列的人。

到了年底，这种抗议就减弱许多。12月30日，由考夫曼（Oskar Kaufmann）在市中东区的谷仓社区（Scheunenviertel）毕罗广场（Bülowplatz，今为罗莎·卢森堡广场）所建的"新自由人民剧场"，上演了挪威剧作家比昂松（Björnstserne Björnson）的喜剧《葡萄盛产时）。相较于文字，图画较难审查——所以1914年11月9日，"狂风"画社开始展出他们的表现主义新艺术，参展画家包括了1916年就"在战场上"阵亡的马尔克（Franz Marc）[1]。柯林特（Lovis Corinth）的柏林"新分离派"则有民间审查——他们在战时只展出德国画家的作品。

等到这场朝野共同期待的战争开始变得没有胜算，亦即"开始落叶"时，更由于敌军的海上封锁，柏林的供给情况日渐恶劣。1914年10月底，面包开始掺入马铃薯粉。马铃薯短缺时，就有1/3的生猪遭到宰杀。隔年2月，柏林成为第一个发放面包卡的城市——每人一星期两公斤面包。所有公车停驶。有钱的爱国者请人在柏林西边挖壕沟，让好奇的市民观看"勇敢军人们"的驻扎情形，连妇女都踊跃加入围观的人群。当中难免有老鼠、跳蚤，甚至粪便——假使避谈不雅的战争活动的话。

和平主义者

战争爆发后，各国出现了和平运动。这在法国一开始就遭到压制，在美国则部分瘫痪，部分随政府路线摇摆，而后逐渐形成反对志愿从军的团体。而英国、中立的荷兰和德国则出现新的团体，抗议政府的战争机关，并设法和一些组织，即在一片杀伐和报复声中捍卫人权的组织，维持国际关系。然而，这些团体却被"全德意志

1《在战场上》即为马尔克的画名。 ——译者注

联合会"（Alldeutschen Verband）之类的大国沙文主义团体斥责为背叛祖国。

新祖国联盟

1914年11月11日，柏林成立了新团体，即名称有些暧昧的"新祖国联盟"（Bund Neues Vaterland）。会员都是反对德国主战政策者，涵盖各种出身、职业和党派。这个团体透过普鲁士骑兵上校泰珀－拉斯基（Kurt von Tepper-Laski）与外交界，甚至皇室建立关系。他是知名的障碍赛马术大师，在联合俱乐部经营比赛场（今日为达尔维茨[Dahlwitz]赛马场），附近拥有别墅和马场。在战前，他就致力于德法双方的友好关系，具有社交天分——他是"俄国政治犯暨流亡者支援协会"和"互济委员会"的会员。现在是新联盟的首任主席。泰珀是在动物园餐厅（今已不存）露台或无忧宫（Sanssouci）的花园和专栏作家莱曼－鲁斯比尔特（Otto Lehmann-Russbüldt）与法学家、前任国会议员、自由民主派周刊《周一世界》（*Welt am Montag*）发行人冯·格拉赫（Hellmut von Gerlach）会谈，后者更是普鲁士军国主义的反对者。

和平主义者、"德国世俗学府暨道德课程联盟"创办人莉莉·扬纳施（Lilli Jannasch）也加入。1914年10月初，她和新祖国联盟共同成立一间新闻中心，后来则成为出版社，随即刊行莱曼－鲁斯比尔特《欧洲联合国之创立》的小册子。不久后，罗伊特（Ernst

Reuter）也跟着莱曼氏和扬纳施加入联盟的工作行列。

联盟遵循的是双轨策略：一方面设法借着给首相和国会上条陈的机会，来影响朝中权贵；另一方面则刊行小册子来争取舆论界大佬的支持。新祖国联盟不属于任何党派，但有些成员，如布赖特沙伊德（Rudolf Breitscheid）和伯恩斯坦（Eduard Bernstein），则在社民党具有影响力。联盟的纲领主张是：政治及社会改革、推行男女平等普选权、议会民主制、改善劳动人口生活条件及劳工组织的社会保险与权益。

1915 年春，爱因斯坦和艾尔莎已是其中的会员——在同年秋天的会员名录上，艾尔莎还出现两次，一次是"艾尔莎·爱因斯坦女士"，一次是"艾·列文塔尔"。迄今为止，详实的传记和出版品均认为，爱因斯坦是新祖国联盟的创盟元老。这项错误源于莱曼氏关于新祖国联盟战后组织的书《德国的人权团体》，他在其中把爱因斯坦列为"前十位会员及同情者"，尽管他的会员编号是"29"。到了 1926 年，爱因斯坦已闻名全球，该团体加以利用，但在 1914 年 11 月时，除了同事，没有人认识他。国际法学者许金（Walther Schücking）报道了 1915 年 3 月 21 日该联盟在市中心造船工堤道（Schiffbauerdamm）的德国体育馆会议厅举办的第五届常会，当时爱因斯坦也有出席："我首次听到这个人的名字。据说他透过一条时间统一性的定理……达成一流的学术壮举。"这种不太专业的描述，大概是指爱因斯坦 1905 年的狭义相对论。在联盟成立的那个月（11 月），爱因斯坦正在设法总结"广义相对论"，亦即多年来他所发展出的重力理论。10 月 29 日，他提交给学院一篇较长的论文《广义相对论的形式基础》。随后他和同龄的荷兰实验物理学者德·哈斯（Wander Johannes de Haas）合作——他是夏洛滕堡市的帝国物理技术学院研究助理。他们一同求证磁棒上磁力和旋转动量之间的关联，该现象今日称为爱因斯坦—德哈斯效应。

新祖国联盟直到 1916 年 2 月 7 日被普鲁士军方解散为止，在这短暂的活动期中，只是一个小型的精英团体。而爱因斯坦如何得知这个社团呢？他可能透过第 14 位会员的介绍，即"无线电发报系统学会"学术董事阿尔科（Graf Georg von Arco）。他是联盟中唯一可能和爱因斯坦有业务接触的人。当时的柏林大学艺术史编外讲师（Privatdozent）[1] 及新祖国联盟遭查禁后，两个社团的共同创办人魏斯巴赫（Werner Weisbach）在回忆录中写道，阿尔科致力和平及"跨国的"双边谅解，这位理想主义者"聚集了各种具有和平主义，甚至共产主义理想的人"。不过，他不懂人性——在缺少历史意识和对事情的误判下，执迷于不切实际的观念。

> 爱因斯坦也跟阿尔科一样……通过这个朋友来到我们这个社团。他（爱因斯坦）在政治方面也是梦想家，追求高贵理想的人。

爱因斯坦在联盟会议上结交了法国作家、音乐学者及和平主义者罗

---

1 即向学生而非向学校收取酬劳的大学内教师。 ——译者注

曼·罗兰(Romain Rolland)。他在日内瓦的国际红十字会战俘民事代理机构工作,于1914年9月在一家瑞士报纸上以《论混战》同时批评两个阵营:谴责德国的帝国主义和军事扩张,指责法英与帝国主义的沙皇结盟,更失望地指出欧洲的教会和社会民主政党背弃理念,同流合污。

柏林作家赫尔佐克(Wilhelm Herzog)为译介罗曼·罗兰的人,和他人共同创办文化刊物《潘神》,也是新祖国联盟的盟员。1915年1月,他把罗兰文章摘录在自己的月刊《论坛》(*Das Forum*)上。莉莉·扬纳施借这机会把罗兰和他的目标介绍给新祖国联盟。通信于是开始,其中有罗伊特、身为联盟同情者和工作者的罗兰和许金、德尔布吕克、柏林国际法学者韦贝格(Hans Wehberg)以及慕尼黑国民经济教授布伦塔诺(Lujo Brentano),却不包括爱因斯坦。爱因斯坦在联盟会议后写信给罗兰,讲述从宗教狂热到民族主义高涨间的历史变迁,指责参战国家学者的行为,仿佛开战时大脑就被割除一般。他赞扬罗兰在德法两国间的努力,只要他在柏林的职位或是和学界的关系派得上用场,便乐于尽绵薄之力。

所以说,在德国,爱因斯坦并非首位和罗曼·罗兰结交的知识分子,更有随着瑞士双亲而在柏林长大的教育学者伊丽莎白·罗滕(Elisabeth Rotten)博士。大战前,她在剑桥大学担任了一年的德语文学教师。

我原先打算投身教职。如今我却无法拿定主意,在学生面前若无其事地教书。因为我由从前的同窗、画家和其他人处得知，一夕之间在德国成了"敌国人"的人，可能陷入困境，我便赶到柏林，看看是否能够及如何能够让这些落难者团结起来，保持中立。

她顺利创办了"国外德国人及德国外国人咨询暨救援中心"的救援组织，并与日内瓦国际红十字会合作，援助了许多遭到拘留的人。伊丽莎白·罗滕也协助了罗曼·罗兰和莉莉·扬纳施促成德法医师战俘的交换。

参与其事的罗曼·罗兰回信时，便请爱因斯坦协助，力促国

罗曼·罗兰

际红十字会的军官前往德国。后者在法国挨视过德国战俘，想要了解其环境条件，进而打消敌对双方的仇恨。但是，爱因斯坦不善安排——他大概没有办成这件事。反倒是他在1915年4月给瑞士好友，即法医学教授桑戈（Heinrich Zangger）的信中取笑罗兰的乐观主义。隔年，爱因斯坦再次帮不上忙——他弄丢艾伦费斯特的一封信，也就不晓得自己应该问"罗（滕）女士"什么。

爱因斯坦是位热情的和平主义者，却只表现在思想和言谈，而非行动上。反观他在1914—1918年间的59种学术出版物，其中有30篇理论物理学论文、1915年11月广义相对论的巅峰之作和1917年知名的宇宙学论文，可见他无法成为和平积极人士的缘故。学界积极的和平斗士，如克维德、许金或韦贝格让爱因斯坦相形失色。战败后，伊丽莎白·罗滕仍旧从事社会活动——协助组织借由美国贵格会资助的活动，赈济营养不良的德国儿童。到了1920年7月，有50多万名儿童受惠。这时已经出名的爱因斯坦，免不了为这项活动加上一句赞词："美国与英国贵格会造福人群的大善举。"他亲眼看到当中已有"宝贵的"人脱离苦海。

这种言多行少构成他人格的一个面向：他对个别人缺乏理解和同情，和自己对"宝贵的"人的偏爱和对全"人类"的同情，恰成对比。这也见诸于他对两家妻小的关系。1915年4月，爱因斯坦写信给桑戈，认为和平即将降临，因为"愚人们"即将另找活动领域。能斯特的两个儿子1917年阵亡，爱因斯坦在给贝索的信中简单提及后，便表示："老耶和华还活着吗？这些投入战争的人的心理很特别。我已经荒废仇恨了。"这是否意味着爱因斯坦多少接受"复仇"之神这样的观念？在此不妨比较一下开普勒（Keppler）主教在1915年广为流传的文章中所说的话："战争再次审判、严惩那些想借异族方式来污染德意志本色的胡作非为……"两者的说法都带有会惩罚人的神的观念。但爱因斯坦所理解的惩罚神，却不在他的赏善罚恶。1915年6月初，他在给埃伦费斯特的信中重提这个主题："老耶和华还活着。不幸的是他也打击无辜者，而对不自觉有罪的罪人们，他更不手软。那么这惩罚和打击的权柄从何而来呢？难道来自暴力吗？"

爱因斯坦1918年春的一封信中，显示出他对"小人物"的鄙视。同事瓦尔堡（后来的诺贝尔奖得主）的儿子奥图，是位前景被看好的年轻生物学者，但不愿从服役的前线调至后方。爱因斯坦问他，他在战场上的职务是否不能由一位缺乏想象力的平常人以常规方式取代。难道保全"更有价值的"个人，不比那里的恶斗来得更重要吗？这封信虽然是受奥图母亲之托而写，却很能凸显爱因斯坦对在前线或后方参战的个人命运的无动于衷。同年8月，爱因斯坦在波罗的海阿伦舒普度假期间，写信给玻恩，表示自己读到欧洲人口总数自上个世纪从1亿1300万增加到近4亿，"是个几乎能使人友善看待战争的可怕想法"。参加世界大战，却不一定意味着作战、杀人以及被杀。小爱因斯坦5岁的画家马克斯·贝克曼（Max Beckmann）以志愿卫生兵的职务经历了一次大战——他的画作便表达出对残酷战争的亲身体验，有别于爱因斯坦出自书桌的言论。

社会工作对爱因斯坦而言，向来是具有意义的人生要素。可见，在他的理解中，研究和口头支持和平及非暴力，就是他所能和所愿的社会参与。爱因斯坦真心同情个人遭遇的例子如下：普朗克受到严酷的试炼，1917年大儿子伤重不治，同年一个女儿夭折，两年后，次女也在分娩后死亡。这时爱因斯坦写信告诉玻恩："我对普朗克的不幸感到难过。当我……探访他时，忍不住直落泪。"

1915年6月，新祖国联盟派出一位密使，连同一位具有马克思主义思维且以《图解风俗史》知名的作家富克斯（Eduard Fuchs），向罗曼·罗兰确认该会宗旨的正当性。罗兰在日记中记载，富克斯谈起普鲁士军国主义时，正如看待一位共同敌人。爱因斯坦回瑞士探亲时，联盟不仅把他和罗兰的会面安排妥当，更把爱因斯坦的到来，视为联盟工作的一项进展。会面安排在9月16日日内瓦湖畔的韦维（Vevey）。实际上，爱因斯坦谈到在影响舆论方面的缓慢进展，表示悲观。他指责德国学者参与备战工作，认为他们念念不忘的问题"为何我们被世人如此憎恨？"很可笑。罗兰记叙，爱因斯坦只看到国人的最大缺点，这大概是对他们卑躬屈膝态度的反弹，并把他的跨民族思维解释成源于犹太血统。他可能不知道，爱因斯坦在布鲁塞尔、意大利热那亚（Genua）、巴黎和马德里都有近亲。后来还有另一位联盟成员拜访罗兰，他是阿尔萨斯作家席克勒（René schickele），在柏林共同发行《白志》（*Weiße Blätter*），却避居瑞士，这大概是为了对抗德军的召集工作。1915年，或许因为罗兰致力于民族间的谅解，他获得诺贝尔文学奖，以"表扬其作品中高度的理想主义和刻画各色人等时洋溢的同情和真理之爱"。

爱因斯坦在拜访罗曼·罗兰之前，曾经为联盟的活动尽了唯一一次"绵薄之力"。当时筹划的是教授们呼吁民族之间的谅解。1915年6月，阿尔科、爱因斯坦、维也纳作家戈德沙伊德（Rudolf Goldscheid）和柏林作家凯斯滕贝格（Leo Kestenberg）一起会商，并达成共识，不以联盟，而以个人名义发送这种具有国际性质的呼吁。我们不清楚这样的呼吁是否真的寄发——无论如何，这件事停留在个人的层面。所以爱因斯坦无法像联盟同志、国际法学家韦贝格那样，后者在联盟的一封被扣押的秘密通报中，批评德国破坏比利时中立，而被批斗成叛国者。

柏林还有更隐秘的和平主义团体。1915年2—3月间，作家韦费尔（Franz Werfel）在柏林访问宗教哲学家马丁·布伯（Martin Buber）时得知，布伯在开战之初，便联合作家朗道（Gustav Landauer）和哲学家舍勒（Max Scheler）结成"反军国主义地下联盟"——顾名思义，这对整个战时的柏林人是不公开的。这可在同年8月起初不涉入政治的瓦尔登（Herwart Walden）"狂风"画廊展出菲利克斯穆勒（Felixmüller）、夏加尔（Chagall）、科柯施卡（Kokoschka）和卢梭（Rousseau）的画作中看出。同年冬，更展出挪威的艺术作品。其中蒙克（Edvard Munch）的一幅《中立》显然影射着政治事件：沙滩后草地上的人们，无视海上的沉船而兴高采烈摘着苹果。报纸上的指环广告，则较不具艺术价值：

纯银打造。环上有德、奥匈、保加利亚及土耳其的国旗颜色。永志战友关系及其胜利。

就连利用战场上废炮弹黄铜制成的"德国艺术品"，也"可按照需求刻出战役名称和日期"。1915年2月，当李卜克内西和卢森堡（Rosa Luxemburg）"卷进"政治风暴，亦即被判处监禁的同时，新祖国联盟也日渐遭到官方阻挠，直到隔年被完全查禁为止。罗伊特和40出头的莱曼—鲁斯比尔特，被判处充军；克维德因为是保加利亚国民，而被逐出柏林；阿尔科在数度审讯后，因破坏审查规定遭到申诫；就连与军方关系良好的泰珀—拉斯基也受审讯，只是后来无罪释放。12月，爱因斯坦寄给荷兰"反战协会"的明信片遭普鲁士军方截获，柏林警方便就其参与和平运动一事加以调查。警方表示，他属于新祖国联盟，阅读具自由倾向的《柏林日报》，且在和平运动中有鼓动行为，只是当时（亦即1916年1月）未受注意。当局未对爱因斯坦采取任何处置，继续让他不须知会军方的"边区司令部"（Oberkommandos in den Marken）而前往国外。他在战时借着这项自由，出国好几趟：到瑞士探亲；到荷兰拜访同事，即诺贝尔奖得主洛伦兹（Hendrik A.Lorentz）及同事兼好友艾伦费斯特。此外，如同柏林首都司令部向科学院抱怨，就连国内行程，他"身为中立国国民没有尽到义务，亲自告知当地警方其目的地"。

就在柏林的爱因斯坦而言,随着同辈的教授投入战时研究及年轻的物理和天文学者志愿或被强制从军,他变得有点孤立。所以他很高兴人家来访,如1915年2月（波兰）克拉科夫（Krakau）大学"理论物理学者与同胞"纳坦松（Wladyslaw Natanson）。学界的还有夏洛滕堡帝国物理技术学院研究助理波特（Walter Bothe）、物理研究所助教弗兰克（James Franck）和赫兹（Gustav Hertz），三位后来都是诺贝尔奖得主,还有盖格尔（Hans Geiger）及仅有的一位气象学者、志愿参战的教授、枢密顾问及波茨坦天文台台长卡尔·施瓦茨席尔德（Karl Schwarzschild）。1916年,这位学者英年早逝,在军中感染波及免疫系统的恶性皮肤病"天疱疮"。他发表过关于爱因斯坦新引力理论的重要文章。

另有一批物理学者,在参战几个月后,负责较不危险的几项任务——其中之一,是市西南区的施必先街（Spichernstraße）上由今波兰布雷斯劳（Breslau）物理学者、后备骑兵上尉拉登堡（Rudolf Ladenburg）所主持的重炮测试的音源测定单位。该单位的任务在于利用各种不同办法测定炮弹的位置,如以光学（炮火）、声学（炮声）和测振学（后座力振动）彼此参照,并加以改良。拉登堡研发的一项技术更使用在前线上。穿上军服的学者,还有马克斯·玻恩,当时是柏林的副教授。不过,在这种物理学者的抽屉里,都是自己真正感兴趣的问题算式,比如晶体物理学中结晶的压缩性或内聚力等问题。玻恩后来表示,当时他几乎每天都找爱因斯坦讨论。

在三位促成爱因斯坦到柏林的同仁中，有两位参与了战时研究。能斯特起初试验笑气等物质，目的在于不杀死敌人而使之投降。1914年10月的第一批实地测试，却因为浓度不足而失效。随后，哈伯提议一种便宜的工业废气（即氯气），并发展一种释放技术——1915年4月22日，首次在比利时佛兰德（Flandern）的伊普尔（Ypern）实地应用，造成15000人中毒，5000人死亡。升任上尉的哈伯，便在他达冷的研究所中投入这项纯军事研究。根据哈恩（Otto Hahn）的记载，1916年时来到哈伯所里商讨毒气战物质生产的人有"院方25位知名的科学家，包括后来的诺贝尔奖得主维尔施泰特（Richard Willstätter）、詹姆斯·弗兰克和维兰德（Wieland）"。根据1899年、1907年的海牙（Haager）公约，毒气是禁用的，哈伯却认为他能够借此缩短战争时间。于是，一批毒气战物质的研发团队组成了，当中有物理学家和化学家，例如弗兰克、赫兹、哈恩和韦斯特法尔（Wilhelm Westphal）等人。1915年，因植物颜色研究拿到诺贝尔化学奖的维尔施泰特，在哈伯的催促下，改良了防毒面具。维氏并不支持战争，但德国那些学者菁英却是二话不说，力挺皇帝和祖国。这句话也适用于英法的科学家。法军在榴弹中填充了更危险的碳酰氯，于1916年2月22日首度使用，影响超乎最坏的预期。毒气弹从此就用颜色加以标示：黄十字、蓝十字和绿十字。同时施放两种毒气弹时，俗称"放烟火"。

和平主义者爱因斯坦知道同僚哈伯这种不人道的秘密研发吗？当然知道。知名慕尼黑物理学家索末费尔德（Arnold Sommerfeld）

说，战争开始时，他拜访过爱因斯坦，两人一起读过关于敌国研制毒气的报道。爱因斯坦的评论是："这表示他们先搞臭，我们却能更胜一筹。"他是从好友哈伯那儿得知这点的。相反，例如爱因斯坦的医界朋友，名噪一时的海德堡内科医师克雷尔（Ludolf von Krehl），却从来不知此事。而哈伯发明大量生产氮（哈伯—博施法：弹药和肥料生产），使得战争延长数年，爱因斯坦也无从反对。两人一直是好朋友——或许他们都克制了自己针锋相对的态度。哈伯的妻子克拉拉·伊默瓦（Clara Immerwahr）本身是化学博士，却认为毒气战是科学的变态与腐败而谴责丈夫，并在1915年5月2日以其佩枪引弹自尽。一般认为："这种行为应该是家族遗传。"同日，"上尉"哈伯还前往东线进行毒气测试（可能是遵照军方指令）。

有两件事显示爱因斯坦也可能想在武器研究上有所贡献。1916年8月，他发表了小论文《水波和飞机基本理论》，有开发"猫背"形态机翼的构想。飞机制造厂商"柏林—（市中东南区）约翰尼斯塔尔（Johannisthal）空中交通公司"请求学术团体协助改良空战武器。爱因斯坦寄去了试验型双翼飞机的设计。两位飞行员努力起飞——他们成功离开地面，并像"大肚子母鸭"般升空，而以不太轻盈的姿态降落地面。爱因斯坦后来打趣承认这项不良记录——其实，当时他还不太懂飞行原理，更不懂当时已有一定研究的气体动力学。话说回来，那时连制造厂本身都没人懂得飞行理论。事实上，要是普鲁士军国精神不那么盛行，原本可以有些人才的，例如，自1912年起在德国最早的机场柏林—约翰尼斯塔尔开办飞行学校的先驱梅莉·贝瑟（Melli Beese）。她在课余时间自行开发了一架飞机"贝瑟鸽"，不管在飞行或制造技术上都有重大改良。大战期间，她和法国丈夫被视为敌人而遭拘留。能斯特先前的英国学生林德曼（Frederick Lindemann）也比爱因斯坦出色，致力试验飞机的旋冲，计算出何时能达到稳定状态。

爱因斯坦另一项跟武器有关的研发，为适用于各种船只，尤其是潜水艇的旋转罗盘，但这项重大改进要到战后才完成。这两个案例使爱因斯坦有别于达·芬奇，后者虽然爱好和平，却直接为雇主设计杀人武器。

请愿书的不对等斗争

德国官方在开战时的说法，是国家遭到围攻，必须起而保卫，因此不需公开讨论"战争目的"，也不准讨论。随着后续战况变化，这项禁令便无法贯彻。全德意志联合会相信德国终将胜利——该会向政府和国会提出申请，说明其分一杯羹的主张。1915年5月，六大经济团体发表声明，表示比利时应列入德国管辖，德、法国界应该向西推进到由贝尔福（Belfort）到法国北部滨英吉利海峡布洛涅港（Boulogne）的边界，而俄国的波罗的海及其以南行省，均应归属德国。6月，由联合会支持，以柏林大学新教神学教授泽贝格（Reinhold Seeberg，又译塞贝尔）为名，联署了325位教授和40位中央和地方议员的《泽贝格请愿书》，当中还包括柏林大学50位教授和讲师。除了经济社团要求的兼并，更有重建德国殖民地、结束英国在埃及和苏伊士运河的势力、甚至粉碎整个英帝国的主张。7月14日，新祖国联盟随即回应，把克维德起草的备忘录呈交首相和国会议员。当中认为，兼并方案并不利于德国——理由是待兼并区中的1600万人口难以整合。在军方查禁之前，备忘录发放了700份。法国、荷兰和瑞典也收到译文。

　　7月底，出现另一份反对联合会主张的文件，即《德尔布吕克—德恩堡（Dernburg）请愿书》。联署的人当中，有12位新祖国联盟成员，如爱因斯坦、阿尔科、克维德、许金和泰珀－拉斯基。爱因斯坦同仁普朗克和鲁本斯也列名其中，但柏大教授总数只有15位，连署人数则只有主张兼并的泽贝格请愿书的十分之一。里头一句"我们表明原则，认为吞并政治独立或习于独立的民族的行动，应该受到谴责"，虽然排斥了吞并比利时，却没有反对合并俄罗斯的波罗的海行省，以及扩张非洲的殖民地。当中一句"我们全民坚信，德国终将全面胜利"和爱因斯坦的见解有明显出入。8周后，他和罗曼·罗兰会面时表示，他希望对手胜利，以结束普鲁士的王朝和权势。由此可见爱因斯坦在柏林的社会适应及其内心与同僚的立场保持距离。

爱因斯坦在广义相对论上的突破

　　爱因斯坦在柏林的第一篇有关相对论的文章，应该是在1915

年6月2日于市区东南边的阿恒霍德（Archenhold）天文台发表的。月底，他应哥廷根大学数学家希尔伯特之邀，也住在他家，办了6场演讲。论题是他在广义相对论上的进展，但当时谈的理论，是重力和其他力的交互作用。两位学者的相遇，形成有益的竞争。10月初，爱因斯坦告诉马克斯·玻恩，自己的引力理论有点不对劲。月底时，则似乎碰到瓶颈。10月28日，玻恩写信问希氏，"是希尔伯特自己发现这个问题"，还是爱因斯坦发现希氏的问题。随着爱因斯坦的论文在11月的发表，斗争到达高潮，他分别在4日、8日和25日交给学院《广义相对论》、增录《以广义相对论解释水星近日点动进》和《引力场方程》等论文。下了6年到8年的苦功夫，这部带给爱因斯坦最大荣誉的著作终于完成。

20日，希尔伯特在哥廷根大学发表《物理学基础》报告，并寄给爱因斯坦讲稿，基本上，他跟爱因斯坦一样阐述了引力场方程式。希氏的目标是综合爱因斯坦引力理论和米许（Miesch）电动力学。爱因斯坦恼火地表示，希氏想抢在他前头达到目标。他在给好友桑戈的信中指出，这位世界知名的数学家想为自己的成果"领取证书"。这不仅显示某种不快，也透露出爱因斯坦的自负，乃至傲慢。他大概不能接受，这位数学专家在和他讨论后，竟然比他更快领悟道理。23日，玻恩写信告诉希氏：

> ……我听爱因斯坦和弗罗因德利希说，您现在已弄通了引力理论。我也能够从您在数学学会中的报告摘录看出来……

爱因斯坦自己说他同样解决了这个问题，在我看来，他的考察（我从谈话中得知的）却是您理论中的特例。不过，他毕竟从他的程式确切推导出行星轨道的异常。这的确是项重大成就。

至今若干科学史家仍在争论这件事。爱因斯坦在与希氏通信中要求的优先权，并未得到后者的承认。希氏并不看重锦上添花的声望。再者不妨假定，爱因斯坦也有可能在未加注明的状况下占用他人的成果。在他1917年知名的宇宙学论文中，爱因斯坦采用封闭的三维空间当成世界模型，却未表示，这是得自一年前重病垂死的施瓦茨席尔德的论文，文中描述了恒星模型——施氏在所谓《内部施瓦茨席尔德解答》中，正是采用球面三维空间，一如爱因斯坦隔年用于宇宙学解答的原理。爱因斯坦曾递交施氏论文给学院。这个大有于助爱因斯坦声望的封闭空间构想，是否源于他的同仁施瓦茨席尔德呢？

在爱因斯坦引力理论方面，取代牛顿单一重力位能的有五项方程式，均是难以解决的非直线方程，也就是声名鹊起的爱因斯坦场方程。然而，最重要的结论则是重力不仅影响时钟运转，也左右距离测量。哲学家康德的拥护者随即开始谩骂：不该存在的事情，就是不可能的。根据康德的见解，依循物体空间距离的几何学，正如时间流程一般是先验的，亦即先于任何经验前提而固有的。康德赞同当时学界独尊的欧几里德（Euklid）几何，将之视为和日常经验一样理所当然。爱因斯坦却证实，任何物质分布均同时具有空间和时间的特征，因此空间几何一般来讲是非欧几里德式的。

哥廷根数学家闵可夫斯基（Hermann Minkowski）把空间和时间结合成四维事物，即所谓空时及其"弯曲"，更是令人难以理解。至今，哲学家偶尔把这四维解释成纯空间的，并讶异如何能够和我们的直观空间三维并行不悖。但时间和空间在广义相对论中，可以清楚分开。三维空间如同四维空时是弯曲的——只是我们无法直观设想四维事物的弯曲。在闵氏的四维描述中，引力位能隐藏在几何数值中，该数值界定了两相邻点之间的"距离"和空时中两方向之间的"角度"。这种数值称为"度规场"。

对我们来说，新重力场论的作用却不像苹果落下那么容易察觉。重力由质量体产生：物体质地越密，对其他物体的引力作用也

闵可夫斯基（Hermann Minkowski）

就越强。爱因斯坦理论中超越牛顿之描述的这种效应，即在铅锤、桌子或整栋房子的重力虽是小到无法测量，地球之类的行星重力却不然。他的理论预测了三种存在于地球或我们行星系上的效应，能够透过观测加以证实或推翻。如所谓引力红移，或重力场对时钟运转的影响——在海平面上比圣母峰上慢一点点。今天则能利用原子钟极精确地测定这种效应。在爱因斯坦的时代，人们把这阐释成某种频率移，显示为太阳或其他恒星光谱线波长的红移。第二项效应涉及行星绕着太阳的运行。根据牛顿理论，这是种椭圆形的天文学家开普勒（Kepler）轨道。轨道上有个每次公转时都一样的近日点。在爱因斯坦广义相对论中，这个近日点在每次公转时均有极小、却可以测定的变动。在前述《水星近日点动进》论文中，探讨的是太阳系最内圈，即水星轨道的近日点。天文学者从过去两百年来的水星观测结果都可以得知这种效应，却无法加以解释。

第三项效应即所谓"日食时的光偏折"，最令大众叹为观止。按照爱因斯坦的重力理论，富含能量的光也会受到质量体吸引，甚至由于质能的等价，而如任何质量"向它扩散"。日食时，从旁经过的高能量星光通常向太阳偏折，因为重力场越在外围越弱。这种光却只有在日全食，即月球遮蔽了太阳本身散发的光线时才观测得到。所以星场要拍摄两次，一次在日食时，下一次在数周或数月，即当太阳走出所拍摄的星场之后。将底片进行比对，并测定星体影像的位移。既然日全食不常出现，甚至只在"远离欧洲"的偏僻地区才看得到，这种测定便意谓着一大笔经费。牛顿理论经过若干修正后，有半数成为爱因斯坦所预言，后来加以测定的光偏折值。他在1911年做到了这点。

尽管坚信自己的广义相对论是描述重力的正确理论，爱因斯坦仍然担心这三项预言的实测证明。德国在施瓦茨席尔德死后，便几乎没有天文学者对相当于牛顿重力说的复杂理论感兴趣、且不惜大费周章来测定微小效应的人。直到1919年，才进行了太阳附近光线偏折的测量。这项理论起初得不到什么回响。1913年底，在苏黎世的爱因斯坦便向贝索抱怨，虽然洛伦兹和朗之万（Langevin）欣赏他的重力概念，劳厄和普朗克之类的物理学家却"觉得这种原理思维难以接近"，便随即归咎于德国民族性："德国（成年）人根本没有不带成见的自由眼光（戴了眼罩）！"既然英国有名的物理学者起初均不能认同他的理论，法国学者也没全体喝彩，爱因斯坦所谓民族性的说法就缺少说服力了。

当时他唯一公开的反战言论

1915年10月23日，亦即广义相对论的完成阶段，爱因斯坦接受歌德联合会柏林分会的邀请，畅谈战争问题。他的讲稿另以《歌德之国1914—1916——祖国纪念本》的题目刊登。这对爱因斯坦正是求之不得的机会，可以把他的反战态度诉诸读者大众，而不只在给国外友朋的私人信件中吐露。在写自柏林的信件里，他不曾直接批评威廉王朝的立场——他若有类似批评的信件，均发自言论检查的范围之外（例如瑞士）。他在一篇短评《我对战争的意见》里则说，战争是人类发展的头号大敌之一，必须竭尽全力加以阻止。面对可悲的现状，他却依然确信：

> 欧洲在不久的将来会形成一种国家组织，如同德意志帝国排斥巴伐利亚和德国南部符腾堡（Württemberg）之间的战争，这种组织也将排除欧洲战争。

在前一份篇幅加倍的评论草稿中，有若干不合总编要求的段落，如爱因斯坦不带感情，冷静地把国籍问题"像对待一份寿险地"界定成纯公事。他的国家观念和许多同僚的国家崇拜大相径庭。在另一段落中，他把民族主义比喻成橱柜当中"存放深仇大恨及大屠杀的道德戏服"，可在战争时听命取用。爱因斯坦收回这项说法，却坚持反对在平时歌颂战争及强调战备。至于爱因斯坦在撰文时是否想到，在战时要对抗这种如同当时所盛行的对战争的认同，简直是螳臂挡车；或是总编是否反对他其他较不审慎的措词等等，就不得而知了。

在刊行版本的末段，他强调，贪婪和权力欲、仇恨和斗争心均应一如既往地加以鄙弃。身为犹太人的他讲得很中肯："各位要荣耀主耶稣，不能单凭言词和诗歌，更要凭借自己的善行。"爱因斯坦在战时德国唯一公开的反战表态，至今依然值得世上当权者玩味。

5 阵地战和革命

Stellungskrieg und Revolution

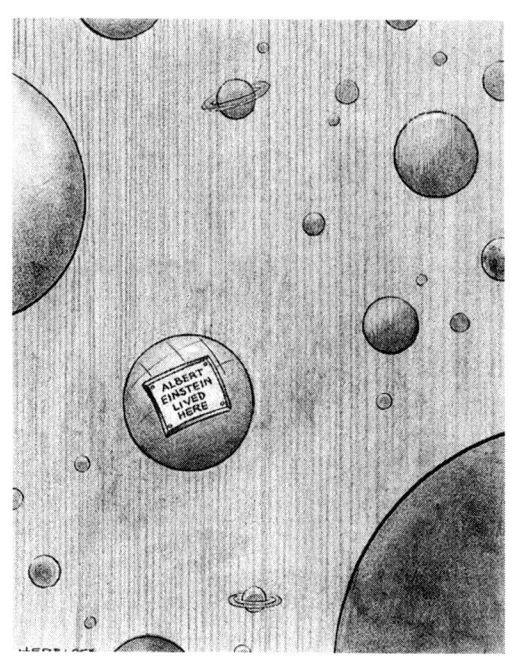

1955 年 4 月 19 日，爱因斯坦逝世的第二天，出现了这样一幅漫画，画面正中的小星球上写着"爱因斯坦居住于此"。

既遭逢婚姻不顺，又与院方主战气氛相扞格的爱因斯坦，只有寄情于学术工作和恋人艾尔莎。1915年整年，他都写信告诉艾伦费斯特和桑戈等朋友，他跟大家有多疏离。他像"水面上的油滴"，全靠自己的观点和方式过活。他生活平静、惬意，比在苏黎世时更加孤绝。艾尔莎的细心照顾，使他不致孤独，他来柏林毕竟是为了她。以下的话说得更加明白且讽刺："心平气和对我帮助很大，不亚于和我堂姊格外惬意美妙的关系，我靠终止婚姻才维持住这段关系。"1916年5月2日，他接替普朗克担任德国物理学会会长，这似乎并未耗费他太多时间。同月14日，他仍旧怡然自得，写信给贝索时表示，自己的工作和生活相当闲适，"没有杂音"。既然妻儿不在身旁，他便跟不少柏林人一样，参加布里斯托（Bristol）饭店"文学社"的每周聚会，这是由来自布雷斯劳、长他30岁的专栏作家莫什科夫斯基（Alexander Moszkowski）主持的。莫氏靠出版几本好书就可以过活，例如打油诗集《不朽之盒》（《世界文学333则绝妙笑话》，销量突破10万本！），及其他"幽默"读物与格言录等等。对这位专栏作家来说，与爱因斯坦结交，更是锦上添花。

希望落空：1916—1918

柏林当时的生活有多美好呢？ 1915年，因不适任而免服兵役的画家格罗斯（George Grosz）觉得：

> 当我返乡时，柏林是冰冷迷蒙的，音乐咖啡屋和酒馆的热闹与住宅区的冷清晦暗，恰成对照。在小姐怀里跳舞买醉的军人们，又再次厌烦地扛上背包，穿过街道，搭上火车，回到肮脏的壕沟工事。

1916年3月，为了战争补给，官方禁止烘焙糕点，并发放"奶油配给卡"——每人每周只配发125克。4月是糖，6月是肉的配给，不再供应乳品，8月起，也停发乳酪。7月，开始衣物和糖精配给，10月发放鸡蛋配给卡。马铃薯这时也歉收，产量只有前年的一半。芜菁甘蓝成了基本粮食，添加在面包、果酱和（干燥）咖啡中。百姓信念动摇，怨声载道。到处流传着反讽与亵渎信仰的怨言：

> 我相信芜菁甘蓝，那是德意志民族的衣食父母，相信它的亲戚兼同伴——果酱，那是军粮单位的产物，葬送了我对马铃薯的希望，由于农夫唯利是图，采集、榨制、加工，充当顶级水果，成为德军英雄的面包涂酱。我相信圣战，相信发战争财的社会，囤积商行，税金的提高，肉类配给额的减少和面包卡

的永恒存在。阿门！

1916年夏，由于橡胶短缺，军方征用民间脚踏车的内外胎——用来配备海军陆战队的自行车分队。上班、上学的路程超过三公里者，及医师和助产士因业务需要者，才准骑车。搭计程车出游当然被禁止。为了祖国，柏林的学生要搜集栗子、果核及空罐头。撇开饮食变差不谈，他们可能把战争当成游戏，而在寓教于乐的"光荣胜利纪念本"里，剪贴"民族战争"的明信片，并从当时学校流行的四色"战场地图"，得知每周"德军到了哪里？"的答案——也就是"飞机和飞船何时、何处丢炸弹"。飞船应该就是在柏林市西区施塔肯（Staaken）打造的齐柏林飞船。圣诞夜时，有老少咸宜的战争游戏"潜艇打战舰"，或是在圣诞树下的幼儿图画书《爸爸去打仗》，这是以普鲁士采琪莉（Cecilie）公主"为了将士妻儿的利益"而出版的。书中也有飞船的投弹和防御：

　　　　小巷子冒出

　　　　一阵阵灰烟，

　　　　堡垒的迫击炮

　　　　猛射着炮弹。

　　　　仿佛水中的海豚，

　　　　一艘齐柏林飞船

　　　　从繁星的高空中

安全地回返。

1916年，工资降到1900年的78%——劳工开始骚动。早在1914年10月，要求改善计件工资的第一场罢工，便发生在市中东南的西里西亚门（Schlesischen Tor）一带的机械制造工厂"毕尔曼（Beermann）公司"。1916年6月底，柏林军事法庭秘密审理劳工领袖李卜克内西的叛逆罪，判处4年多的刑期，导致大型军备及工业金属加工工人发动示威罢工。边区司令部发出通牒，要柏林劳工"逐渐摆脱政党和工会首领的影响，脱离激进阵营，即所谓斯巴达克团（Spartakus-Gruppe）"。

尽管面临种种短缺，大柏林地区仍旧进行着军备以外的建设，柏林第一条地下电车线菩提树下隧道于1916年12月启用。隔年，地铁疏通线进展到由市中心诺伦多夫广场至市中东区三角轨道（Gleisdreieck），市北区玻恩霍姆街（Bornholmstraße）向北跨越铁道的大兴登堡桥（今日为恶人桥）也已完工。肖特基（Schottky）取得用于无线电广播的放大管专利。

既然饮食乏善可陈，那么娱乐呢？本来1916年要在柏林举办的奥林匹克运动会被迫取消。1913年，由夏洛滕堡建筑师马尔希（Otto March）设计，拥有64000个座位和皇室包厢的"威廉皇帝运动场"（后来改名为"德意志运动场"，今日为奥林匹亚运动场）落成，却没派上用场。1914年10月1日，柏林戏院开始发行政治宣传用途的无声电影新闻周报。1915年至1916年间，影片检查又开始放宽，使导演刘别谦（Ernst Lubitsch）得以在国内用粗俗的喜剧娱乐大众，例如《肥皂泡小姐》及《当我翘掉了》。同时，后来知名的制片人穆尔瑙（Murnau）和弗里茨·朗（Fritz Lang）也志愿从军。

话说回来，并不是大家都一样贫困。

今年冬季，以皮草装饰成了时尚的主流……可以看到夹克，甚至裙子车上宽窄不等的皮制镶边。相当高级的毛皮领子，似乎变得不可或缺。快被遗忘的海狸皮为年轻人的服装增添丰采。更有海豹皮和灰色皮草，例如银狐、灰狼、负鼠及类似绒鼠毛质绵密的新品。

1916年11月，舍尔（August Scherl）的《周报》杂志便刊出以上这篇文章。同期杂志还大肆刊登酒类广告，如"德国大红丘（Scharlachberg）白兰地上选品牌"和"赫尔（Hoehl）特级香槟，干啦！"；甚至前线也未受忽视——士官布施（Busch）1916年赢得"顶级米勒（Müller Extra）雪茄在前线"的广告比赛，画了位"平民"嘴上叼根雪茄，大衣口袋有几瓶香槟及一条"顶级米勒"，正在向前奔跑。

这显然符合爱因斯坦若干柏林大学同僚不曾间断的好胜心——或许不过只是情势所迫。然而，1916年7月底，他们在一份呼吁中表明：

敌国打算利用封锁来围困我们。难道为了一时小小的匮乏，就要怀疑我们的未来，身为胜利者的我们难道要这么做吗？假使真是如此，我们便不配称为一个民族，拥有一个帝国。所以我们要……坚持下去，取得胜利……

所谓"封锁"是协约国从海上封锁德国的港口。

1915年后，爱因斯坦在信中几乎不曾再对战争表示意见。1916年2月，德军攻占法国东北部凡尔登（Verdun）失利；夏季到11月间，法国北部索姆河（Sommer）战役成为胶着的阵地战。数十万人阵亡，爱因斯坦因而称这场战争"病态"或"疯狂"，并把这个世界叫做"疯人院"。他并未谈论，甚至进一步了解战争的社会或经济因素，对主战派的立场和目标，也不曾理性地加以探讨。

他比较关心新祖国联盟持续讨论的事情——德国的民主化，尤其是议会的加强和普鲁士选举权的改革。联盟现在却被官方查禁。不过查禁四个月后，即6月8日，在柏大讲师魏斯巴赫家中成立了另一个会，即"同道社"（Vereinigung Gleichgesinnter）。这个社聚集大约30位不同政治色彩的和平主义知识分子，接替联盟进行国内外政策的理论探讨，宗旨则是克服胡作非为的民族主义和提倡以道德为根本的权力政策。这个社团致力影响舆论，并尽可能与国外学者取得联系。创社时未在场的爱因斯坦认同该社宗旨，于10月写信给魏斯巴赫时表示，时代的病根在于道德理念的软弱无力。

一旦超越俾斯麦－特莱契克（Treitschke，右派理论家）式的权力政策，排除战争诸国家（至少是欧洲国家和美国）组织的组成目标，就可以立即达成。"所以请将我列入名单，这是一大乐事——我解救了自己的灵魂（dixi et salvavi animam meam）。"

除了爱因斯坦，"同道社"还有两位物理学者：一位是他的柏林好友玻恩，一位是哥廷根大学实验物理学者、编外讲师特劳本贝格（Heinrich Rausch von Traubenberg）。开会地点在市中心毕罗街（Bülowstraße）90号菲舍尔出版社会议厅，爱因斯坦则很少出席：确实到场有两次，1917年10月和12月。特氏和天文学家之子腓特烈－威廉·弗尔斯特（Friedrich–Wilhelm Foerster）指责，自俾斯麦以降的普鲁士外交方针，残忍且不利于德国的权力政策，同时多数社员提议，基于人道原则建立爱国主义和民族价值，这才是大小国和平相处且利益均沾的正路。爱因斯坦跟同道社大概很投缘，因为在此可以尽情讨论例如抚平仇外情绪和改善民族间关系等等重大的政治伦理议题。

丽莎·迈特能在给哈恩的一封信中，描写了1916年11月爱因斯坦在应邀到普朗克家时的举止：

> 爱因斯坦演奏小提琴，为其难得天真、独特的政治和战争观点增色。当今有这么位素养深厚，手上却不拿份报纸的人，的确是件奇事。

德国报纸因为审查的关系，必须刻意隐瞒政治和军事的真实情势。然而，仍有不受审查的瑞士报纸——由于军方能力有限，尽管德国报纸不得流到国外，中立国报纸却可在德国流通。

在1916年到1917年间的"芜菁甘蓝冬天"，柏林的温度降到零下20度，最长的霜冻期从1917年1月4日持续到2月10日。结冰的运河几近停摆，燃料供应全靠过度负载的铁路。剧场、戏院和博物馆都关闭，学童放了额外的寒假。需要添加保暖的衣物和鞋子时，只有依赖配给证。在大柏林地区，成人每周面包配给额为1800克（当然掺了马铃薯或芜菁甘蓝）、奶油80克、肉与骨头250克、糖180克及蛋90克。1月时，由苏黎世返乡的船医兼作家何尔森贝克（Richard Huelsenbeck）有如下的观察：

> 柏林成了勒紧裤带的城市，到处饥肠辘辘，隐藏的不满化为失去分寸的贪婪，使人越发执著于自己赤裸裸的生存。相形之下，苏黎世仿佛疗养胜地……柏林的人还不晓得，隔天中午是否还能有一顿热食。大家十分担忧，预料由兴登堡（Hindenburg）高层所主导的国家大事将误入歧途……看来德国又将重蹈历史覆辙。原本以为是诗人和哲人的民族，这时突然警觉到，已被弄成法官和刽子手的国度。

由权贵们捐赠而在国王广场（Königs Platz）竖立兴登堡大雕像的踊跃程度，显然大不如前。

1917年2月，在这种民生状况下，难怪爱因斯坦的胃和肝出毛病。皇家卫生顾问及精神病医师尤利乌斯伯格（Otto Juliusburger）为他诊疗。饮食处方的特定费用，则由他南德的亲戚及瑞士好友桑戈支付。3月，他身上还出现胆结石。爱因斯坦当时在修订《狭义及广义相对论浅说》一书——设法向专家以外的读者解释自己的理论。他可以会见访客，如3月时，在哥廷根向希尔伯特学数学的瑞士研究生胡姆（Rudolf Jakob Humm）来访。两人谈论引力波及由引力论导出量子论的可能性，爱因斯坦觉得不可能。胡姆拿到博士学位，后来在苏黎世成为知名作家及当地"新俄国"社的共同创办人和执行秘书。爱因斯坦也关心过该社的柏林分会。

在胃出毛病之前，爱因斯坦完成了一篇重要论文，于2月8日交给学院，即《对广义相对论的宇宙学考察》。文中设法透过他的场方程的模型解法，来描述借由"恒星"而存在于太空的大范围物质分布。1916年9—10月两周期间，他在荷兰和天文学者西特尔（Willem de Sitter）畅谈广义相对论和"量度中的世界"。于是，在新的论文里，他就修改了自己的引力场方程，在方程式中增加一个前所未见的自然常数，即宇宙常数。这篇论文令一般大众感到震惊的地方，在于当中所描述的世界模型显示，空间具有有限的量，本身却是无限的，亦即没有可见的界限，所具有的特征类似二维的球面。1933年秋，阿诺尔德·茨威格兴奋地回顾道：

爱因斯坦表现了自 17 世纪荷兰大哲学家斯宾诺莎（Spinoza）时代以来犹太人的大力精思。宇宙不再是无穷无尽的系统，而是以特定方式具有封闭性的事物！

荷兰之行影响深远——1916—1917年间，西特尔在一份英文天文学期刊上发表了3篇论文，讲述爱因斯坦的广义相对论及其在天文学上的推论。1917年对德作战期间，英国几位聪明而无偏见的天文学者已经准备好远行，要在日全食时测量太阳附近的光偏折。除了"皇家天文学院院士"戴森爵士（Sir Frank Dyson），还有贵格教友、和平主义者和拒服兵役者爱丁顿（A.S.Eddington）参与。不像著名的学者同侪罗素，爱丁顿作风不拘一格，剑桥三一学院同事们认为，他在学界会比在部队贡献更多，这样才能维持他们之间必要的关系。

4月初，爱因斯坦复原良好，甚至能够参加德国和平学会柏林分会在市中心波茨坦街28号"奥地利咖啡馆"（Café Austria）的每周聚会。这场十余人的聚会遭到警方驱散，后来则以住家私人茶会的方式继续进行。在这种场合下，积极投入新祖国联盟的克维德首度遇到爱因斯坦，凸显出爱因斯坦在实际和平工作上的消极性。警方正严格把关。2月时，俄国革命党推翻了沙皇政权，而国会中斯巴达克团员向俄国无产阶级的"崛起由衷致敬"。大柏林地区军备工厂中，由工会组织的金属加工工人，即从装配工到车床工的情绪都开始沸腾。

1917 年 2 月，大势如下：月初，德国在拒绝敌国敷衍的和谈条件后，声明将进行无限制潜艇战。许多人预料的大难即将降临。早在一年前，首相贝特曼－霍尔韦格（Bethman-Hollweg）便在国会上提出警告，这种潜艇战将促使美国参战——"大家会把我们当疯狗一样对付！"当月 18 日，女演员缇拉·迪里厄和格楚德·艾索尔特（Gertrud Eysoldt）在保罗·卡西雷尔艺品馆举办朗诵晚会，节目多多少少涉及战争。雕塑家珂勒惠支（Käthe Kollwitz）表示，对作家安涅忒·科尔布（Annette Kolb）和多伊布勒（Theodor Däubler）的文章，她只是约略听听。"随后缇拉却朗读了一段作家莱昂纳德·弗兰克（Leonhard Frank）的故事……逐渐显得激昂，几乎难以克制。当她结束而'和平'一词余音依然绕梁时，一位听众也跟着高喊，如同压抑已久的渴望——'和平、和平'——这道声浪让大家情绪高亢。"

　　这时，爱因斯坦则为尼古拉的另一项和平提案伤脑筋，那是尼古拉在西里西亚、（今波兰）格劳登兹（Graudenz）的无聊役期中构想出来的。他在德国古典派不具政治性的文章中领悟到革命精神，打算出版一系列《古典派政治观》的文集。他找到俄国学者比克（Buek）和普芬佛特（Franz Pfemfert）为共同发行人，后者是十足的和平主义者，亦是表现主义文学期刊《行动》的创办人与发行人。很早就是尼古拉反军国主义同志的普芬佛特，则设法寻找赞助者。他和普鲁士国会少数派波兰议员科尔丰蒂（Woycech Korfanty）交涉——反战的他，不愿让普鲁士因为打胜仗而继续统治部分波兰。科氏表示，自己乐于组成联合会，以募集所需款项。后来，科氏于1921年带领波兰武装起义，在上西里西亚和由战胜国所监控的公民投票划清界限。爱因斯坦找艾尔莎的有钱堂哥莫斯（Adolf Moos）出资赞助尼古拉，莫斯却认为此事窒碍难行。尼古拉不肯放弃，指责爱因斯坦的退缩。爱因斯坦不想造成艾尔莎亲人的金钱损失，于是发生口角，断然拒绝支持这项方案。

1917年4月初，独立社会民主党由社民党分裂出来，主事者为柏林工运干部暨国会议员哈斯（Hugo Haase）。在柏林市代表大会中，社民党员分成两派，即拥有23位代表的社民党，和22位代表的独立社民党及自主的斯巴达克团。4月中旬，柏林300家军备工厂的50000名劳工集体罢工，争取食物的合理分配、较短工时和较高工资。更有例如马上接受和平谈判、解除戒严状态和言论检查、释放政治犯及实行民主选举制等政治要求。战争部部长格勒纳（Groener）中将语带威胁表示：

> 最恶劣的敌人就在我们之间——就是那些鼓动罢工的懦弱者、卑劣者。这些人一定要受到全民的审判，这些背叛祖国和军队的人……要工作才有幸福！

随后，罢工主和其他闹事者接连被充军。

5月11日，爱因斯坦在物理学会会议上发表《由索末费尔德到爱普斯坦（Paul Epstein）的量子定理》论文，提出具有不依赖坐标形态的玻尔—索末费尔德式的量子法则。然而，他的健康情况显然比他所想的来得严重。5月时伤到脚趾，还算小事，严重的是自研究生时期以来的老毛病——胃痛。医师建议他尽快到瑞士恩加丁休养，爱因斯坦却得存钱，设法在7月、8月到瑞士探望妹妹玛娅和妹夫温特勒（Paul Winteler）时，在卢塞恩（Luzern）疗养。这并没有实际效果——秋天时，他"只生了一场小病"，却"常常躺在床上"。后来则因为胃壁或十二指肠溃疡，"禁不起激动"，不得不静躺床上6个多星期。经过X光片诊断后，由市区南边的新克尔恩医院内科主治医师暨胃肠肝病专家埃尔曼（Rudolf Ehrmann）为爱因斯坦进行诊疗。秋天，自回到柏林以后，爱因斯坦似乎就在哈伯兰街5号跟艾尔莎住在一起。她细心照顾他——"艾尔莎每三个钟头就为我弄饭，任劳任怨"。他安心静养，晴天时就待在阳台。10月，爱因斯坦成为新设的物理所所长，由于没有研究楼馆，信箱便设在他的这个私人住址。该机构的经营靠私人捐款，当时主

爱因斯坦与妹妹玛娅以及保尔·温特勒

要源自战时公债，反战者爱因斯坦对此却不以为意。

爱因斯坦似乎并未对表现主义的文学或绘画感兴趣。普芬佛特的《行动》拥有令人赞叹的表现主义版画，爱因斯坦也未定期阅览。12月号《行动》中，化学家暨作家豪特沃尼（Paul Hatvani）的《试论表现主义》中谈及相对论，肯定会令爱因斯坦感到有趣。当中讲到：

> 当代令人瞩目的精神体验——跟表现主义艺术几乎同时问世的，便是相对论（尤其是爱因斯坦的相对论）对自然科学的进一步加强……我只想指明，爱因斯坦教授成功地以新理论取代牛顿的引力直观，我称之为"心理中心取向"。该理论扬弃物理学之上和之间的思维惯性的所有前提，把思维的自我本身消融在"引力"的意识内容中……各种表现主义作品不也是如此吗？

《行动》不太重视新祖国联盟之类的资产阶级和平主义社团，可能令爱因斯坦不以为然。普芬佛特表示："此外，有些人知道……我的作品向来不同于克维德－格拉赫协会的和平主义及社民党沙伊德曼（Scheidemann）—哈斯政党的国际主义……"也就是说，他排斥一些和爱因斯坦同调的人。1917年9月，爱因斯坦病情似乎有所好转。他写信告诉贝索，自己饮食状况良好，也经常休息，并且已把量子论应用到刚体上了。

柏林的供给情况依旧恶劣。1917—1918年冬，配给卡每周只发放30克奶油和50克人造奶油。马铃薯供应到了1918年才有所改善，菜类却几乎只有甘蓝菜。衣物和鞋类几乎无法取得。1918年，男工的平均日薪是3.85马克，1914年则是3.3马克。该年的马铃薯价格却涨到1914年时的3倍，蛋是6倍，肉是2.5倍。柏林只有两成的住宅供电，其余的只能以配给的汽油或酒精搭配煤炭和瓦斯来照明。在1918年1月底，武力镇压军备工厂40万劳工暴动之后，军方在2月1日把8家兵工厂纳入掌控，并"加强"戒严状态，以因应柏林、夏洛滕堡、舍内贝格、威尔默斯多夫、新克尔恩、利希滕贝格及施潘道等地的人民骚动。

爱因斯坦在冬季调养期间，仍然继续自己引力理论的分析。1918年1月，他告诉贝索，自己的学术联系和健康情况都良好。其中包括1917年11月至隔年1月，和埃森的克虏伯（Krupp）公司工作的数学家鲁道尔夫·弗尔斯特（Rudolf Förster，别名鲁道尔夫·巴赫[R.Bach]）通信，将电磁和重力场共同结合成一个理论，即所谓的"统一场论"。1月31日，爱因斯坦把《论引力波》论文提交给学院，3周后刊出。这样的引力波相当于电磁波，却非来自被照射的电荷，而是来自随时间变化的重力质量。在实验室中无法产生这种波，因为无法准备够大的质量和加速来达到这种"重力波动"的可测量振幅。在弱引力场的假定下，爱因斯坦算出，每一点状辐射源的时间单位中，透过引力波向四方散射的总能量。这种重力波目前尚未得到观察——来源应该是互相碰撞的双螺旋星系，其至超新星爆炸之类的远方物体，希望目前运作中的检波器（其中一台在德国北部的汉诺威附近）能够测出第一道讯号，但并非很有把握。

在引力波暂时无法确认的同时，柏林的达达主义运动却开始惊动四方。1918年2月23日，何尔森贝克在由艺术商诺伊曼（J.B. Neumann）提供的新分离派展览厅举办"德国第一场达达演说"。接着是4月的达达朗诵晚会——豪斯曼（Raoul Hausmann）发表《绘画中的新素材》宣言，当中说明：

> 达达：这是善恶的综合体，除了精准的摄影外，这是唯一合法的图像传达形态与在共同的经历中取得平衡……只有这里才没有压迫、恐慌，我们远离象征主义、图腾崇拜、电动钢琴、毒气攻击、人际关系和野战医院的哭嚷。只有透过我们充满矛盾的奇妙有机体，才能够获得某种资格，成为车子的传动轴，让人站立或跌倒的地面 ……

3—4月时，爱因斯坦和苏黎世数学家魏尔（Hermann Weyl）频繁通信，探讨引力和电磁作用的统一场论。3月底，魏尔到柏林看望爱因斯坦。到了5月，爱因斯坦还得了黄疸。度过7—8月在波罗的海阿伦舒普的暑假后，健康大有改善，他虽然推掉了苏黎世当地大学的邀聘，却答应每年在此举办两次4到6周的讲座。于是，这成为他不常在柏林的一项因素。

爱因斯坦 70 岁生日合影（普林斯顿，左三为数学家魏尔）

爱因斯坦有别于许多同仁，并不支持战争。所以，当显然不知
情的同事、布雷斯劳数学家克内泽尔（Adolf Kneser），把爱因斯
坦的研究看成为德国胜利而努力时，令他大为感冒。1918 年 1 月
27 日，克氏在皇帝祝寿会上致辞，谈到引力论领域的最新发展和
爱因斯坦的广义相对论。他在结束讲演前，却未就学术谈学术，而
把爱因斯坦的成就讲成"德国人在大战期间完成的研究"，及"在
后方以满腔热血为我民族进行的和平事业"。学术殿堂供奉的是真
理之火，在承平时期也应维持不灭。"德意志民族在此显示对未来
的坚定眼光和求胜意志。"克氏把这份刊行的讲稿《论重力》寄给
爱因斯坦，让他哭笑不得——他的名字竟然被当成沙文主义的宣
传。论出身，他是犹太人；论国籍，他是瑞士人；就自由思想而言，

则是一个有人性的存在——对国家观念没有特别的偏好。他希望自己可以告诉克氏，在他致辞前，先确定能够顾及他的感受，而不要下此断言。克内泽尔答复得既礼貌又坚决：

> 在您看来，我的讲稿没有点出什么重点……事实却是，您大放异彩的发现是在战时德国产生的。您……受到学术研究女神的爱护。所以不妨请您留意，您的研究是德国人的光荣、德国人的和平事业……我很欣慰，您不是和许多瑞士学者一样缺少归属感……我觉得可以从中见出，不论有无意识，您本身觉得德国是您学术研究最安适的处所。

克氏触及爱因斯坦行为的弱点——既然鄙视德国社会的尚武精神，为何当1918年夏天苏黎世当地大学和瑞士技术学院提供机会时，自己却继续待在柏林呢？他写信告诉贝索，柏林人把"所能想到的都送到他跟前"，令他"羞愧得想钻进地洞"。他也跟妹妹坦言："要放弃柏林人难以形容的所有善待，我于心不忍。"有心留住爱因斯坦的普朗克和哈伯设法提高他的薪资，不论这里学术气氛或是他所能享有的一切，看来都极具吸引力。当时他也无法表示，让心爱的艾尔莎跟他搬到苏黎世。米列娃倒是答应离婚，再来就是谈爱因斯坦要如何负担赡养费的问题。在苏黎世，他可以更接近两个成长中的儿子。爱因斯坦陷入思考，甚至做噩梦——在梦中，他拿刮胡刀割开自己的喉咙。

"头号社运分子"爱因斯坦

德国军方让大众误以为未来会获得胜利,或至少签订对得起阵亡者的和平协议。当时身为野战医院护理员的布莱希特(Bertolt Brecht)则持不同看法:

到第四年春季,

和平不再可能,

战士心生决意,

索性壮烈牺牲。

反观和平人士,他们则继续笔战,并成立新的论辩社团。爱因斯坦倡议恢复国际学界的关系——知名学者有关这个论题的文集应在瑞士发行。他坚信道德高尚,"幸运借着精神成就在整个文明世界的精神劳动界博得声望"的人,应该公开呼吁(即使说服不了当权者),带给所有"不应孤独而丧失道德信念"的人"慰藉"。他发通报给同僚,却得到保留或拒绝的答复。希尔伯特宁可等到"疯狂浪潮过去,理性回返的时候",并担心这样的呼吁更会激起主战同僚的敌意,"这种具有国际意味的言词,在同事看来像块红布"。神学家及哲学家特勒尔奇(Ernst Troeltsch)表示,"单单遁入精神和少数人信念的国度"是不可能的——身为实在论者的他,对在危险的战争中找到出路更感兴趣。从这件事可以得知，爱因斯坦乐于进行的集体事业，是学者的国际合作。他的目标是恢复交战双方学者间的密切关系。

激进的和平主义者希勒（Kurt Hiller）采取不同于爱因斯坦的路线，诉诸"贵族式"的知识精英。议会并不管用，应该成立知识分子团体，把国家带离民族主义的路线。1918年仲夏，希勒在独立社民党左派领袖伯恩斯坦（Eduard Bernstein）家里遇见爱因斯坦，当时后者"尽管尚未世界闻名，在学界却拥有一定的知名度，很难不对他表示某种敬意"，便送了爱因斯坦一本自己的小册子。了解希勒之所以拒斥民主议会的爱因斯坦，于9月9日一封难得的政治表态信中，婉拒他所提议的聚会。爱因斯坦认为，要挽救德国，只有以西方强国为榜样，尽快全面实现民主。只有这样的主张，才能确保全面解除"权力意志"的集中，从而避免重蹈1914年的覆辙。他推辞的借口仍是："身为瑞士人的我，觉得不宜涉入贵国的政治事务。"

1918年10月初，新首相巴登亲王（Prinz Max von Baden）表明：德国应该成为君主立宪国，让社民党参与朝政。随后，朝廷派人向美国总统威尔逊请求进行停战及和平磋商。接着在中旬，新祖国联盟也开始重组。10月14日，盟员在市中心美景街亲水（Esplanade）饭店聚会，听伯恩斯坦、泰珀－拉斯基审判这场战争的罪魁祸首——君主政体、军国主义和资本主义。五天后，同一地点的另一次集会做出决议，并刊登在《柏林日报》上。当中要求，以直接、无记名且平等的选举（"一人一票"）组成的议会为基础，本着民主和社会主义精神，全面修正宪法和行政制度——女性和军人应该同样拥有选举权。提案中还有维护人权和青少年和平教育权及废除阶级特权等主张。

11月4日，由（德北）基尔迅速扩散的水兵叛变，及9日时的总罢工宣告，促成社民党坚决要求皇帝逊位及沙伊德曼宣布成立共和。前一天的诉求是：

走出工厂，走出军营！伸出双手吧，社会主义共和万岁！

次日，由威丁、莫阿比特、约翰尼斯塔尔和上丽原及大工厂所在的市区各地，走出大批人群，来到城中，经过皇宫，走过亚历山大广场，来到菩提树下大街。少数人有武装，队伍前头却举着"兄弟，别射击！"的标语。严肃的脸孔上头飘着红旗。难道军人真会按照皇帝在募兵讲话时所要求，在镇压暴乱时射杀自己的亲戚、父母或兄弟吗？他们没有扣下扳机，大家称兄道弟，一如市中心荣民街重骑兵第二团营区前的情形。只有在强占"金龟子营区"时例外，即欧朗宁堡（Oranienburg）"城外"市中北区香榭街（Chausseestraße）近卫轻步兵营区（亦即今日的"世界青少年体育馆"），一位军官在此射杀了三位通用电器公司工人。1915年，莱普（Hans Leip）曾在这里的卫兵室写下军中情歌《莉莉玛莲》歌词。

重新成立的新祖国联盟，号召大家11月10日礼拜天在国会大楼附近集会。数十万人庆祝共和时，却突然遭到机关枪火力驱离，只剩下少许人在附近较安全的地方聆听医师暨性学专家希施费尔德（Magnus Hirschfeld）的演讲。《佛斯报》周日版公布隔天的集会地点与时间，在市东区亚历山大街41号"教师会馆，晚上八点"，有伯恩斯坦的讲演及"几何学家勃拉希克（Blaschke）和爱因斯坦教授"、作家兼社会评论家霍利切尔（Arthur Holitscher）和女性主义者暨性改革者海伦娜·斯特克（Helene Stöcker）等名流莅临。

在这难得晴朗的一天，爱因斯坦或许也出了门。根据魏斯巴赫的记叙，天空仿佛"善待着新生的共和，空气中弥漫着某种喜悦"。后来一阵子，爱因斯坦首度积极参与政治事务，或许正如他告诉妹妹的信中所提，为废除"军国主义和枢密顾问的愚昧"感到振奋。他挖苦地告诉母亲，如今他在院士当中像是"某种头号社运分子"。如同临时成立的大学生委员会（Studentenrat）之类的政治社团，新祖国联盟在国会取得一个办事处，并在11月11日周一开放。大学被大学生委员会关闭，保守派的校长泽贝格（Seeberg）大概遭到激进学生挟持。爱因斯坦连同玻恩和心理学家韦特海默（Max Wertheimer）设法和大学生委员会交涉。然而，这三人当时却进不了人满为患的国会大楼。这时，担任新祖国联盟理事的霍利切尔加入他们，一起成功进入首相府。他们在社民党埃伯特（Ebert）正在主持的内阁会议接待室里，遇见考茨基（Karl Kautsky）和伯恩斯坦之类的"社会主义预言家及学者"。玻恩写道，经由引见，"我们得以表达出对大学的忧虑"。隔天，他们在国会大楼和大学生委员会对谈，他们"充满漠视事实的理想主义"，而这种"狂热隐藏着布尔什维克主义的危险，因为军人委员会也有类似的信念"。

在这次谈话中，爱因斯坦表达了意见——大概涉及刚刚议定的章程。他把学术自由、助教教学自由和研究生选课自由，看成"德国大学设施中最宝贵者"，并提出警告："若取消这些自由，将令我惋惜。"隔天，仿照工人暨军人委员会而成立的"精神劳工委员会"（Rat der geistigen Arbeiter），也在其纲领中要求爱因斯坦可能赞同的"大专院校所有成员政治上的讨论和行动不受限制的自由"。不过，另一项"教师自由授课及通过学生选举教授"，爱因斯坦就可能不表示同意了。会中并未形成密切的合作，或许因为激进和平主义者希勒想扮演重要角色——他担任了主席。

星期三，新祖国联盟以"全民立法大会"的标语在市西南区的施必先街三号"西城光辉厅"发起民众集会。据《佛斯报》记载，有数千人参加，加开了第二厅才敷使用。爱因斯坦也在演讲者之列，反对无产阶级专政，主张尽快召开制宪会议。他为这场演说准备的手写稿保存至今。他在开头时表示："旧有的阶级统治已经废除，被自己的罪行和军人的解放行动瓦解。"他把军人和工人委员会视为战时的"民意机构"，并预先提出警告，成立无产阶级专政将"打击人民同志首脑的自由"。暴力只会产生仇恨和反动，当前的社民党领袖应该无条件得到公认。

爱因斯坦期待尽快召开制宪会议，在支持新成立的"民主人民联盟"（Demokratische Volksbunde）时表示，该联盟致力两性平权的形式，根据普通、平等、无记名且直接的选举制，"尽快召开德国及德奥国民大会"。当时参与的人士有哈伯和鲁本斯等教授，更有作家戴默尔（Richard Dehmel）、豪普特曼、画家李伯曼和工业家拉特瑙、罗伯特·博施和施廷内斯（Hugo Stinnes）等名流。爱因斯坦联署了新德国民主党（Deutsche Demokratische Partei）的成立号召，另外也有社会学者阿尔弗雷德·韦伯（Alfred Weber）、冯·格拉赫、银行家和政治家沙赫特（Hjalmar Schacht）及《柏林日报》总编特奥多尔·沃尔夫（Theodor Wolff）。然而，爱因斯坦并未成为这个自由主义政党的成员。只要这个政党跟新祖国联盟一样追求他所期待的民主宪政，则两者有所出入的党纲在他看来并不重要。他这种对不符合自己期望的东西视而不见的思想特征，也见之于他对宗教虔诚的界定，及他和犹太复国主义的关系。

不过，爱因斯坦并未签署所有立意良善的提案，就算那是20世纪初便因身为社民党员而被解除柏大教职的物理学者阿伦斯（Leo Aarons）的提案。1918年11月12日，阿伦斯在《致柏林大学校长及评议会的公开信》中要求，大学应该本着"如何在重新打造大德国时，善用这民族的精神力量"为宗旨，召开大专院校联会，把集合起来的"精神力量"运用在"实际生活"中。爱因斯坦拒绝这位"自由言论开路先锋"的提议，因为教授们应该在战后立即明白表示，从中已学不到什么新的政治教训。当务之急在于——"学会一件事，就是'闭嘴！'"爱因斯坦耳边仍然响着许多同僚的沙文主义论调，其中一句"以日耳曼旗帜领航的壮士"，尤其令他不以为然。他在1918年2月24日的信中表示："宁可认同我那位被你们以为彻底压制的犹太同胞耶稣基督。我真的宁可受苦，也不愿使用暴力。"两年后，笔名武若伯（Ignaz Wrobel）的图霍尔斯基在《世界剧场》（*Weltbühne*）杂志中，以诗句点出这种继续作祟的劣根性：

> 看这位教授！他专业地
> 讲述拉美西斯和王位继承，
> 貌似客观，却每天熏陶着
> 旧皇朝的新主人。[1]

德国的大专院校依旧是"反动派"，拥护共和的教授们便于1920年5月在《佛斯报》上联名号召"支持民主宪法"，当中也有爱因斯坦。

重新成立的新祖国联盟，在8位理事之外，还选出14位成员的"工作小组"，包括爱因斯坦和特劳本贝格及17位组员的"主要小组"，包括泰珀－拉斯基、尼古拉、许金、谢斯勒，连同知名的作家和画家，如珂勒惠支、亨利希·曼（Heinrich Mann）和佩希斯坦（Max Pechstein）。由活动小组拟定的纲领有几个要点：1.协助国际调停；2.废除暴力和阶级统治，为人权和社会公义而奋斗；3.协助实现社会主义（但并非党纲）；4.培养人格。

---

1 拉美西斯（Rhamses）似指公元前13世纪埃及在位最久（67年）的法老王。——译者注

自（1918年）12月10日起，近卫军陆续回到柏林营区，在勃兰登堡门接受埃伯特和市长等人致敬，其中也有"欢迎勇士们，神和美国总统威尔逊佑助你们"的大字报。爱因斯坦显得很高兴，认为"军国主义文化"已从柏林消失，不再恢复。然而，他对局势的发展也有所忧虑——当时南部德国特别效法瑞士，而柏林则以俄国为师。"一群缺乏真正团队精神和宏观精神的脱逃奴隶"，这是他12月初写给贝索信中的话。他取消相对论的课，中旬时和艾尔莎前往瑞士，并按约定在苏黎世授课。这方面的费用——爱因斯坦不收钟点费，只要交通和住宿费——并不微薄，这是瑞士州方在圣诞节前的决议。期间，爱因斯坦、艾尔莎和妹妹玛娅则游览阿罗萨(Arosa)和卢塞恩。随后在2月的三周里，他的讲课颇受欢迎。此行的另一目的，则是和米列娃谈妥离婚。1919年2月14日，在爱因斯坦承认出轨后，这段婚姻由地方法院宣告"因为个性不合"而终止，米列娃取得孩子的监护权。迄今为止，爱因斯坦都能善尽赡养义务，1917年费用是12000马克，隔年汇了8500马克或6000法郎，却登记为8000法郎。这是当年汇率迅速恶化下的额外负担。

12月6日，爱因斯坦把此行的第三个目的告诉在莱顿的艾伦费斯特：

最近我将取道前往巴黎，请求协约国救援此地濒临饿死的人民。在这么多谎言后，大概很难让他们相信令人痛苦的真相。不过，我认为，假使我用名誉做担保，人们是会相信我的。

由于欠缺和战胜国当权者的交情，他并未前往巴黎实现这个愿望。柏林的军方高层，尤其自西线安全返回的德军高层，开始在由多数和独立社民党组成的"人民委员"政府之外，建立第二权力中心。这就一定导致彼此以及与委员政府的社会主义及共产主义拥护者（即斯巴达克运动）之间的对抗。人民委员们只能凭借军方来维持权力。对于12月和隔年（1919年）1月街头斗争的数百位牺牲者及李卜克内西和罗莎·卢森堡的遇害，在瑞士的爱因斯坦并没有什么表示。不过，他还是跟326位社会人士一样，其中包括通用电气总裁与政治家拉特瑙，签署了由尼古拉为李卜氏与罗莎氏受害而创立的"人权促进会"（Liga zur Förderung der Humanität）声明。声明稿开头表示："联署者……抗议当前于柏林各阶层再度盛行的血腥暴力和情绪。"1月19日，爱因斯坦也错过德国为了制宪国民会议而进行的首度真正民主选举。他大概也不会参与，因为觉得自己是瑞士人，且直到1926年，均以此身份向柏林当局报备。

2月6日，国民会议不在柏林，而在魏玛召开，因为柏林当地的骚动无法平息。由军机改装的客机，事先已在柏林—魏玛间往来，成为欧洲第一条空中航线。接着，3月更有柏林—汉堡和柏林—瓦尔内明德（Warnemünde，位于德国东部）航线。社民党埃伯特当选总统，驻在柏林，并与当选总理的社民党人沙伊德曼共组联合政府。笔名"老虎"（Theobald Tiger）的图霍尔斯基在《世界剧场》中有评论诗如下：

县长！这位沙伊德曼

职位仅次于皇冠和权杖！

想想：昨日还遭普鲁士流放，

今天却站在宝座旁！

昨天被查抄法办的人，

今日竟握有总理的职掌——

县长，位在万人之上！

3月14日，在爱因斯坦和艾尔莎回到柏林过他40岁生日之前，社民党国民代表诺斯克（Gustav Noske）在埃伯特授意下掌握军队总指挥权，在柏林宣布，将于国民会议前武力镇压斯巴达克团和共产党等革命分子。3月初开始，再度进入戒严状态。在马里克出版社（Malik-Verlag）讽刺文学期刊《破产》（*Die Pleite*）4月号封面上，有格罗斯素描的画像：胸前挂满勋章的诺斯克一手香槟，一手军刀，腰挂手榴弹，站在尸堆中央。16日，凯斯勒伯爵写道："许多艺术家和知识分子（如爱因斯坦）从一家逃到另一家。政府打算狠狠对付共产党精英。"这里所指的应该是有名的卡尔·爱因斯坦（Carl Einstein），他在1916—1918年间担任布鲁塞尔德国占领区总督府民事行政单位的军职是面对布鲁塞尔军人委员会相当刁钻的成员。这位当时在柏林同样出名的同姓者，常被人跟爱因斯坦混为一谈。总之，一次大战期间，爱因斯坦这种消极对外适应社会的和平主义者角色，活动范围是在道德信念，而非政治作为——更不是

Die Pleite

《破产》（*Die Pleite*）4 月号封面上讽刺诺斯克的画像

在大众之中。

　　除了不确定国家的未来样貌，更令柏林人感到不安的是社会问题。柏林在 1920 年 1 月的失业人口为 59000，大柏林地区是 93000，全德失业人口总数为 447000，且有上升的趋势。为了增加就业机会，柏林继续兴建南北铁道，即由新克尔恩沿腓特烈大街到市北郊区的西门子电动地下铁。退伍的人争相回到自己的工作场所，这段时间，这些工作位置已被"外来"劳工、雇员及许多柏林妇女占有。女性的职务发生根本变化——她们不得不参与战时经济，担任电车司机或电梯小姐，自 1918 年起，甚至成为军方汽车司机。妇女这时总算也被准许进入柏林教师协会。1916年时，公立学校的女老师还有结婚禁令：结婚的女教师必须放弃职位。为此，许多职场女性必须再度回到低人一等的地位。然而，如今女性拥有选举权，且至少在"公民的权利义务"意义上，拥有相当于男性的平等待遇。不过，最空前的事，似乎是1919年1月底雕塑家珂勒惠支受聘为柏林艺术学院教授。她自己并不觉得当之有愧——"学院多少是种应该废除的过时机构。"随后在夏季，身为威廉皇帝研究所化学系主任的丽莎·迈特能也获得教授职。在若干领域，如柏林司法界，女性的解放则比犹太应征者来得缓慢。要等到1922年6月的新条例，女性进入司法界的通道才被打开。

珂勒惠支

1919 年 5 月底，罗莎·卢森堡的尸体出现在市中心后备军运河。法裔德国诗人戈尔（Yvan Goll）以《柏林颂》纪念她：

> 红色编辑写圣歌！
>
> 管风琴哀嚎：苏珊娜啊！
>
> 后备军运河绽放圣洁的玫瑰。
>
> 德国最后一朵玫瑰！ [1]

---

[1] "罗莎"（Rosa）一名本义为红色；她担任过数份共产党机关报的主编，包括柏林的《红旗报》，并素以"红罗莎"知名。

6 难以抉择：米列娃、艾尔莎或伊尔莎？

Keine leichte Entscheidung

Mileva, Elsa oder Ilse?

爱因斯坦与爱尔莎，日期不详

爱因斯坦与米列娃由相识而相恋时，他的女性观或许有别于男性的知识中产阶级，大大跨越席勒脍炙人口的《钟》一诗里所谓"贤淑端庄的家庭主妇和孩子母亲"的观点。还是并未跨越？毕竟他结识了一位"有心向学"的女子，可以一同探讨物理学和他的理论，即使当时身为女友的她并未通过毕业考。从学生时代的照片看来，21 岁的她脸孔漂亮，神情专注，深色头发上有个抢眼的蝴蝶结，眼神洒脱，双唇自信地紧闭。她对爱因斯坦 1905 年三篇著名论文是否有所贡献，由于缺乏文献，至今众说纷纭。大致看来，多数爱因斯坦的传记作家都把米列娃描写成大学者不起眼的贤内助，仿佛深怕多加一点肯定的描述，就会使爱因斯坦失色。在爱因斯坦给她的信中，米列娃所扮演的角色，看来较今日的评价来得重要："我也很期待我们的新论文。你现在应该继续你的研究，要是我真的有个女博士宝贝，自己又是一个平凡人，我将会多自豪啊！"或是像：

当我俩一起成功结束关于相对运动的研究时，我好骄傲，好快乐。每当我看着形形色色的人时，心中总浮现你的倩影！

学生时代的米列娃·马里奇(1896 年)

从这段话中还可以得出比证明米列娃的贡献更多的事情呢。

从另一方面看,米列娃也不只是位苏黎世大学生——她还为了爱因斯坦而甘冒未婚怀孕的风险。像这种未婚妈妈,在塞尔维亚,是会遭到鄙视甚至排挤的命运的。爱因斯坦的父亲不同意他们结婚,认为他少了份稳定的工作。母亲则要他提防:"等你 30 岁时,她就成了老巫婆。"第一个孩子——女儿"黎瑟儿"(Lieserl)是私下接生的,后来留在米列娃父母家,生平至今不详。小孩出生一年后,两人克服了障碍。1903 年 1 月,爱因斯坦在父亲过世后,跟米列娃结婚,大概违背了双方家长的意愿。第二个小孩,即儿子汉斯,在 1904 年 5 月出生,这场恋情似乎随之被抛诸脑后。爱因斯坦跟漂亮女人眉来眼去,毫不遮掩,自小因为先天性髋关节发育不良而跛行的米列娃，因而日渐吃醋。丈夫和别人写些无伤大雅的信，甚至互通无伤大雅的款曲，令她醋劲大发。她找对方的丈夫理论，令爱因斯坦极为难堪。这种事或许便造成婚姻中的第一道大裂痕。

米列娃很勤劳，在苏黎世，她烧菜、洗衣、打点房客和搭伙的学生，想在爱因斯坦微薄的教授薪水外增加收入。不少传记都记叙到，先生常常帮忙做家事、带小孩，因为她在忙完之后还得跟他一起处理数学问题到深夜，使爱因斯坦感到歉疚。在理解先生的理论方面，她大概逐渐落后。操心孩子、三餐和先生的她，为何非得像拥有可以讨论的同仁和好友的丈夫那样突飞猛进呢？她跟爱因斯坦并不需要成为像居里夫妇那样的学者夫妻。1901 年底，心有所属的爱因斯坦早有预见："在你成为我亲爱的老婆前，我们会一起好好从事学术，不至于成为老市侩，不是吗？"但爱因斯坦婚后，不曾帮太太争取过职场机会。次子爱德华出生后，米列娃更得独力照顾两个孩子和先生，累坏了身子。在她不情愿地迁到布拉格之后不久，一家又搬到苏黎世，家里添了不安。根据贝索太太安娜（Anna）的说法，爱因斯坦在到柏林之前对米列娃赞赏有加——她是可以大大方方带出场的人，因为她不会言不及义。这种话他是不会拿来夸赞自己家族任何人的。或者这是句反话？因为随着时日过去，米列娃越来越寡言了。

离开米列娃

只可惜这样的赞美无济于事。自 1914 年 7 月起，爱因斯坦到柏林生活，让妻儿留在苏黎世。一次大战时，出国的困难更令分离的状况恶化，即便在"中立的"瑞士。一开始，爱因斯坦并未打算和柏林的爱人结婚。他在 1913 年的一封信中，告诉过艾尔莎，法庭只接受"通奸"为离婚依据，他却"没有掌握到半点确切的事证"，亦即妻子的奸情。爱因斯坦不能够单方面向法院诉请离婚——只有米列娃可以这么做。1915 年 11 月 26 日，由于桑戈劝他不要破坏跟米列娃的关系，爱因斯坦回信表示，他之所以再也忍受不了米列娃的因素有很多——尽管他很爱孩子。他重视艾尔莎，珍视她的亲切大方，却下不了决心再婚，她的 18 岁女儿也是因素之一。尤其艾尔莎父母爱慕虚荣，更设法撮合两人的婚事，而且，老一辈的都有反对同居的道德惯例。

另一方面，柏林附庸学者风雅的风气很盛，所以艾尔莎家的女性不单不致因此丢脸，反而还很有面子。不过，一旦他被"俘虏"，生活就会变得复杂而不利于他的两个儿子。他不愿被自己的感情或是别人的眼泪影响，只希望保有本色。一如桑戈，贝索也表示反对离婚，认为再婚是"大不幸"，并希望自己不需要跟他"亲爱的老友爱因斯坦为此决裂"，期待爱因斯坦善尽他的最高义务。桑戈不相信这样的相安无事。爱因斯坦为孩子的未来感到难过，心里却没有主意。他不想顺从自己的本能去"依赖"，任别人将他绑死。所

年轻的科学家爱因斯坦与小汉斯在一起（1903 年）

谓"别人"，原本是指爱因斯坦在柏林的亲戚。事情总要有个了断，
否则"女人们不会善罢甘休"。不过，是哪种了断？ 1915 年夏，即
分离一年后，爱因斯坦来到苏黎世，带儿子们出游，也同汉斯游历
符腾堡。他回避了妻儿的未来问题，或许自己都不知道该如何决
断。米列娃忧心她在俄国前线失踪的唯一弟弟（一位医官），爱因
斯坦对此也没什么表示。

　　桑戈担心的事发生了。1916 年 2 月，爱因斯坦在柏林向米列

娃提出离婚要求。4月复活节，他回苏黎世团聚，这几周对一家人来讲，却是辛酸时刻。汉斯要爸爸不要再去柏林；爱因斯坦不想再见到妻子；米列娃因心脏病发作住院，感到被忽视、被遗弃。桑戈、贝索等友人，均尽可能伸出援手。爱因斯坦起初似乎并未感受到妻子的病情严重及和他离婚计划的可能关联：

我衷心感谢你，始终帮助我的孩子和妻子。从你的信看来，内人的确病得不轻……我现在诚挚请你，借着纸片让我持续了解事情的现状。

贝索责备这位朋友，理直气壮："20年下来，我们熟悉彼此。现在我发现你内心逐渐对我懊恼，就为了一个跟你不相干的女人。抗拒这种关系！就算她有十万种理由，也是匹配不上的！"爱因斯坦在1916年9月致米列娃同乡女友的一封信中表示，他把和她离婚看成关乎"存活之事"，绝不会再回到她身旁。话说回来，她仍是他的一部分，且将继续存在。米列娃因为退缩，受了一阵子折磨。所以爱因斯坦请求米列娃的朋友，在她沮丧时相陪伴。"您不必同情我。尽管有若干外在问题，我的生活仍保持高度协调。我的所有意念均指向这种思维。"他可说是一种爱好视野开阔的人，只有在"被无法看透的物体挡住视线"时，才会感到不适。我们合理推测，这种无法看透的物体并非米列娃，而是他研究工作中的数学或概念问题。女性是男性身体的一部分——这是爱因斯坦有时会从《旧约圣经》中借用的意象。

　　不过，他还是体会到妻子的处境，而写信给桑戈说，他自觉亏欠她，并认为："她涉及或经由我而承受的沉重压力，至少部分导致了她的重病。"体认到米列娃的恶劣健康情形及瑞士好友的劝告，似乎让爱因斯坦收回他的（或更是艾尔莎的）离婚要求。"从现在开始，我再也不拿离婚议题来烦她了。跟自己家族的仗已经打过，

爱因斯坦、米列娃与小汉斯，曾经幸福的
一家人（1914 年）

我学会忍住眼泪。"米列娃的病情每下愈况，没有任何迹象显示能在冬季结束前好转。回家后，"尽管她身子还虚弱，却平静笃定地在床上吩咐家务"，也愉快地陪着孩子，甚至调教"小汉斯学习音乐"。这是贝索告知爱因斯坦的。

爱因斯坦在婚姻中的口角和对孩子的忧心，大概比他对外所承认的还来得多。他在1916—1917年间跟贝索通信时表示，妻子跟次子爱德华的病或许应该一死了之——"我很高兴内人病情逐渐好转，但如果是脑结核瘤，而这很可能，那么长痛不如短痛。"么儿的情况令他沮丧——"他已经不可能成为完整的人了。要是他在真正领会生命之前就告别人世，谁晓得会不会比较好呢？"他觉得对她有所亏欠，并责备自己。即使爱因斯坦对妻儿的病情判断后来均证实为误，在孩子和爱人之间的无所适从感，却仍大大折磨着他。自1917年初起，他的胃与胆出现状况，不得不接受治疗和照护。7—8月，他再度到瑞士逗留数周，同时为健康做疗养。他带两个儿子到阿罗萨，并让7岁的么儿在当地儿童疗养院住院一年，因为怕他染患结核病。米列娃则拜托母亲过来照顾他们，但母亲本身就病弱，便让米列娃的妹妹佐儿佳（Zorka）来苏黎世。妹妹过来帮忙，起初对米列娃来讲应该再好不过，但没帮很久，佐儿佳自己便因忧郁症而在苏黎世的精神病院接受诊疗。姊姊把妹妹的病归咎于战时的不幸经历——她在1916年时遭到数位士兵轮暴。

自己拖着病体的爱因斯坦，这次不能再回避做出决断。1918年2月，他明确提出离婚要求。桑戈写信——可能是给贝索太太或某位律师：

爱因斯坦太太最近收到一封来自柏林的无情信："我已经决定无论如何要取得离婚协议。"这是艾尔莎的私心所致，她不要钱再被汇出去。以前当爱因斯坦还很忠实且不出名时，她根本不会来引诱，甚至认识他的。我也写了封信给贝索，不过，也要请您事先和爱因斯坦太太商量该信的内容。请您草拟一下她所认为妥当的构想……这阵子我们已经习于尽可能合乎情理地和柏林人的冷酷周旋。

桑戈致贝索的信包含以下段落："好友爱因斯坦令我担心。他气冲冲地写了粗暴的信……目前我收到一封给他夫人的：'今天我拿定主意，无论如何要离婚，你考虑考虑。我给你9000马克，一切费用都含在内——直到取得诺贝尔奖金——我答应把这笔钱投注于孩子们在瑞士的教育……你必须提出离婚，我会在柏林办好所有事情。'"桑戈认为，爱因斯坦这种强迫，简直是"无预警地把刀架上脖子。我们得商量，之后再给爱因斯坦教授答复"。居间斡旋的桑戈和贝索，按照法律规定在夫妻双方财务问题上取得协议。爱因斯坦确定米列娃"在我过世时，会小心处理那些钱——所以我不会把监护权都丢给她……"他怎么会考虑到自己的早死呢？是因为1917年起始终缠身的病吗？其实长他3岁的米列娃后来早他7年离世。爱因斯坦觉得她得到不错的赡养——除开协议的事项，她在他

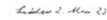

1923年5月2日爱因斯坦写给米列娃的信（未出版）

过世时，会得到5000法郎及银行户头中10000法郎的再婚礼金。"你所得到的待遇，是孩子们的家长所尽可能提供的。所以不妨说，尽管不是很阔绰，对他们却已是相当合理的照顾，可说远远优于早年我所得到抚养。"

米列娃在这样的压力下让步了，交出对方所要的离婚申请书。苏黎世和柏林仿佛雨过天青，爱因斯坦"对小朋友写来的可爱的信，感到非常愉快，连米列娃也写得很友善"。他的另一种情绪化反应，则显示在同年年底给贝索的信上。在里头，他把自己的离婚事件看成"知道的人都认为是笑话"。由于太晚接到柏林法庭的传唤，他在当时的应讯没有结果，离婚卷宗于是又被寄回苏黎世。桑戈最后一次设法再拉近爱因斯坦和孩子，让他疏远艾尔莎。他在苏黎世促成一个聘任爱因斯坦的机会，他却加以推辞——他在苏黎世已有定期教学的合约。爱因斯坦和米列娃的婚约在1919年2月终止，维持了16年。1915年，爱因斯坦曾跟桑戈表示，他"勇敢地过了仿佛疯人院的十年生活"。这么算起来，他认为自己和米列娃的幸福岁月最多只有两年。这个说法公允吗？

米列娃的死亡证明

该娶谁呢？

　　爱因斯坦和艾尔莎在一起快7年了，现在得赶快结婚。1919年6月2日将届满7年——不过，瑞士法庭规定离婚后有两年的禁婚期，而爱因斯坦也还没做好准备。这不单是米列娃，不单是婚后额外的财务负担使然。艾尔莎自家便出现一位竞争者。话说，布拉格的档案室存放了有关17世纪卓越天文学家开普勒（Johannes Kepler）的文献，妻子过世后，他在给朋友的信中罗列并描述十几位可能的结婚对象。不过，开普勒表示自己不可能娶第一位候选者，因为第二位就是她的女儿！在母女之间难以取舍——爱因斯坦也自以为身处这样的窘境，但他未告知任何朋友这种难处，而是告诉当事人——42岁的艾尔莎和21岁的长女伊尔莎。

　　我们是从1918年5月22日伊尔莎写给尼古拉（Georg Friedrich Nicolai）的信中得知此事的。伊尔莎不仅认识这位为母亲看病的心脏专家和风流才子，而且对他非常仰慕。自他1917年秋被军方贬调到莱比锡附近的艾伦堡（Eilenburg）后，还数度探望他。我们从妹妹玛戈特得知，伊尔莎成了他许多的"俘虏"之一，她也属于他所列名单上的"母女档"。伊尔莎写信，信上还注明读完请销毁的话，告诉他出乎自己意料外的内心冲突。她在这方面只信赖他这个人，并请他惠赐建言。

　　您记得我们最近谈过阿尔伯特和母亲的婚事，您还说他

跟我结婚才更妥当。我直到昨天之前，都不曾认真考虑。昨日突然出现"他想娶母亲或我"的问题。一开始是半开玩笑地讲出来，不到几分钟，却成了需要详加考虑和商量的严肃事体。阿尔伯特本身不愿做任何决定，只是有心娶我俩当中的一位。

伊尔莎还表示，阿尔伯特跟她很亲，"甚至比我身边任何男性都亲"——这也是她当天亲口说过的话。或许他对她用情之深，是因为她的年轻。"我不曾有过跟他肌肤之亲的念头，也察觉不到自己这类的愉悦。他则相反——至少在最近——他亲口承认自己觉得难加克制。"她却认为，对他的感觉尚未强烈到结成夫妻共同生活。对这档事，她只有嫁做奴婢的感受。

所以，当爱因斯坦为了艾尔莎在柏林的名誉而谈妥米列娃的离婚"补偿"期间，对其年轻继女的情愫也跟着增加。他跟进入适婚年龄的伊尔莎，自然而然提到生育的话题——"阿尔伯特也表示，要是我没意愿怀他的孩子，不要跟他结婚对我会比较好。我确实没有这意愿……"她对母亲感到歉疚，给艾尔莎经过多年才"取得的地位投下阴影"，这可能有违情理。伊尔莎觉得自己很倒霉——"才不过20岁的小傻瓜，就要为这种人生大事"做抉择。"请您帮帮我！您的伊尔莎。"由她的文句和经历看来，这封信不该被低估成"少女幻想"，而是点出这样的问题，即爱因斯坦是否把具有积极意义的婚姻，仅仅理解成没有太大情绪介入的家庭和乐，也不为自己的性自由设限。就消极面来讲，他把婚姻视为要求人互相包容的"沉重耐心考验"。他在某些场合下，更把婚姻说成由缺乏想象力的混蛋所构想出来、披着文明外衣的奴役制度。

求救信后一年，大事决定了：爱因斯坦选择她母亲为妻子，一位把丈夫抬到天上的女性——至少在她婚后十余年致女性朋友的一封信上是这样讲的：

老天爷啊，世界变得多么可怜！……假使阿尔伯特可以当一阵子上帝，他会好好清理整顿一番，就像他过去的所作所为！您不这么认为吗？

相较于过去7年的恋情，再婚的两人均已不那么幸福。艾尔莎为了在爱因斯坦生活中"取得的地位"，必须多所忍让。论智识，她在丈夫之下，既无较高的学历，更因早婚而缺乏职场经历。不像米列娃，她则被尊为"爱因斯坦教授太太"，分享了先生的荣誉和光彩，且乐在其中。她甚至在佣人的单据签上"爱因斯坦女士"。至于丈夫的身心，她也得和其他女人分享。这里拿一对夫妇来对照——薛定谔（Erwin Schrödinger）和妻子安娜玛丽（Annemarie）·薛定谔，娘家姓贝尔特尔（Bertel）。她也未在职场工作过，也十分欣赏自己的丈夫。不过，她接纳先生的风流韵事，自己也从魏尔（Hermann Weyl）和埃瓦尔德（Paul Ewald）两位情人身上得到慰藉。反之，身为设法独享丈夫财产的妻子，艾尔莎则不能容忍他类似的生活方式。对这种同时彼此蕴含好感和互助，因此基本上

"无关浪漫"而必要的男女关系，她并不谅解。

两性天生并非一夫一妻

犹太作曲家霍伦德尔（Friedrich Hollaender）一首曲子有这几句：

> 爱情带来幸福时刻，
>
> 忠实并不产生快乐，
>
> 我不知自己属于谁，
>
> 只为一人，又是何苦？

当爱因斯坦的一位女性朋友为了丈夫不忠而请他出主意时，他写信表示了类似的看法："您肯定知道，如同一般女性，一般男人生性也非忠于一人的。人的欲求一旦遭到阻碍，反应还会更加激烈。强迫人从一而终，将使所有当事人尝到苦果。"夫妻间的不忠，通常不为人知。爱因斯坦却让外遇公诸亲友，并期待妻子接纳他的行为，艾尔莎深受其苦。30年代期间，她写信给好友安东尼娜·瓦伦丁（Antonina Vallentin，婚后称为吕谢尔夫人[Julien Luchaire]）——一位漂亮聪明的译者、《北与南》的主编及后来爱因斯坦的传记作者："生性使然，你也为丈夫多情深受煎熬。你对他有份深情，可说至今依旧。我觉得你应该有所改变——但你却不愿，也不能。"艾尔莎也本该"有所改变",但她一样不愿意。

　　她的女儿在得知爱因斯坦外遇时表示,她应该马上得到赔偿,否则跟他离婚。艾尔莎泪流满面,寻求补偿。安东尼娜在一本书中对1928年柏林社会的溢美之词,应该会令艾尔莎感到欣赏与慰藉。她觉得那是知名学者之妻的艰难处境:"在这方面,艾尔莎女士,即爱因斯坦夫人可以和卡嘉·曼(Katja Mann)女士对照。她出身爱因斯坦家族,是丈夫的堂姊,有一头金发,皮肤白皙,容貌出众,神情自若,让人感受到:她给丈夫打造了一个世界,让他得以发展出推动世界的思维。"另一方面,卡嘉的对照也值得参考。她父亲——数学教授普林斯海姆(Alfred Pringsheim)外遇不断,也未隐瞒自己的孩子——她8岁时,就知道父亲跟旧情人生了孩子。她

爱因斯坦的妈妈保莉娜

母亲了解丈夫这种弱点，却似乎逆来顺受，一笑置之。艾尔莎可没办法，丈夫的出轨让她感到受伤。

至于爱因斯坦1923年的秘书或文书贝蒂（Betty Neumann），是否为爱因斯坦再婚后的首位外遇对象，我们不得而知。她是汉斯·缪撒姆（Hans Mühsam）医师的奥地利侄女，1920年初，他在柏林为爱因斯坦母亲保莉娜（Pauline）诊治恶性肿瘤。爱因斯坦和他在医学期刊上共同发表了一篇研究论文。1923年7月，在爱因斯坦给缪撒姆的明信片上，有条给贝蒂小姐的附记，他"暂时以个人名义"致意，直到"您再度使我领略到文字工作的好处"为止。不到3个月后，他在波恩的物理学者研讨会期间，写信给"亲爱的贝蒂"，表示他"非常想念你闲谈天空、树木、爱批评的哥哥……"他告知了接下来到莱顿探访艾伦费斯特的时间及地址："我在那里将收到贝蒂的信。基尔市还蛮适合我那好动的小家伙，倒是少了些……"信末一句 "你的爱因斯坦诚挚问候"，显示已有某种较密切的私人关系进入了工作领域。据为爱氏作传的奥弗拜（Dennis Overbye）指出，艾尔莎允许爱因斯坦为公事每周和贝蒂会面两次，约一年后，却设法让他开除她。我们在网络上找到一封他写于该年1月24日的信：

> 亲爱的贝蒂！汉斯舅舅和舅妈昨天跟我说，现在你又要离开了……贝蒂啊，我要不是这么左右为难的话，该多好！……若能知道你在身旁，且常常看到你甜美的笑，我就高

爱因斯坦在保罗·艾伦费斯特（Paul Ehrenfest）位于荷兰莱顿的家里（1920 年）

兴了。但命运即便对我这种令大家美慕的人，也是无情的。既然不能黏着你，我便总是希望偶然跟你相遇，但如今连这样的偶然都不可得。亲爱的贝蒂，尽管取笑我这个老痴男，给自己找个小我十岁，像我一样疼你的男人吧！让你的阿尔伯特献上一吻。

2002 年 11 月，美国自然史博物馆展览中的一篇文章甚至指出，爱因斯坦与贝蒂的关系维持了将近 10 年。2000 年 1 月，荣能（Meir Ronnen）在《耶路撒冷邮报》（*Jerusalem Post*）上披露，尽管耶路撒冷"国立希伯来大学图书馆"档案室保存了爱因斯坦和贝蒂的往来信件，却连弗里茨·斯特恩（Fritz Stern）之类的知名史学家都不得阅览[1]。当时为贝蒂记载的卒年应该是错的——她还活着，这是种保护她的措施。柏林有位演员叫伊丽莎白（Elisabeth，别名黎丝儿[Liesl]）·诺伊曼，到1994年才过世。前任丈夫是维也纳的心理医师贝恩菲尔德（Siegfried Bernfeld），到了美国跟导演菲特尔（Berthold Viertel）发生恋情后结婚，或许她就是贝蒂？持有爱因斯坦遗产的人，私下作为就不是那么有创意——他们只注意他在外遇上的花费，而不去处理可能有所渲染的说法。如爱因斯坦的柏林朋友，内科医师普勒许（Janos Plesch），描述便较为夸张。他说爱因斯坦是个性欲很强的人，这很容易"从他丰满的嘴唇和漂亮但高挺的鼻子"辨识出来，大自然慷慨赐给他性爱的禀赋。他对情人并不太挑剔——对他来说，自然纯真的女性比名门贵妇更为投缘。他比柏林男人更懂得欣赏柏林女人！

> 演戏演到十二点半，
>
> 耳鬓厮磨到深夜两点……
>
> 你就是天之骄子，
>
> 你这柏林女人！——

普勒许的判断不太正确，因为有位1925年到1932年间与爱因斯坦保持恋情的女性，就属于上流社会。她是一名主治医师的遗孀托妮·门德尔（Toni Mendel），风韵犹存的她，年龄略小于爱因斯

---

1 后来像奥弗拜倒是进去阅览过。 ——译者注

坦，在万湖有栋别墅及马车和车夫。这种条件有利两人多次一同听音乐会和观赏歌剧。他和夫人大约每周会面一次，常在她"百万华墅"中过夜，有时在那里"早上六点就大弹钢琴，吵醒屋里所有人"。而托妮到爱因斯坦家时，则"总是送教授夫人巧克力糖之类的礼物"。在艾尔莎的"帮手"荷尔塔（Herta）看来，这种交情只得到艾尔莎勉强的尊重。门德尔女士到爱因斯坦在卡普特的消暑屋子见他，却和艾尔莎闹得不可开交，记载在 1931 年 9 月 24 日的访客登记簿上：

> 假使我是门德尔女士，
>
> 今天不会生这么多事。

当天钢琴家埃德温·菲舍尔（Edwin Fischer）也在场。不过，这两位女性似乎还是可以相处。1928 年春，爱因斯坦在心脏出毛病后，接受普勒许医师的建议，夏季到波罗的海阿伦舒普疗养，同行的还有艾尔莎、女儿玛戈特、新秘书海伦·杜卡斯（Helene Dukas）及门德尔夫人。

1918 年圣诞节，和德国诗人里尔克（Rilke）结束一段情，而和统计学家贡贝尔（Emil Julius Gumbel）在一起的诗人克莱儿·戈尔（Claire Goll），见过爱因斯坦后，下了个错误的评断："他不会不在意女性。他献殷勤的方式不很高明，仅止于一般寒暄和俏皮话，顶多是友善的碰触。要说是万人迷的话，他缺乏必要的经验。

他把所有胆量保留在科学的思辨和发现上。"爱因斯坦也有不需跟女性要"胆量"的时候，如1925年只身前往南美。他在去程时结交了作家埃儿瑟·耶路撒冷（Else Jerusalem），娘家姓柯坦意（Kotányi）。赫曼（A.Hermann）在传记中写道，他并未回避这头阿根廷"豹猫"。埃儿瑟在长篇小说《圣金龟子》中，放胆描绘了维也纳红灯区而走红——这部由柏林菲舍尔出版社刊行的作品，1909—1919年间就就印刷了32次。

30年代初，另一位情人出现。维也纳人玛格丽特·雷巴赫（Margarete Lebach），金发，风趣，小艾尔莎9岁。1931年起，她周周来访，给艾尔莎带来自己烘焙的维也纳糕点，但对阿尔伯特更感兴趣。艾尔莎"帮手"荷尔塔表示，她跟教授先生之间大概发展出超友谊的关系。不管怎么说，1932年夏，她还每周来一趟卡普特。"每次她来，教授太太就到柏林采购和办其他事。她总是一大早就进城，很晚才回来，也就是所谓的退场……"不过，爱因斯坦先前就认识这位"交情不错的女士"，如作传者纳坦（Nathan）和诺登（Norden）在书中委婉的称呼。1928年6月，他生病后曾写信给她："我身体的复元程度，跟大夫和其他对这身老骨头感兴趣的人的数目，恰成反比。"自1929年夏季起，玛格丽特却还能跟他一块驾帆船——有一次她还把低胸泳装忘在他船上。爱因斯坦研究助理迈尔（Mayer）把它拿去跟其他衣物一起洗，然后交给艾尔莎，因为他以为这件连身泳衣是玛戈特的。这件衣服引起夫妻间的激烈口角。爱因斯坦自己不会游泳——跟艾伯特总统相反，他不曾穿泳裤拍照过。艾尔莎和女儿她们学过游泳吗？艾尔莎怎么说都不会跟阿尔伯特玩帆船。于是，他就找了别人跟他上船：

亲爱的雷巴赫小姐！

我愧对我的好帆船，因为除了我，没人对这感兴趣。如果能够跟你们一起驾船，我觉得挺有意思。所以开门见山吧。我知道你们有事情要忙，所以时间全由你们决定。只要提前告知，我都可以配合……你们的爱因斯坦。

爱因斯坦与友人在自己的游艇上

雷巴赫小姐似乎也是已婚。1931年1月，爱因斯坦从美国加州帕萨迪那（Pasadena）写信："亲爱的雷巴赫夫妇！……由衷致意。期待3月中再见，你们的爱因斯坦。"他们忙的"事情"，可能是位于柏林西区夏洛滕街"雷巴赫时尚周刊公司"的业务。玛格丽特的先生是威利·雷巴赫（Willy Lebach），自1933年到1938年奥地利被"合并"期间，在维也纳狮子街（Löwengasse）的"巴赫维茨（Bachwitz）巴黎时尚公司"行政部门任职。

埃丝苔拉、缇拉和卡西尔家族

关于普勒许医师所谓与爱因斯坦交往的"自然纯真"的女性，似乎并未留下什么线索，接下来有所交往的柏林女性，仍是位家境优渥的人。通过她，我们会接触到柏林社交界的"网络"。这位情人是埃丝苔拉·卡岑内伦伯根（Estella Katzenellenbogen），看来拥有几家花店，更拥有轿车和司机。荷尔塔觉得，她的车子"比（跟爱因斯坦）相熟的卡岑施泰因（Katzenstein）医学教授的车子豪华许多"。埃丝苔拉的儿子孔拉德（Konrad Kellen）在自传中透露，那是一部"在巴黎订制的宝蓝色宾士双人座轿车"。她还有两个女儿——莱奥妮（Leonie）和埃丝苔拉（Estella）。她在20年代末离婚前，是"东部企业"总经理卡岑内伦伯根（Ludwig[Lutz] Katzenellenbogen）的妻子。该企业是个拥有酿酒、水泥、玻璃和机械等工厂的集团，经营权转让给柏林舒尔特亥斯—帕岑霍佛酿酒厂，在20年代末的经济危机后，陷入财务困境。离婚后的埃丝苔拉继续住在转到她名下的"动物公园附近宾德勒街（Bendlerstraße）"的房子里。爱因斯坦以下的信，日期和收件人都不详，可能是给埃丝苔拉，也可能是给贝蒂："小宝贝……我卖力工作，一有空就愉快地想着你……写这封信不容易，因为艾尔莎随时可能进来，所以真的要小心……昨天好美妙，令我现在还很陶醉……如果你能设法，我会在5点，甚至4∶50到老地方……亲一下爱人，你的阿尔伯特。"埃丝苔拉的父亲曾是医师，她本身对非正统医学，即钟摆催眠颇感兴趣，这方面，她却几乎不曾跟物理学家爱因斯坦谈过。

埃丝苔拉的先生卡氏为"友朋社"（Gesellschaft der Freunde）社员。这是柏林拥有一百多年历史（1792–1935）的社团，服膺摩西·门德尔松（Moses Mendelssohn）的"探究真、爱好美、欲求圣、实践善"宗旨，致力犹太人民的解放和整合。社员有不少银行家和出版家，李伯曼和莫什科夫斯基也加入，爱因斯坦则没有。非犹太人的少数会员则有帝国银行董事长、"国社党政权的财政擘划者"沙赫特（Hjalmar Schacht）、曾任总理的政治家汉斯·路德（Hans Luther）及大工业家西门子。[1]卡氏也另结新欢——1930年2月离婚后，便和缇拉·迪里厄结婚，成为她第三任丈夫。迷人的她"拥有妖冶的容貌和舞蹈家的曼妙身材"，1910年时跟艺术商人保罗·卡西尔结过婚。

卡西尔家是个大家族。保罗的两个弟弟经营电线工厂，大哥里

---

[1] 国社党即所谓纳粹党。——译者注

夏德（Richard）为神经科大夫，妹妹嫁给表（堂）兄弟布鲁诺（Bruno），他是德夫龄格街（Derflingerstraße）布鲁诺·卡西尔出版社发行人。1898 年，保罗和布鲁诺在动物公园商区维多利亚街35 号（Victoriastraße，今无此街）创办"卡西尔艺术沙龙暨图书经销"出版社，3 年后分道扬镳。保罗独自继续经营艺品经销部门，1908 年更创立"保罗·卡西尔"文学出版社，自 1910 年起，还刊行艺术评论半月刊《潘神》。保罗还有另一个必须一提的堂兄弟，即哲学家恩斯特·卡西尔（Ernst Cassirer）。布鲁诺出版了不少他的哲学书，甚至有关爱因斯坦相对论的著作。恩斯特在该书序中表示："爱因斯坦读过本书原稿，借着若干评注予以补强，和他的教材结合起来。"

作家塔乌（Max Tau）则稍稍夸大了恩斯特和爱因斯坦的交情，表示："他对相对论的诠释，促成了和爱因斯坦的情谊，爱因斯坦当时便已得知物理学家海森堡（Werner Heisenberg）近来一再表达的道理：自然科学的发明或发现，需要哲学家加以诠释和界定。有幸领略爱因斯坦和卡西尔之间相遇的人，就会明了，精神的伟大总是意味着极简。"所以，爱因斯坦又可在此上下其手。他是在"卡西尔——迪里厄——卡岑内伦伯根"的关联上认识埃丝苔拉的吗？他在独立社民党员保罗·卡西尔和在缇拉·迪里厄那里，可以找到具有类似政治思想的人。一次大战期间，保罗和缇拉曾在瑞士待过一阵子，在此接触作家席克勒（René Schickele）、斯特凡·茨威格（Stefan Zweig）、安涅忒·科尔布（Annette Kolb）及其他和平主义者。缇拉在柏林时和菲舍尔及画家斯莱福格特往来密切，所以说"与闻"了文艺界。

爱因斯坦并未对缇拉这个女性，而是对她在舞台上更漂亮的对手伊丽莎白·贝格娜（Elisabeth Bergner）感兴趣，一如剧场总监莱因哈特的一个儿子所描述那样："冰雪聪明和无比妩媚的奥地利式结合，加上性感的沙哑嗓音"。贝格娜女士在回忆录中谈到普林斯顿的一场巡回演出："那时爱因斯坦到更衣室来找我。这是见面或再见——在柏林时我们就认识，他看过，而且记得我扮演的每个角色。"谈到新的柏林剧场的21部不同剧作。在柏林，爱因斯坦跟她不仅在剧院中，更在普勒许医师家中会面，在此也和电影明星玛莲娜·黛德丽（Marlene Dietrich）交往。有时，普勒许为了爱因斯坦到来，甚至提供一间小客房。回忆录中的贝格娜显得非常洁身自爱，令大家觉得不可思议。她在柏林的第一位情人——演员格拉纳赫（Alexander Granach）的儿子写道，她是父亲一生中的至爱，而"后来便冒出演员盖尔格（Heinrich George）。她有过许多为她铺设人生道路的情郎，而她则头也不回地向前迈进"。所以不应排除，和她的许多仰慕者相比，爱因斯坦更能和她亲近。以下是贝格娜的现身说法：

> 生活常常重新来过，真是令人惊讶！……当我遇到爱因斯坦时，就出现这样的端倪。当时我却以为，主要是品味的变化。只要是我所喜爱过的，便不会再有感觉。现在却有些不同。当

我得知爱因斯坦过世时，随即明了，他在我心里依然活着，仿佛在房里陪着我。此刻我所惋惜的，正是不能够告诉他的一些事情……

缇拉、贝格娜和爱因斯坦曾经列在同一张节目单上，即 1929 年，为了去世的演员施泰因吕克（Albert Steinrück），在市中心宪兵市场旁演艺厅举办的追思会。爱因斯坦跟电报业龙头阿尔科（Georg von Arco）和企业总经理卡岑内伦伯根等人同属于"名誉治丧委员会"。

多好，有位出名的父亲！

想尝尝婚外情的人，要留意自己不被讹诈。要挟跟艾尔莎告发爱因斯坦，起不了作用，因为他毫无隐瞒。还是他只向太太透露那些有地位的女性朋友呢？这类女性大概不会勒索爱因斯坦。不过，倒是有位在柏林认识爱因斯坦一家人的女子，后来设法冒充成爱因斯坦的女儿。那是来自维也纳的演员格蕾忒·马克施泰因（Grete Markstein）。1920 年 6 月到 1924 年底，她跟柏林国家剧院经理，和爱因斯坦相熟的社民党员耶斯纳（Leopold Jessner）拿到几份合约而担任配角。根据蔡克海姆（Zackheim）小姐的考证，格蕾忒在 1926 年当妈妈，靠着朗诵勉强度日，1929 年灌了一张世界民间童话集唱片。她肯定送过爱因斯坦家这张唱片，因为艾尔莎1930

年时写给她一封赞赏信；而爱因斯坦1932年从他的"物理学基金"汇给她一笔小钱，是赞助者供他自由运用的户头。至于她和爱因斯坦的关系怎样形成、性质为何，则不得而知。纳粹掌权后不久，格蕾忒经巴黎流亡伦敦。1935年，她拜访同样移民英国的普勒许博士，在他和爱因斯坦的朋友、牛津学者林德曼（Frederick Lindemann）面前冒充成他的女儿。消息传开，魏尔和劳厄得知此事。爱因斯坦请密探在维也纳进行调查，发现当地出生的格蕾忒只小他15岁——当年爱因斯坦家人刚刚迁到意大利，而他在慕尼黑正要从学校退学，所以不可能有这么个女儿。爱因斯坦给普勒许寄了首赔罪的韵诗：

> 朋友们全都揶揄我，
> 只有家人帮我捱过！……
> 要是我从容
> 在外面播种，
> 就算听来逗趣，
> 也莫扰人心绪。

普勒许的回信就更不正经了：

> 绝世天才当种马，
> 怎知如此大剌剌！

所以不必要苛求，

也无须感到愧疚。

因为万事皆为相对，

愚人才以为大不题。

故请以神的名义继续：

用精液满足世人所需！

这个话题恐怕不是大家乐见。但是，当其他大物理学家的情事也公之于世时，为何不该描述一下爱因斯坦的事情呢？如诺贝尔物理学奖得主、波力学创始人、爱因斯坦的柏林同仁及普朗克接班人薛定谔，就有过多次婚外情，至少另外生了两个女儿。为什么这种私生活非得从爱因斯坦传记中被排除掉呢？该领域的描述，似乎违反了爱因斯坦无道德瑕疵的公众形象和这样的事实，即女性要不受他吸引，要不就是主动加以诱惑。凡是在回忆录中把爱因斯坦这种关系讲成纯"柏拉图式"的同时代人，若非对他的真实生活视而不见，便是有意加以粉饰。

不过，近几年来的爱因斯坦传记中出现一条记载：爱因斯坦于艾尔莎去世后，在纽约还跟一位夜总会舞娘生了个女儿。据说时间在1941年，且她"被跟他（爱因斯坦）有交情的人"收养。"知情者"小心隐瞒了数年，或许也是为了避免触怒拥护爱因斯坦形象的团体。在1999年的一次暗示后，伊芙玲·爱因斯坦（Evelyn Einstein）于2005年纪念奇迹年百周年对一份德国周刊公开：她的养父就是爱因斯坦长子汉斯，尽管在当年她几个月大时收养了她，却从未相认。她认为自己很可能就是爱因斯坦的女儿，使得继父不得不抚养自己。爱因斯坦不曾与"黎瑟儿"及第二位亲生女儿相认，毕竟在他的人格上投下一道阴影。

7 日食后浮现世界之星

Nach der Sonnenfinsternis

Der Aufgang eines Weltstars

爱因斯坦塔，水彩，作者不详

爱因斯坦在战时的和平主义信念，既未得罪学术当局，亦不伤害政府高层——他升任另一重要职位。1916年12月30日，威廉皇帝在比利时的大本营特别签核了聘书，请他接替施瓦茨席尔德担任夏洛滕堡帝国物理技术学院评议会委员。一年后，威廉皇帝学会会长哈纳克诚惶诚恐请求"无比尊贵的皇上陛下"，让爱因斯坦在10月1日物理所开设时，担任"威廉皇帝物理学研究所"所长职位。自1914年起，爱因斯坦也是德国物理学会委员会理事。

　　至少自1911年起，爱因斯坦就钻研这样的问题：光线因重力质量导致的光偏折，能够用何种天文测量加以证实呢？从1918年元旦开始，弗罗因德利希由于对广义相对论及其实验证明的兴趣，成为爱因斯坦的合作者。弗氏在这领域的研究，先前碍于天文台的主管而进展有限，因为身为研究助理的职责，主要在有系统地测定星座位置。此外，上司们也不太重视由牛顿引力理论推导的命题。1914年7月，弗氏和天文台两位同僚前往俄国克里米亚半岛，打算在8月21日日全食时进行测量，却因大战爆发遭到拘留。从军队退伍后，弗氏积极改善在柏林的机构和仪器方面的条件，以求证实太阳及其他恒星的光谱线红移。

同时，爱因斯坦也关注着广义相对论的其他结论。1918年3月，他以一篇论文回应由荷兰数学家西特尔（De Sitter）所发现的新解答，即关于通过宇宙常数所推导的爱因斯坦场方程的宇宙学涵义的解答，他这项答案与爱因斯坦的观念相矛盾。据西特尔的看法，广义相对论"只有在空间的物理特性完全只由物质决定时，才算是令人信服的体系……所以一个缺少由本身产生的物质的空—时连续统是不可能的"。西特尔的世界模型正是这样的模型，呈现一种没有任何物质的空洞空间——乍看之下，似乎是不随时间而变化的。爱因斯坦认为，他在一种数学的不完全性，即所谓奇点当中发现了西特尔解答里物理学不可靠性的依据。但这句话不太对。哥廷根数学家费利克斯·克莱因（Felix Klein）也认为，所谓"奇点"是种借由人为选择的坐标产生，不具数学意义的现象。1917年，爱因斯坦引进"宇宙常数"，或许便是基于由哲学而来的成见，相信宇宙可以不随时间改变。仅仅利用这种宇宙常数，他就成功发现这类不随时间改变而能描述宇宙的方程式解答，即带有他名字的答案——爱因斯坦宇宙。一种更为精密的检验显示，西特尔的新答案是不依赖于时间的。几年后，俄国数学家弗里德曼（Alexander Friedman）发现其他随时间变化的宇宙模型，如今已能解释宇宙可观测部分的扩张现象。

　　1918年5月，爱因斯坦得以移交他德国物理学会会长的职务。稍早，即4月26日，他还在为普朗克庆祝六十大寿。当时他精彩的致辞显示，促使他投入研究的，是逃离自身处境及无聊生活的心理。他对普朗克的期望，也透露自己在统一场论方面的追求："祝他把量子论、电动力学和力学融贯成具有逻辑统一性的体系。"

5月中旬，爱因斯坦在科学院发表论文，探讨广义相对论中的质能守恒。他必须回应学界，如维也纳理论学家薛定谔和鲍尔（Hans Bauer）的批评。他们质疑他所提出关于重力场能量密度的说法。月底，他把魏尔综合了重力和电磁学的论文递交院方，加上自己对魏尔见解的评论。尽管大为赞赏魏尔理论的数学美感，他还是不能接受，因为他的物理学推论部分抵触了经验。

在克服病痛的漫长过程中，爱因斯坦面临新的处境——他不再是广义相对论的唯一诠释者。其他人研究、投入，发展新的构想，甚至敢于对理论中某些见解进行批评。就连教学方面，一些同仁也已熟悉相对论，如布雷斯劳的克内泽尔（Adolf Kneser）在1916到1917年间的冬季学期课程。爱因斯坦在1918年间的出版物，同样有助于保持其在同僚之间的意见主导地位，及纠正诠释上的谬误。在德国物理学会研讨会上的简短发言，也显示爱因斯坦进一步思索着重力场以外的物理学问题。他问道，是否能以实验方式测定X射线的折射指数？但由于准备和协议离婚（经由桑戈和贝索之类的第三人）、秋季的停战及随后的政局动荡，爱因斯坦在本年未能获得别开生面的新成果。

1919年5月9日，德国谈判代表团在凡尔赛被迫收下媾和条件书。3天后，沙伊德曼总理在柏林大学礼堂的国民会议上表示抗议："有哪种给自己和大家戴上这类枷锁的手，是不必腐烂的呢？就帝国政府的观点而言，这种条约是不能接受的。"22日，市中东的普鲁士故宫怡乐园（Lustgarten）的示威活动强烈抗议协约国的"暴力媾和"。6月4日，爱因斯坦写信给马克斯·玻恩时表示："依我看，政治情势并不像您说的那么险恶。条件是苛刻，却不可能实现⋯⋯法国人的作为不过是基于惧怕。德军将领鲁登道夫（Ludendorff）有拿破仑的企图[1]⋯⋯随着德国的威胁性削弱，对手的一致态度也将烟消云散"。这也是财政部长埃茨贝格尔（Erzberger）的态度，他认为该和约的签订将形成有利德国的态势。早在1918年11月，菲沙尔特（Johannes Fischart）便曾在《世界剧场》上戏称鲁登道夫为"拿破仑家族"。1919年6月28日，新政府在沙伊德曼内阁倒阁后，于国内抗议声浪中签署凡尔赛和约及协约国军队进占莱茵地区的协定。

1919年元月到3月中旬期间，爱因斯坦到苏黎世讲学，同艾尔莎出游，访视妻儿，并与他们合奏音乐。4月底，他再到苏黎世继续讲课，听众却变少了——研究生剩三分之一，旁听生则剩五分之一。他事先为院方（已改名为普鲁士科学院）当月两场会议（即10日和24日）提交两篇论文——较有意思的交给前一场，另一篇给后一场。第一篇讲因重力而聚集的带电基本粒子之扩大模型。但方程式的可靠性不高，使得攸关实验的粒子"半径"无法计算。第二篇投注在天文学领域——设法解释当时不甚明了的月球位置波动，而且仅仅凭借牛顿重力作用理论来从事。可惜，爱因斯坦不太

---

1 即战败后仍想东山再起。 ——译者注

熟悉天文学者的测时方法。所以三个月后，德国北部但泽（Danzig）天文学者布鲁恩（A. von Brunn）证实，爱因斯坦对该效应的"解释"无效。爱因斯坦必须收回条件式说法："只要地球上身为空间参考体的天文学者拿特殊时钟当作时间尺度的话，我的观察就会正确。"

他是新的太阳王吗？

停战后，德军潜艇的威胁消失，海上交通重新开放，英国天文学者开始实行测量光偏移的远行计划。这次的日全食将在1919年5月29日出现，可在由巴西到非洲西海岸的赤道地带加以观测。于是一组前往巴西北部的索布拉尔（Sobral），另一组去几内亚湾当时葡属普林西比岛（Principe）。就算岛上的天气条件未到最佳程度，两个小组也都带了高感度的感光板，用来观测离变暗的太阳最近的星座，并拍摄同一星场不见太阳时的比对照片。爱丁顿团队耗费了数月，才从辛苦测出的恒星位置得出明确的结果。爱因斯坦从荷兰的艾伦费斯特和洛伦兹（Lorentz）得知英国同仁的这项计划，并早在4月中旬于（市中西区乌兰德街和加斯泰纳街［Gasteinerstraße］路口）露意瑟学校（Viktoria–Luisen–Schule）[1]礼堂为大众讲解相对论时，便有所提及。该校是战前柏林四所"女子学校"中历史最悠久者，从爱因斯坦住处便可轻松走到——邀请他的是"社会主义学

---

1 露意瑟为普鲁士公主。 ——译者注

1919年阿瑟·爱丁顿勋爵领导的探险队拍到了日食照片，从而证实了爱因斯坦光折射理论的正确性。

生会"（Sozialistische Studentenverein）。讲稿当月便刊登在《佛斯报》上。5月初，该报再次预告这件事。日全食当天，更以"太阳让真相大白"的题目，为大众详细报道这两批英国队伍及此行目的。

9月，爱因斯坦通过荷兰好友得知当时的观测值。虽然当中出现他所预测效应的数值，却因为介于牛顿预测值和大上广义相对论预测值两倍的值之间，而未能有所定论。对当时生活在恶劣经济条件下的欧洲人，这项没什么用处的趣味实验，却在报界演变成爱因斯坦和牛顿之间的拉锯战。爱因斯坦不仅把这件令他大为兴奋的事情告诉垂危的母亲和一位苏黎世物理学者，更告诉我们已知的文化人莫什科夫斯基。一如爱因斯坦所料，莫氏给《柏林日报》写了篇《太阳照亮真相》的评论。他认为爱因斯坦理论已经完全获得证实，誉之为"宇宙构造的真实描述"。爱因斯坦随即表明"更正"，不过只在专业期刊《自然科学》（*Die Naturwissenschaften*）上。他指明该测量值所涵盖的精确范围，却也主张广义相对论所预言太阳附近的光偏折已获得证实。所以说，给大众的第一批消息，是爱因斯坦本人在缺乏第一手证据的情况下传播开来的。他常表示，自己并不在意可能关乎他预言的实验结果，这次的举措则与此说法稍有出入。

如同报刊评论可以流传至外地，10月，出席苏黎世物理学座谈会的魏尔和荷兰学者德比（Peter Debye），也把写上四行诗的明信片寄给爱因斯坦：

> 所有疑虑都不见，
> 总算得到新发现：
> 所谓光自然弯曲
> 给爱氏莫大声誉！

11月12日，当（德东）罗斯托克（Rostock）大学医学系决定颁给爱因斯坦名誉教授的荣衔时，可说是嗅觉敏锐。因为早在11月6

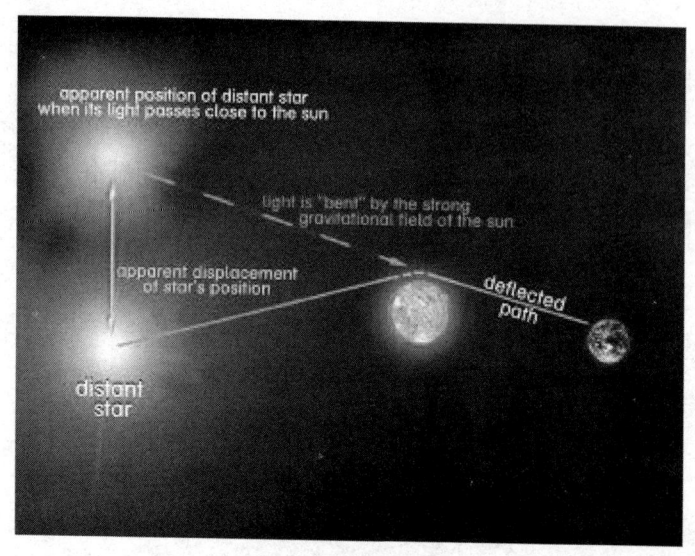

光偏折示意图

日伦敦的"皇家学会"和"皇家天文学会"（Royal Astronomical Society）发表该成果之前，柏林报纸的副刊读者及德国学界同事已经得知爱因斯坦胜过牛顿的消息了。对懂得测定方面困难的人而言，伦敦所公布的光偏折数值，亦即索布拉尔照片的 1.98 ± 0.12 弧秒及普林西比岛的 1.61 ± 0.30 弧秒，均已相当接近预测值 1.8 弧秒。今日的测定结果显示，爱因斯坦理论竟已精确到正确值的千分之一！由此却也可见，1919 年伦敦所公布的结果远远不及所宣称的信服力。11 月 6 日后，英美报刊竞相推崇爱因斯坦及其理论。大家仿效皇家学会会长汤姆孙（John Thomson）爵士的评价及其航海民族的措词指出，爱因斯坦的成就"不单是发现一座孤岛，更是扩及整片大陆的科学思维"。大家撰写着"学界革命"，推崇爱因斯坦将和阿基米德与牛顿分庭抗礼——这或许是溢美之词。

受到称赞者却很懂得分寸——1921 年，他在伦敦访问时，便到西敏寺，在牛顿坟前献上花环。(英国诗人) 波普 (Alexander Pope) 为牛顿做的墓志铭，显示诗人当时的推崇：

自然界法则总是隐而不彰；

神说"要有牛顿！"后，便有光亮。

爱因斯坦接受《泰晤士报》(*London Times*) 邀稿，写了篇短论文《何为相对论？》，11 月底，该报以《我的理论》为题刊行。稍后，12 月 14 日的《柏林画报》则为爱因斯坦形象下了不太谦虚的副标题："世界史新巨人爱因斯坦，其发现意谓自然考察的全新

英国诗人威廉·布莱克 (William Blake) 所画的《牛顿》(1795 年)

转折，可与哥白尼、开普勒和牛顿等量齐观。"

这种"个人崇拜"在物理学界相当罕见，引发了反感和妒意。一位没有反犹嫌疑的理论物理学者洪德（Friedrich Hund）表示，当时纷纷议论着"来者不善"和"背后隐藏犹太教派"，后者似乎不无可能，因为有两大报社，即乌尔施泰因和莫斯，均由犹太人主持，而《柏林画报》也在乌氏名下。部分柏林报社紧追爱因斯坦不舍。关于日食探测及其对广义相对论的证实的报道和评论，在1919年10月和隔年2月之间的《佛斯报》特刊就印刷了5次。1919年11月到1921年夏，爱因斯坦在美国的声望如日中天。1921年，该国通俗自然科学期刊《科学美国人》（*Scientific American*）指出，一生追求真理的人通常不会在生前得到承认，如教士兼遗传学家孟德尔（Gregor Mendel）便是在去世后许久才得到追认。爱因斯坦倒很不同："德国物理学家之声名鹊起，乃是科学史上的奇事。即便是推销王巴纳姆（Barnum）的宣传活动也无法更迅速、更有效。"

其实，让柏林人如此雅俗共赏的现象，并不太容易理解。理论中所谓"空间"和"时间"概念，不是任何人都拥有的常识吗？所谓世界观的变革，不正呼应了在国家、社会和文化上令人震惊的变化吗？这就是原因吗？或者这是战败后德国学者的积极成就，亦即仍旧是德国人的胜利？或者日食的奇观正如娱乐性的无声电影，总会有"圆满结局"？抑或如同右派报刊宣称，爱因斯坦已被某些利益团体抬举为样板人物？还说盛况源于他的谦虚和善的态度？女婿凯泽（Rudolf Kayser）认为，爱因斯坦的名气来自其卓越的

爱因斯坦在 1921 年

人格——"科学著作和人文胸襟，无数人的期待和希望均寄托在这两者"。

　　较之于爱因斯坦伟大发现的通俗摘要，他的容貌更令人印象深刻。医师暨作家德布林（Alfred Döblin）不怪罪报界，却归咎于科学家本身。1923 年，他在《柏林日报》上质问，"是谁促使大家把爱因斯坦的学说视为如此严肃且重要呢？是科学家的阶级制度、地下社团、数学学者的结党营私……"结果，几年下来，在大众和某位诗人的心目中，爱因斯坦的理论不外乎一个受到误解的词语——"相对性"。1929 年，戈尔在小说《索多玛（Sodom）柏林》中借主角欧德马（Odemar）表示："德国史学家斯宾格勒（Spengler）宣告欧洲的没落，诗人宣示艺术的死亡。爱因斯坦的判决宣扬万物的相对性，凡是真实的事物均是错的。旧世界于是崩溃！"1927 年时，在柏林撰写报道和小说的作家德科布拉（Maurice Dekobra）

的看法如下：

> 当时我们多年轻啊！爱因斯坦关于万事，甚至爱情的相对性的见解尚未感染大家。在探讨性学的研究所，亦即希施费尔德（Hirschfeld）博士搬弄可怜人异常之特殊研究的地方附近，棚子下我们喝着黄昏的酒，啤酒色泽比我们小女生的金发更加明亮。

广义相对论的应用依旧不普遍——在乎它的，似乎只有专业人员。

希施费尔德的研究所不仅有关于"异常"研究，更有每周3日"有关婚姻及性生活事项、生育问题和适婚条件"等的免费医疗咨询，算是有些名不副实。魏玛共和时期的柏林，成立了许多产妇保护联盟及国际性劳工救助组织的咨询站。社交界名流泰珀-拉斯基在赛马场附近的蒙西斯海姆（Mönchsheim）联署了一份请愿书，请求德国立法机关废除刑法第175条反堕胎条例——画家李伯曼、医学专家克拉夫特-埃宾（Krafft-Ebing）以及物理学者维恩（Wien）也在其中，却不包括爱因斯坦。

在美国，爱因斯坦的名气和声望大为提升。该国也有过类似德国的骚动——1919年，400万名工人罢工。俄国革命和空间与时间之类日常概念的变革，两者均不易体认。1920年7月初，《科学美国人》宣布有奖竞赛，即"爱因斯坦征文比赛"：能在3000字之内简明扼要说明爱因斯坦相对论的英文文章，可得5000美元奖金。

奖金由巴黎富有的美籍单身汉希金斯（Eugene Higgins）赞助。这些应征者名字被转成代码的文章，11月时累积到三百篇：评审们推选出假名为"黄道十二宫"（Zodiaque）的英国投稿者博尔顿（Lyndon Bolton），他是在伦敦英国专利局的"资深审查员"。杂志刊登了他的文章《相对性》及照片和经历。期刊老练的"爱因斯坦编者"，还把这些文章编成选集，以《相对性和引力》一书发行上市。荷兰代夫特（Delft）大学知名微分几何学者斯考滕（Jan Arnoldus Schouten）读之一无所得，而1917年曾写书论述爱因斯坦空间—时间观的德国哲学家石里克（Moritz Schlick）也有同感。

新泽西州小儿科医师暨公认的美国诗人威廉斯（William Carlos Williams），在爱因斯坦首度访问美国后，完成一首十二节的赞美诗《水仙花的圣方济爱因斯坦》，副标题是"纪念爱因斯坦教授1921年4月首度访问美国"。只要其中几行大概就足以形成初步印象：

爱因斯坦

来得正是时候

带来他心目中的4月

从海上

乘着杰斐逊的黑艇

把自由带到

死去的自由女神像面前

以拯救水仙花

它们在水里歌唱：

他提醒了我们

这位水仙花的救主！

诗的结尾是这样的：

爱因斯坦

走出繁杂的数学

来到水仙中间——

春风拂过寒热带

花儿随之摇摆！

1920年元月初，爱因斯坦从瑞士把罹患癌症的母亲接到柏林。2月时，她就过世了。"母亲去世了，我们全精疲力竭，大伙儿感受到血缘关系意味着什么。"当时威廉斯尚未写下这首诗——这时读之，或许能增添一层意蕴。[1]

1 圣方济（St.Franziskus）是博爱一切受造物（包括花儿）的基督教圣者；水仙有其希腊神话典故，原本代表一位爱上自己水中身影的美少年（Narziss），后来因类似缘故被变成水仙花——故诗中的"拯救"似指促成国人从自我中心的思维解放出来。——译者注

"爱因斯坦热"的结果

以专业或科普方式探讨爱因斯坦相对论，紧追这条闪亮彗星尾巴不放的人们，绝大多数不是为名，就是为利。少数人殚精竭虑要反驳爱因斯坦的理论，却多半缺少数学辅助工具的必要知识。极少数人想巩固自己的优先解释权，抱怨没有人加以承认。有些哲学学者，尤其新康德派对此感到难以接受：爱因斯坦基于人对时钟运转状态的依赖，而主张同时性概念之相对化。最后，"民粹派"对爱因斯坦的犹太血统相当感冒，认为非用文的或武的反犹形态来区隔德国和犹太物理学不可。"第三帝国"时期，海德堡实验物理学者莱纳德便是一例。1940年时，他还拿1914年的反英国小册子充当排挤犹太人的文章来卖钱。不消说，上述几种行为方式也有其混合形态。

书本和小册子

在光偏折测量值发表后，亦即自1920年起，写手们和出版商积极投入——1921年时，有关爱因斯坦的相对论、其在哲学上的结论及数学的辅助说明等书籍出版达到高峰。举例而言，1917年出版的讨论爱因斯坦场论的书，1921年便达到12版，到了隔年卖出总数已达65000本。1919—1924年间，德语国家中论述爱因斯坦理论的专著和专文计有上百种，反对相对论的出版物则有70种。

比利时鲁汶（Louvain）大学数学学者勒卡（Maurice Lecat），在同样时段的书目中竟罗列了两千项。自1911年起，夏洛滕堡帝国物理技术学院实验物理学者、爱因斯坦的同僚格尔克（Ernst Gehrcke）便反对狭义相对论，他搜集了"五千余种报纸剪报和期刊文章"，以一本名为《相对论的群众暗示》的小书稍加评论，刊行于1924年，由柏林以牙科出版品著称的莫伊泽（Hermann Meusser）出版社发行。格尔克以光学仪器，尤其是精密干涉仪的研发而著名，也是所谓阳极射线的共同发现者。发行计划中涵盖许多反相对论者的西耳曼（Otto Hillmann）出版社，虽在柏林知名，社址却在莱比锡。这些如今遭到遗忘且页数通常不多的小册子，题目有《理性对抗相对性》、《爱因斯坦相对论的谬误》、《相对论的缺乏根据》，甚至有直截了当的《反爱因斯坦》。

1920到1925年间，大概没有哪份跨区域的日报、周刊和月刊，当中没有半个人对爱因斯坦相对论采取立场的。范围之大，有天主教学生报《道路》(*Der Weg*)，自然科学月刊如《祖国》(*Die Heimat*，德国南部斯图加特)、《自然与文化》(*Natur und Kultur*，奥地利因斯布鲁克/维也纳/慕尼黑) 和《综览》杂志 (*Die Umschau*，法兰克福)，及哲学期刊如《德国观念论及基本科学哲学杂志》(*Beitraege zur Philosophie des Deutschen Idealismus und Grundwissenschaft*) 及观念论哲学家《雷姆克学社》(*Johannes-Rehmke-Gesellschaft*) 的哲学刊物。1920年的例子是弗罗因德利希在《白志》(*Weißen Blättern*) 上的文章，该刊物是由作家席克勒通过柏林保罗·卡西尔出版社发行的文学月刊。一篇讲述涵盖洛伦兹变换式的物理世界观演进的评论文章，和作家埃尔瑟·拉斯克－徐乐儿和瑞士作家皮尔弗（Max Pulver）的诗歌并列，实在不太寻常。

连莫什科斯基都有所涉入——1920年春，爱因斯坦和他有多次座谈。隔年，莫氏便将之市场化，成为《爱因斯坦——认识其思想世界》一书，里头全是对这位天才的赞扬。玻恩和妻子海蒂（Hedi）在书市行情版读到这本书的广告。他们担心舆论界会指责爱因斯坦为相对论大做宣传，建议他停止这本书上市："我恳求你，依我的话去做。否则就是——爱因斯坦，再见！于是，你的犹太朋友就能办到反犹团体无能为力的事情。"爱因斯坦为此"以一封挂号信告知莫氏不要印行他的大作"。后来这本书还是上市时，他"最多只以关系破裂"来威胁莫氏。爱因斯坦不太在意地向玻恩表示："话说回来，我觉得某君比莱纳德和维恩还可爱。因为后两者只想搬弄是非，前者倒是只想赚钱（这较为理性且有益）。"

奇怪的是，爱因斯坦不觉得莫氏会带给他麻烦——这本书有助哄抬他在"知识中产阶级"之间的名气。政治上采保守立场的慕尼黑同仁索末费尔德，认为这本书是绕着爱因斯坦耍智力的马戏，不可尽信。玻恩晚年给莫氏作品的评论则较为温和："科学性较低，经常出现误解。除此而外，倒是包含不少颇能表现爱因斯坦作风的趣味描述和轶事……爱因斯坦把反犹主义和'公众'的激愤视为不可避免的宿命而逆来顺受。"在此，玻恩大概是想到1920年爱因斯坦写给他的一句话："一如童话中，好人所碰到的，全成了黄金，我所碰到的，却变成报上的大惊小怪——人各有命。"

莫什科斯基的书被译成英文，德文原版在1921年就卖出35000本。这部分由于宣传得当，我们在《综览》杂志上可以看到这类书评：一本趣味横生的书问世了——一如秘书暨文坛后进爱克曼（Eckermann）和歌德的对话。此处的爱克曼指莫什科斯基，所谓歌德则是爱因斯坦"。莫氏似乎相当大言不惭，他在前一年同一家出版社卖到5000—10000本的另一部爱因斯坦书中，对自然科学表达了如下不太允当的意见："懂得正确阅读自然之书的人，一定会逐渐体认到，物理和生理、自然知识和自然本身，皆是相辅相成的，各自分开便无太大用处。自古以来，拘于一隅的科学探究，解释着局促的现象世界中的各项关联。笔者将以种种细节来证实这种局促性，并确信在笔者阐述到最后时，各位对自然的爱好和对物理科学的崇拜终将崩解。"

爱因斯坦的对手果真利用玻恩事先担心的战略加以抨击——指明他本人不仅是这场"爱因斯坦热"的始作俑者，更从中大力推动。如今连学者也大敲边鼓，公众对之已见怪不怪——这样的作为若在过去的科学界是令人唾弃的。1919年，柏林施普林格（Julius Springer）出版社有名的黄皮书系列中玻恩的《爱因斯坦相对论》初版的扉页上，有张爱因斯坦令人印象深刻的签名肖像。当时只有逝世的学者才能在这种严肃的专著中得到如许的个人推崇，先前劳厄或魏尔关于相对论的专著，全无这般礼遇。批评声浪四起，再版时，玻恩便拿掉肖像。实际上，爱因斯坦并不排除传播其理论的各种活动，从而有时引起朋友的反感，并让对手得以攻击。例如，尽管业余作者哈塞（Max Hasse）坦承"没办法证明欧几里德几何学的任一条定理"，爱因斯坦仍然支持他设法为相对论进行"通俗解说"。在自费出版时，他直接把小册子的印张寄给爱因斯坦。爱因斯坦夸奖哈塞，表示他的通俗说明，"确实以可喜的方式投合了非物理学者的精神"，仅仅修改了"若干小错"。截至1920年，哈塞这15页文字重印了4次。

德国1922—1923年间的金融危机及直接相关的购买力丧失，也导致了关于爱因斯坦理论的新出版物骤减。采行稳定币制后的小小复苏，并未持续。对照一下自1925年起有关海森堡和薛定谔的新量子论的书，这种对当今生活重要得多的物理学领域所引起的舆论注意和对手反驳，均远不及相对论。原因可能在于，参与量子力学发展的是好几位具有同等显著地位的物理学家，当中却无人达到爱因斯坦的影响力。而关键性的因素，或许是像"波函数"、"测量概率"和"测不准关系"之类更为抽象的概念，不比空间、时间和相对性那么通俗易解。对于那些不会出现在日常经验中的量子现象，一般人比较开不了什么玩笑。

爱因斯坦影片与荷尔蒙回春

爱因斯坦大概会觉得自己像歌德所描写的魔法学徒——即便他有意对抗公众注意力的扫帚，仍然不得摆脱。例如，由柏林市东南区 SW 六一布吕赫街（Blücherstraße）13 号科隆纳制片厂（Colonna-Film）发行的教学纪录片《爱因斯坦》，4 月初在柏林首映。根据柏林电影审查处 1922 年 3 月 30 日的许可证："准许本影片在德国对公众播放，包括青少年。"这卷长达 2045 米的影带，并非一刀未剪，美语版首播时亦然。影片分成三个部分：1. 观点的相对性；2. 运动的相对性；3. 距离和时间的尺度取决于观测者的运动状态。"于是片子剪接了 1919 年日全食的画面，这是爱因斯坦相对论知名的重要证据"，这是诺伊布格（Albert Neuburger）博士在 3 月 27 日《柏林午报》（*Berliner Zeitung am Mittag*）的报道。从德意志民族党人的报界大佬胡根贝格（Alfred Hugenberg）在《柏林地方广告报》中不以为然的文章，可以想见这部片子的影响："影片第一大段是搭配了一首动听歌曲的画面：'当你以为月亮落下时——它并非落下——而是看起来如此！'……于是正常运转的时钟……扮演了重要角色。我们看到，街上的时钟所显示的时刻，有别于某个搭地下铁的人所看的表的时刻。"

电影在问世前，经过了一番周折。苏黎世的高中教师暨爱因斯坦相对论的推广者莱梅尔（Rudolf Lämmel）在《综览》上抱怨，他"1920 年 11 月呈交给柏林电影业和有关当局的电影脚本，得等到隔年 9 月才通过"，且"现在就连制片也经过相当的波折"。其实，公布在同一份《综览》上的，虽是电影的最后定名，却是"经过比克（Otto Buek）博士、凡塔（Fanta）教授（布拉格）、莱梅尔博士（苏黎世）和尼古拉教授的参与"才定案的。我们知道，比克和尼古拉是开战时共同发表联署抗议，反对《呼吁文化界》主战宣言的人。凡塔大概是布拉格拜耳桃·凡塔（Berta Fanta）女士的儿子，她主持了一个犹太知识分子社团，为社会心理学家史代纳（Rudolf Steiner）的拥护者。这圈子还有作家布罗德（Max Brod）、数学家科瓦莱夫斯基（Gerhard Kowalewski）、哲学家伯格曼（Hugo Bergmann），及爱因斯坦在布拉格时期反对其相对论的思想家克劳斯（Oskar Kraus）。

爱因斯坦对此似乎并不特别感到兴奋。1922年6月2日，他在《柏林日报》上以《爱因斯坦教授和爱因斯坦影片》为题表示异议："一些朋友和许多信件的议论，使我注意到，观众们以为目前上演关于相对论的影片，多多少少有我的参与，让我不得不在此明确否认。由于我认为，这项谬误主要归咎于影片《爱因斯坦》的标题，我恳请有关单位给这部片子另选一个合适客观的名称。"后来，在广告中，片名便改做《爱因斯坦相对论的基础》。爱因斯坦至少还认识制作这部电影脚本的大部分人。

以下事件可以显示，即便出现"爱因斯坦热"，以爱因斯坦为名称而进行的事情却很少。《新汉堡日报》（*Neue Hamburge Zeitung*）一位名字简写成AMIS的专栏作家表示：

就我目前对爱因斯坦的认知，不过是大部分人把他和施泰纳赫（Eugen Steinach）的名字混淆，我自己也不例外。前一阵子，我才明白两者的区别，因为我进电影院看了《爱因斯坦》。我原本想知道一点青春不老的事情，而当我知道爱因斯坦是相对论发现者时，还相当吃惊……

1922年左右，在施泰纳赫的构想下，也出现了一部有关荷尔蒙回春的影片，叫《数十万位客人》。施氏当时为相当知名的荷尔蒙学者，主张切除输精管可使男人变得年轻，并恢复性能力。譬如弗洛伊德（Sigmund Freud）就接受过施泰纳赫手术（两条输精管全切除），希望有效控制自己的口腔癌。在德国西部巴德－瑙海姆（Bad Nauheim）的一家报社则把爱因斯坦当成施泰纳赫。1920年10月3日的《不莱梅消息》（*Bremer Nachrichten*）报道："到处都有人谈爱因斯坦和施泰纳赫，却似乎不太能明确分辨这两人。像巴德—瑙海姆当地地方报在自然学者暨医师大会时发布消息："施泰纳赫教授没有到会，与会人士却对其相对论进行了一场认真的学术研讨。"

更有意思的是，40年后还出现这种双胞案：一位借着移植猩猩睾丸使人恢复性能力的法国生理学者沃罗诺夫（Voronoff），在《20年代》一书中取代了施泰纳赫的位置："当爱因斯坦相对论成为茶余饭后的谈资，有时还连同俄国医师沃罗诺夫的猩猩腺体一道出现时，不错，尽管相对论在流行的趣闻中是不受了解，却已是个熟悉的概念，要是有人在街上遇见一位拥有满头狮鬃般白发及温和凝视眼神的瘦小学者时，都不会错认他。"就连俄国作家高尔基（Maxim Gorki）1922年《论俄国农民》的文章中，也在同一句话里谈到爱因斯坦和施泰纳赫："（俄国人民）不会那么快就为爱因斯坦理论想破头，也不会费功夫了解莎士比亚或达·芬奇的意义，却很可能为施泰纳赫的实验花钱。肯定很快懂得电气化的意义、学养丰富的农学家的价值……以及一条公路的好处。"到了1924年，以"小怪物"（Rumpelstilzchen）为笔名撰写右派反犹评论的知名作家阿道夫·施泰因（Adolf Stein），还觉得这种混淆值得一提：

我是个没教养的粗人，因为我还会把乔其绉和双绉搞错。科长夫人只弄错施泰纳赫和爱因斯坦，就没那么严重了。去年她才分清楚，现在她却说："天哪，这可真是老掉牙的笑话！"且大家都同意她的话。在柏林社会中，人总得知道一点"时下的话题"。这十有八九是新的轻歌剧或新近摆设的流行橱窗。埃及法老王图坦卡门（Tutanchamun）、拳王或新发明，则占十之一二。

讲课和讲演

随着爱因斯坦声名鹊起，他的"私人讲学"也大为增加。不过，他并没有非讲课不可的职责，给学生开设的课程也不必考试，但学生得像上一般课程那样付费。相对论具有的困难度，并不太吸引初学者，所以在1919—1920年冬季学期课程中听课的，都是顶尖的研究生、博士生和在职的物理学者。于是，本市不少民众基于对学者的好奇来旁听：

课前一个钟头便开始嘈杂起来，问的、找的、吵的都有。爱因斯坦终于出现时，受到热烈的欢呼。现场有各门学科的人，但以看热闹的居多。他们想见识一场大戏，看看某人如何用一根魔杖点化世界。他的话清楚、客观，句句掷地有声……能够亲眼见到伟人，真是大快人心。

1920年2月20日，《柏林日报》这篇兴奋的报道，粉饰了先前两周的波折。爱因斯坦讲课受到打扰——当时一定相当喧闹，因为社民党的《前进》报提到"一批反犹学生的闹场"。隔天，同一家报纸上出现爱因斯坦的声明，他发现"针对他而来的某种敌意，这并非正规的反犹言论，却有这样的言外之意"。他表示"假使再出现像昨天的场面"，将暂停讲课。"学生代表"正式向校长暨老派历史学者迈耶（Eduard Meyer）抗议那批没有付费的非法旁听者。爱因斯坦未谨守这项使付费学生得到合理对待的规矩，并未被他们怪罪——他只注意大教室座位是否足够。在经由能斯特居间协调，爱因斯坦和校长与学生们商量后，他决定退还学生所付的酬劳，而以另一种形式，且必要时更换教室继续上课。随后的夏季学期，这门课便暂停了。

在苏黎世，类似的状况却处置得当。1919年2月，爱因斯坦讲课期间，教室门口有严格把关，过滤付费学生。校方的理由是因煤炭短缺，导致暖气费用涨价。当爱因斯坦一位堂（表姊）妹被挡在门口时，他便拒绝走进教室，直到她被放行为止。后来，校长则以书面提醒他，门禁一事纯粹基于校务考量。爱因斯坦表示他并没有从这门课收取任何费用，却不得要领。于是，他不满这位校长，但这件事无关反犹主义。

1920年11月6日，德国西北部埃森（Essen）的巴赫（Rudolf Bach）在投给《德国矿业报》（*Deutsche Bergwerks-Zeitung*）附属周刊《科技周报》（*Technische Blätter*）的文章《相对论与爱因斯坦》中，总结对爱因斯坦相对论的激情：

> 要推广洛伦兹—爱因斯坦相对论这种起初令一切有理智者均大感讶异的学说……强迫广大阶层认同为普通教育的必要部分，随即激起愤慨的反应："俄共布尔什维克物理学"、"物理学的哲学家黑格尔阶段"及"爱因斯坦骗术"之类的口号，便是那些不幸遭到袭扰的人，用以对付这新救世学说的武器。所以，目前看来大概是时候了——不带激情地考察相对论的演变和基本学说。于是，具有数学—自然科学素养者——且只有这类人才能领会该学说——才有办法说明，在爱因斯坦以前的成就、他本身的成果及有待努力的事项。

1921年2月17日，英国学报《自然》（*Nature*）出了爱因斯坦相对论专刊，由一流的实验及物理学者、天文学者、天文物理学者、数学家和一位哲学家在30页篇幅中，各以不同观点加以讲解和论述，以一篇译成英文的爱因斯坦文章当开头。科学界名士有爱丁顿、金斯（James H. Jeans）、洛伦兹和魏尔，以及相对论批评者、拥护拿以太作为绝对参考系的学者洛奇（Oliver Lodge）。

爱因斯坦也再度于柏林大学讲演——同月23日，他在第33教室，即后来的电影厅演讲《几何学与经验》。前一年5月，在莱顿大学的就职演说，也是同样的题目。次日，他应某一数学—物理学研究社（Mathematisch-Physikalische Arbeitsgemeinschaft）之邀演讲《谈现今关于光的性质问题的探讨情形》。这涉及一个他所钻研的论题：假设光由电磁波组成，那么该如何由麦克斯韦的电动

爱因斯坦与洛伦兹（1921年）

力学来推导，并以目前的经验加以解释？或是光真的如同他早在1905年所提出，是由光微粒，即光子组成的吗？这个问题如何能够通过实验加以证实呢？

可以想见，爱因斯坦在演讲邀约太多时，会选取他觉得重要的。譬如，有三项来自法国的邀请："人权协会"、"哲学学会"（Philosophische Gesellschaft）及通过好友与物理学家朗之万（Paul Langevin）去到巴黎的法兰西学院，这些均在1922年。前往"死敌"之国一事，演变成高层的政治事件，尤其适逢与德国有不共戴天之仇的民族主义者普安卡雷（Poincaré）当选法国总理时。朗之万表示，这次邀请应该理解成恢复德法学者间关系的努力。爱因斯坦本人酝酿的观点及其与当时德国外相拉特瑙的会商，促成了此事。他原本推辞了这三项邀请，后来则接受朗之万的邀约，告知了科学院，而于3月28日动身。在避免公开露面的方式下，自边境开始，由朗之万和法国天文学者诺德曼（Charles Nordmann）陪同前往巴黎。

诺德曼先是从《晨报》（*Matin*）一篇文章中，得知爱因斯坦在大战时反对皇帝主战政策的立场，并了解到他被假道学扭曲事实，从柏林大学教授变成莱顿（大学）教授及柏林科学院的养老人士。于是，莱茵河两岸（德、法）的右派报纸一阵谩骂，有的声讨目无祖国的家伙，有的则斥责"其祖国却是至高无上的德国"的犹太侨民。爱因斯坦在法兰西学院演讲四场，根据《费加罗报》（*Figaro*）的报道，用的是"文法正确"的法语，却"不是非常流利，有时他得花工夫找出正确的词语……"入场时，有严格管制，且排除报界人士——在一张报纸照片上，可以看到会场大门附近就有十名警察。除了学者，更有其他社会名流到场聆听。爱因斯坦也在巴黎舆论界造成轰动，随着不同政治倾向，而备受赞扬或批评。[1]

> 那是首场演讲……万头攒动的盛况只在 20 世纪法国哲学家柏格森（Bergson）讲学时有过。大家听到同等的洞察——令人陶醉啊，亲爱的，多美妙！我们要请他来我们的聚会。他真是透彻啊！

同年稍早，获颁法国科学院文学奖的诺瓦耶（Anna Elisabeth de Noailles）伯爵夫人，特别设宴表扬爱因斯坦——他的座位在居里夫人旁边。她 1903 年诺贝尔奖的共同得主安托万·贝克雷耳（Antoine Becquerel）已不在人世，而由其公子，即巴黎自然博物馆（Naturkundemuseum）的让（Jean）教授邀请爱因斯坦参加茶会。参观科学院未能成行，因为有二三十位院士表明，只要爱因斯坦一进来，他们就离开，以示抗议。他在法兰西学院第三场讲演中，反驳了专程来自日内瓦的反相对论者纪尧姆（Guillaume），从而在法国哲学学会面前展开一场关于其相对论的辩论。在巴黎也有文人特地提笔作诗，他是将舒伯特的轻歌剧《三位姑娘之家》

1 1922 年 3 月 23 日至 4 月 15 日（三周）期间，巴黎 41 种日报与周刊便刊登了相关的 300 篇文章。——译者注

（*Dreimädelhaus*）改写成法文版的歌剧作家德洛姆（Hugues Delorme）。他献给爱因斯坦十三节四行诗，在其中，柏格森大感兴奋，而法国数学家、政治家潘勒韦（Paul Painlevé）则难过得掉下眼泪[1]。

返德前一天，爱因斯坦自行决定和诺德曼、好友及译者索洛文（Maurice Solovine）访问法国东北部兰斯（Reims）等遭战争破坏的地方。他面对着那些军人坟场和废墟时表示，有必要把所有学生从德国带来这里，让他们了解战争的残酷。这种人道之举，在法国特别令人感同身受。于是，德国驻巴黎大使便报道，爱因斯坦顺利地公开露面——"德国精神和德国科学在此得到尊重与新的声望。"

爱因斯坦塔

在1919年11月6日公布日食时的观测结果后，随即想到让爱因斯坦的名气有助推动科学和自己学术生涯的人之一，便是弗罗因德利希。他在同月30日的《佛斯报》上表示，爱因斯坦相对论中预测之证实："只要拿来对照托勒密、哥白尼、开普勒和牛顿所代表的自然科学时期，便会把这次的理论证实推崇为自然史的转折点。"11月时，弗氏便已和普鲁士文化部次长，即后来的部长贝克

---

1 他还利用法文"restreinte"一词的（狭义和有限的）双重涵义，以"relativité restreinte"代表狭义相对论。

尔（Carl Heinrich Becker）商讨，在普鲁士地方议会上推动呈交给预算委员会的议案，理由是："地方政府 ……在审查时应与中央政府做好准备，促成德国与其他国家进一步合作，以扩大爱因斯坦奠基性的发现及深入研究。"委员会同意拨款15万马克。爱因斯坦相当感谢文化部长黑尼施（Konrad Haenisch），即便于艰困时期，"在我国只有天文台和天文学者愿意为这件事提供部分的仪器和劳力时"，还能襄赞广义相对论领域的研究。于是，他便设法使弗氏获得波茨坦天文物理观测站的长期职位。

12月，弗氏更发起爱因斯坦募捐活动，向巴斯夫（BASF），

位于波茨坦的爱因斯坦塔，由埃里希·门德尔松设计

即巴伐利亚颜料公司、蔡斯、博世、西门子、通用电气及若干公司行号募款。活动的宗旨在于添购天文物理观测站所需的观测仪器,以便和其他国家一样参与"广义相对论的实验奠基工作",所需款项为50万马克。至于资金运用的明细项目,并未载于说帖上。所需设备则为用来进行精密太阳光谱研究的天文望远镜。捐款相当踊跃,为此还设置了管理委员会。当中除了"终身职"主席爱因斯坦,还有弗氏、当时的波茨坦天文物理所所长、若干物理学者、普鲁士文化部的一位代表及颜料产业公会(IG Farben)理事长卡尔·博施、德国工业联合会与两家大企业的知名代表施耐德(Schneider)博士。这笔资金交给(市中)猎户街(Jaegerstraße)门德尔松银行信托。以"爱因斯坦基金会"(Einstein–Stiftung)为名的组织颇为庞杂,使得"爱因斯坦研究所"处于尴尬地位。这既非独立的机构,也不是天文物理所的系所,自1921年起,因而导致该所所长埃利希·鲁登道夫(Erich Ludendorff)和身为"爱因斯坦研究所"所长的弗氏之间长期不和。

多年来与建筑家埃里希·门德尔松(Erich Mendelson)保持联系的弗罗因德利希,促成一份现代钢筋混凝土楼塔的设计图,貌似浮出海面的潜水艇。在周遭勃兰登堡砖造建筑中显得突出的这座楼塔,外部构造于1921年完工,天文望远镜的安装却要等到1924年底,所以研究工作是从隔年4月开始。爱因斯坦相对论,尤其太阳光谱线引力红移的验证,直至1933年均苦无成果。在天体物理学领域，倒是进行了不少有益的研究，譬如日冕的光谱分析，及与法兰克福行星研究所合作，更精确测定水星轨道所受其他行星的干扰。爱因斯坦塔（Einstein Turm）发挥最大影响的领域，首在建筑，接着是太阳物理学，重力物理学方面却几乎没有。考虑到其提案、资金筹措及执行工作的话，称之为"弗罗因德利希塔"似乎更为贴切。但少了爱因斯坦的大名，这个研究机构就无从设置。当初在波茨坦的"爱因斯坦研究所"，更可视为某种模范，即如何借助

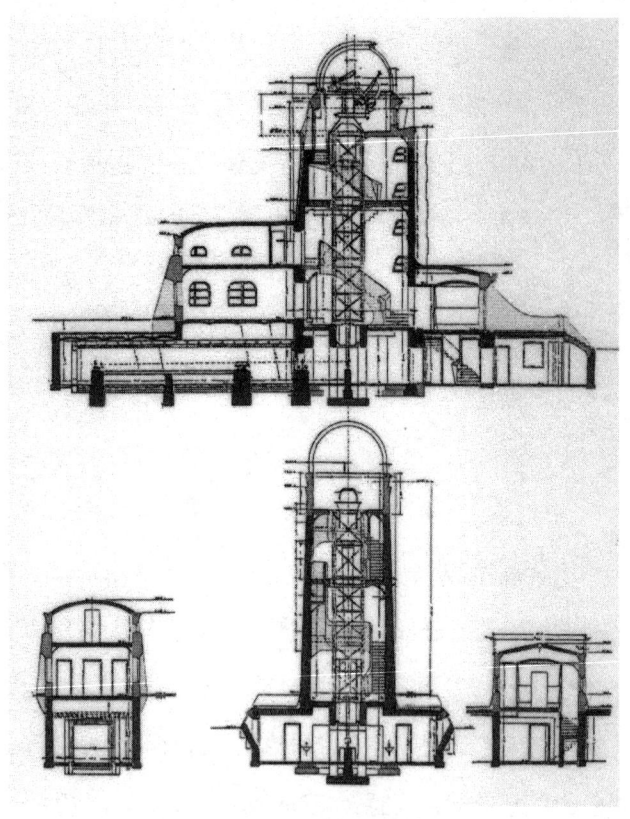

爱因斯坦塔剖面图

行情看涨的标的和大胆的承诺，来取得有益的长期研究资金。

自从因为卖掉爱因斯坦一份有价值的原稿而争吵后，爱因斯坦和弗氏之间的关系便蒙上阴影——"我仍然断绝了跟他之间的私人关系。"不过，爱因斯坦依然半推半就地参与该所的运作，几乎定时参加常会，并支持弗氏，直到他获得多少具有独立性质的固定职位为止。物理学的后续发展显示，在20年代的测量技术上，仍然绝不可能证实太阳光谱线的引力红移，这件事要等到60年代才能达成。

旅外学人

爱因斯坦的新名气带给他许多国内外的邀约。这些邀请通常具有专业兴趣，有些则不尽然——利用他当广告代言人的构想，显然也在酝酿。关乎学术面的，在战时则以中立国家为主。1920年5月底，爱因斯坦应邀到荷兰，并到莱顿。他在莱顿大学礼堂讲演《现代物理学中的空间和时间》。听众当中也有德国公使，他赞赏"爱因斯坦非常谦和的态度"，并在次晨邀请"爱因斯坦和几位莱大人士"共进早餐。在朋友的运作下，爱因斯坦成为该国阿姆斯特丹科学院院士。

---

1 请勿把该所跟以下两机构混淆：今日在附近波茨坦市东的戈尔姆（Golm）普朗克学会"爱因斯坦引力物理学研究所"（Albert-Einstein-Institut fuer Gravitationsphysik）及位于前东德波茨坦－巴伯斯贝格（Babelsberg）的科学院理论物理学方面的"爱因斯坦实验室"（Einstein Laboratorium）。

6月，则有挪威和丹麦的行程。奥斯陆（Oslo）大学学生会请他讲演三场，并推选为荣誉会员；回程时，他到哥本哈根拜访玻尔，为"天文学会"做了场讲演。当地德国公使，后来希特勒的从犯诺伊拉特（Konstantin von Neurath）向柏林汇报，爱因斯坦清楚明白的演讲博得了满堂彩，他的理论在恢复国际学界关系上具有重大意义。顺道访问基尔后，爱因斯坦回柏林度过仲夏。他缩短了9月在巴德－瑙海姆自然学者会议的行程——用他的话来讲，就是他必须在德国南部斯图加特（Stuttgart）"为了一间民众天文台布道"。爱因斯坦并非首位在战后访问斯堪的那维亚的理论物理学者。1919年秋，他的慕尼黑同侪索末费尔德曾扮演德国学界密使的角色，出席瑞典隆德（Lund）讨论X射线光谱的会议及哥本哈根的一场演讲，这讲演是玻尔邀请的。

10月，爱因斯坦再度前往荷兰莱顿——莱顿大学请他担任客

爱因斯坦做公开演讲（1921 年）

座教授。他的就职演说《以太和相对论》令若干物理学者——包括莱纳德感到不解。爱因斯坦为老术语"以太"赋予新概念，亦即度规场概念，重力位能在其中得到解释，而魏尔称之为"规范场"（Führungsfeld，一译"相位场"）。他视之为"一种介质"，不具力学或运动学的特征，却共同决定了物理事件。1921年元月，爱因斯坦访问布拉格，寄宿同仁菲利普·法兰克（Philipp Frank）家。他为当地天文女神"乌拉尼娅"学社所做的演讲，迎合听众的兴趣，较具时事而非教育性质。爱因斯坦由于访问新设立的捷克大学的教授，显示其对刚成立的捷克斯拉夫国的兴趣。他接着前往维也纳，寄住在埃伦哈夫特（Felix Ehrenhaft）家，这位同侪曾经因为基本电荷的测量，而与之争吵。事过二十多年，爱因斯坦把他描述成有能力的实验者，具有"主观的"直率，"却缺乏任何自我批评"。他在音乐厅的讲演，成了三千位充满期待、却力有不逮的听众的大型活动。

接着，爱因斯坦开始物理学目的之外的行程，担任公益方面的领航角色。1921年2月，新祖国联盟首先请他和谢斯勒爵士及专栏作家莱曼－鲁斯比尔特（Lehmann-Russbüldt）前往阿姆斯特丹，访问新成立的国际工会联盟的领衔人物——不只为促成和平组织和工会之间的合作，更为了德法之间争论不已的战胜国赔款的问题，请求该国际组织引荐。谢斯勒叙述道："一早就要到德国北部奔特海姆（Bentheim）的边境管制单位。爱因斯坦似乎头一次搭卧车，对一切均格外感兴趣。"同行伙伴相当多元：有的是世家大佬、艺

1921 年的爱因斯坦，时年 42 岁

术品收藏家、赞助人、作家、外交和政界人士，有的出身于一般环境而措词较为粗直的人、具独创性的物理学家和道德学家——皆为了共同的和平主义立场而结合在一起。根据谢斯勒的日记，对话期间，既不见爱因斯坦，也不见莱曼－鲁斯比尔特。对谈气氛相当友善，只是荷兰方面无法承诺太多。次日，"早上跟爱因斯坦到帝国博物馆，看着（伦勃朗的）名画《夜巡》，起初有些失望，后来却感动到难以形容……"

舆论界对这一趟行程少有记录。同年，爱因斯坦应犹太复国主义（Zionismus，一译"锡安主义"）世界组织之邀的下一趟"慈善"

之旅，则严重触及了包括同事和朋友的敏感之处。德国当时锡安主义协会会长布卢门菲尔德（Kurt Blumenfeld）费了番工夫，才使原先不表同意的爱因斯坦，同意并协助这项工作，即在巴勒斯坦建立犹太民族国家，使犹太人拥有内部的安定、独立和自由。当常驻伦敦的锡安世界协会会长魏茨曼（Chaim Weizman）请爱因斯坦跟他一道前往美国，为犹太建国基金进行宣传和募捐活动时——尤其为了在耶路撒冷办大学的资金时，他答应了。他知道自己得"下海诱骗"，却还是因为身为犹太人的哈伯担心此行将不利于犹太裔德国人，而未能下定决心。哈伯预料，爱因斯坦陪同英籍犹太人前去伪君子美国总统威尔逊的国度，势将造成敌视，也担心对自己造成不利：

> 如今德国国籍成为一种苦难。您真的想表明这种内心的疏离吗？……您一定会破坏德国大学中具有犹太信仰的教师和学生赖以生存的狭小地域。

哈伯知不知道，化学家魏茨曼就跟他一样从事战时研究（确切地讲是改良炸药）吗？爱因斯坦随即回复，指出他推辞了国外许多聘约，并非因为忠于德国，而是因为忠于德国好友——"您便是其中最杰出、最有价值的一位。忠于德国这个政治造物，并不合乎我身为和平主义者的本性"。即便锡安世界协会干部言行也不见得这么有胆识，一则因为爱因斯坦的坦率，他从不讳谈物理学领域外的见解；再者，他在准备美国大学之行时，为了演讲酬劳的过度要求，而大为光火——对于募捐而言，这似乎不是有益的处理方式。

根据布卢门菲尔德的报道，听众并不需要担心爱因斯坦的术语——当他讲"我的同胞"时，指的是犹太人。还有另一个可能让爱因斯坦同僚感到气愤的问题：在国际抵制德国物理学者期间，只有爱因斯坦得到在布鲁塞尔举办的索尔维研讨会的邀请，也答应出席。现在他却去了美国。借着这个办法，他或许不只能够推动锡安主义，更有助于促成美德科学家之间的良好关系。1921年3月27日，一行人还在汪洋大海上时，《佛斯报》便刊登了篇文章，讲述爱因斯坦为耶路撒冷犹太大学募捐的任务，并以该观点描述其美国之旅。顾及爱因斯坦的健康，妻子艾尔莎也一同前往，却在船上和旅馆分配到单人的客房。爱因斯坦需要她过滤一些不愉快的事项，并防范粉丝的纠缠。自从定情吻后的9年以来，她留下不少足迹，现在成为他的"老伴"——如他曾经抱怨的——形同家当般陪伴并照料他。

5月底，他从纽约写信告诉贝索，那两个月过得非常累人，却也很值得——尤其是美国的犹太医师们慷慨解囊。他觉得自己"确实做了些善事"，且"很坚强，无畏于犹太人及非犹太人为这件犹太事务所表示的各种异议"。爱因斯坦在纽约的"市立学院"（City College）主讲了一场，在当地的哥伦比亚（Columbia）大学讲了三场，并在普林斯顿大学做了四场演说，且顺道周游该国，还特别受到许多犹太裔美国人的热烈欢迎。

6月，爱因斯坦在回程时，于英国待了近一个星期。在获颁曼彻斯特（Manchester）大学名誉博士荣衔之后，他在伦敦大学国王学院（King's College）演说，会晤爱丁顿和数学家怀特海（A. N. Whitehead）及社交名士萧伯纳（George Bernhard Shaw）和霍尔登（Haldane of Cloan）子爵。后者写了一本关于相对论的专著。他把爱因斯坦奉为上宾，在爱因斯坦开讲前大加赞誉，说他在人类思想方面促成了比哥白尼、伽利略和牛顿更为巨大的革命。

6月30日，爱因斯坦返回柏林后，德国红十字会中央委员会及其理事长温特费尔特（Winterfeldt）为他举办了一场隆重的活动，与会人士有总统埃伯特、维尔特（Josef Wirth）内阁的许多阁员及柏林市长伯斯（Gustav Böß）。爱因斯坦讲述自己的美英之行，尤其谈到一般对德国人明显的不友善态度。报刊上随后出现了

爱因斯坦会晤爱丁顿爵士

若干不太友好的报道。譬如《柏林日报》在描绘爱因斯坦的美国印象时，便有些扭曲：

人口上百万的城市有不少——精神上却相当匮乏！因此给这些人一点东西用来玩赏或空想的话，他们就很愉快……只要是流行时尚，他们都乐于从事，现在则凑巧刮起爱因斯坦风……有人跟他们讲解了影响整个人生的大事，并讲了一段只有凭着一小批高级学者的理解力才能加以领会的理论……理论令他们耳目一新，染上奇妙的色彩和诱人的魅力……于是人们大为兴奋。

爱因斯坦在美国叶凯士天文台（Yerkes Observatory）（摄于1921年5月6日）

次日，爱因斯坦加以纠正，称这种描述为"严重的曲解，颠倒了他的话中含意"。两天后，即在与《佛斯报》商讨之下，他表示："一般人所显示对相对论的极大兴趣，诚然有一部分源自某种误解，但美国及我们德国的读者大众均不适用这句话。"

爱因斯坦不改其志

一年后，大众对爱因斯坦相对论的着迷，令苏黎世教授博特（E.Bovet）感到有趣。"这纯粹是附庸风雅吗？对待洋学者的礼貌？或者可以解释成，人们意识到自己世界观中的深刻变化？"博特写信请教几位知名的科学家，包括爱因斯坦、魏尔和朗之万。1922年6月，爱因斯坦回信表示，相对论不过是"物理—因果世界观"基础之改良和更动，"并无根本观点的改变"。这种措词显示爱因斯坦的保留态度，甚至在公众对其成就感兴趣时，也似乎不为所动。话说回来，从一般大众难以理解的理论内容观之，逐渐成为焦点的，却不是他的相对论，而是他本身。尽管爱因斯坦本人广受喜爱，却依然谦虚为怀，待人接物不失友善，保持愉快自在。当然，他也享用自己的声望，这声望为他打开不少扇门，甚至跨越了阶级，开启了比利时国王与王后的宫门。为此他得在更衣室中试穿，穿着讨厌的黑礼服，甚至燕尾服，却不完全屈从这些规矩。谢斯勒伯爵指出："尽管态度极为谦虚，黑礼服竟搭配系鞋带的靴子，爱因斯坦依旧望之俨然。"我们可以从两种行为方式，考察爱因斯坦的世界声望对他本人的影响，即他大方地接受馈赠及他与世界舆论的应对。两种我们均将谈及。只不过，他从来不能理解，身为第二位"太阳王"是怎么回事。

8 对爱因斯坦及其理论的围剿

Die Hatz auf Einstein und seine Theorien

爱因斯坦在柏林大学的办公室里，1920 年

魏玛共和初期，政治情势相当不稳定。依照凡尔赛和约，军队必须缩减成 10 万人，但营区里的人员，却仍然有 4 倍之多。既然面临解职的命运，指挥官及部属免不了采取政治手段。1920 年 3 月 13 日清晨，海军少校埃尔哈特（Ehrhardt）率领义勇军—海军旅约 5000 名，由附近驻地德柏里兹（Döberitz）行军至柏林市，占领政府要地及重要枢纽。他们在途中大概唱着这样的歌曲：

钢盔铁十字，

黑白红腰带，

埃尔哈特旅，

大时代雄才。

……

埃尔哈特旅，

出手多迅速，

倒霉呀倒霉，

你这劳工猪。

卡普政变（Kapp–Putsch）已经开始，在及时预警下，政府和总统得以撤离，逃到斯图加特。自任为总理5天期间的卡普（Wolfgang Kapp），曾为祖国党（Vaterlandspartei）党员，停战后成为德意志国家民族党（Deutschnationale Volkspartei）中央委员会的东普鲁士代表。一场由工会发起，并至少部分由社民党、独立社民党及共产党共同支持的总罢工，加上多数政府高层拒绝与卡普合作及帝国银行紧缩银根，使得这场军事政变随即流产。进退失据的海军旅士兵，在勃兰登堡门前射杀了12位示威劳工。武装的工人队伍和突然掌权的军人发生械斗——军方在（市东南）克佩尼克成立临时军事法庭，处死一位劳工领袖和10名工人。

左翼势力也设法在鲁尔区、德国中东部图林根（Thueringen）和德国东部的萨克森（Sachsen）暴力夺权，在惨烈的斗争后遭到镇压。当中类似辛德翰（Schinderhannes）的"枭雄"，即工程师赫尔茨（Max Hölz），因种种暴力行为被判处终身监禁，后来在1928年得到特赦。爱因斯坦觉得这个人的生平回忆录《由白十字到红旗》很有可读性。1920年6月，弭平政变后的国会选举，显示右派和左派政治势力持续激化——联合政府的党派，即社民党、中央党（Zentrum）和德国民主党（Deutsche Demokratische Partei）已失去多数优势。相对地，民族—保守倾向的德国人民党（Deutsche Volkspartei）在国会的席次却增加一倍。更为激进的左派，还令独立社民党议员数量成功增加近3倍。"斯巴达克派"、共产党人和社民党人之间的意见分歧与分裂，对魏玛共和的存续产生致命影响。激进左派绝不放弃以暴力手段建立苏维埃共和国。至于他们"背叛"社民党的指控有多强烈，可见之于布莱希特指责总统埃伯特的一首四行诗，不过这是在后来流放时期写下的：

> 我是制鞍匠，帮地主老爷们
>
> 重新搞定骑具。所收的酬劳
>
> 辗转来自穷人口袋的分文，
>
> 要不要也拿我这走狗问吊？

当我们看看格罗斯 1933 年 3 月的言论时，便对照出前一观点的片面性："令某些人士愤恨不平的是，为何数以百万的共产党人这时却动弹不得……而任希特勒为所欲为。现在当瓷器店成为碎片堆时，第三国际也将再次为我们提出中肯的分析。这场德国工运确实有若干悲剧因素。"[1]

1920 年时，由事件和报刊报道观之，对爱因斯坦的激赏及对他的激愤，均达到高潮。不只有物理学者和自然科学家，甚至国家民族党的民族－保守阵营的政治积极分子，都想把爱因斯坦这颗"流星"据为己用。由于多数物理学者均固守天真的信念，以为学术和政治必须且能够严格划分，因而特别容易受到政治的操弄。在某位不知名人士的精心策划下，柏林反爱因斯坦相对论运动于焉形

---

1 所谓"背叛"似指社民党为了"地主"牺牲了"穷人"；"瓷器店"似指经不起冲撞、考验的共和体制。 ——译者注

成。社会上早就有各种不同的反犹主义，而柏林则比德国各地来得温和。在反爱因斯坦运动中，这种反犹主义扮演某种角色。然而，假使全以这种观点来解释，却过于片面。

柏林反爱因斯坦运动

爱因斯坦觉得，部分报刊对他的注意实在过多，他向贝索表示，自己"受到过度推崇的许多折磨"。现在这种情形无异于媒体在消费他。1920年夏，柏林出现一个学会，名为"德国自然学者维持纯学术工作协会"（Arbeitsgemeinschaft deutscher Naturforscher zur Erhaltung reiner Wissenschaft e.V），邀请大家参加8月24日晚上8点于爱乐大音乐厅的讲演，由魏兰（Paul Weyland）先生主讲《爱因斯坦相对论——一种科学的群众暗示》及由格尔克（E. Gehrcke）教授主讲《对爱因斯坦相对论的批评》。9月2日，节目单上的演说是布拉格大学克劳斯（Oskar Kraus）教授的《相对论与认识论》及柏林大学格拉泽（L.C.Glaser）博士的《反驳爱因斯坦广义相对论的物理学见解》。接着还有其他许多晚会活动。前面提过，格尔克是优秀的实验物理学者、反相对论的死硬派，但魏兰是何方神圣呢？

魏兰自称工程师。1921年时，他至少还是工作协会的主席——他公务和私宅的地址，均在柏林北边的斯塔旺杰街（Stavangerstraße）。身为国家民族党的积极成员，他属于民族—种族派系，主张排除犹太党员。魏兰设法把各种极右的反犹团体结成"德意志民族同盟"（Deutschvölkischen Block）。他为柏林保守—民族主义报社《德意志报》（*Deutsche Zeitung*）招徕读者，又是对抗共和政府，主张恢复君主制的"正派同盟"（Bundes der Aufrechten）盟员。由于魏兰认为国家民族党在"犹太问题"上太过宽容，便在反爱因斯坦运动的那一年创办《德意志民族月刊》（Deutschvölkischen Monatshefte）。在刊名之下的铁十字当中有句标语"in hoc vinces"[1]，边框的字样是"恢复王朝！回归德国风俗！追求德意志民族国家统一！找回德意志本色！"该杂志的创刊号却也是停刊号。魏兰也在由"全德意志联合会"为反犹宣传而成立的"保防同盟"（Schutz-und Trutzbund）集会上讲话。工作协会会名中的"维护纯学术"即表示该会宗旨："追求德国学术无犹太杂质……进而致力于对抗自身行列中的犹太精神。"这种宣告到1921年初才出现：爱乐厅的活动节目单读来并无关痛痒，只有一些地方辞不达意，即"德意志民族（应该）要避免让大众若干圈子赞扬的学者，凭着半生不熟的看法在学界造成骚动……而有所误导"。

所以说，魏兰相当老练地借着柏林爱乐（Berliner Philharmonie）的活动，掩饰自己的仇犹态度。他当时表示，他的目的并非以特定的数学观点批评爱因斯坦的相对论，而是"想探究一下广义相对论何以能在特定时间内引起大众的骚动"。爱因斯坦

---

1 即"凭着这个（标志）得胜"。

受到部分魏兰称之为"爱因斯坦报刊"的报刊不断褒扬，他们还过度诠释了日食观测的结果。最后他认为，这种"爱因斯坦发想"形同"达达主义者的混乱思维"。"当一种运动伴随这种科学达达主义而形成，且其目标在于启发大众关于爱因斯坦相对论的学理时，便不会令人感到惊讶了……"魏兰的言论刊登在柏林的工作协会1920 年发行的第二期杂志上，更在报刊上写了一连串反爱因斯坦运动的评论。格尔克的演讲刊登在第一期，题目却是魏兰自己预告过的：《相对论——一种科学的群众暗示》。格尔克的讲稿事先早已印好，据《自由日报》（*Die Freiheit*）的报道，跟铁十字徽章一样摆在音乐厅入口贩卖。另有一篇附上许多测量值表格，关于比热的长篇论文，作者是柏林 NW21 区普里茨瓦克街（Pritzwalkerstraße）8 号的工程师、资深物理学者梅韦斯（Rudolf Mewes）。这篇专业文章主要探讨加热、冷却、气体压缩、空调设备及内燃机等领域，而非物理学问题。威伟格出版社（Vieweg–Verlag）编辑部在咨询过几位评审后，决定不刊登这篇文章——理由是"比热领域仅片面显示作者的观点"，"几乎未曾论及近25 年的多元发展"。据说，早在1889 年3 月，梅韦斯便在柏林物理学会的一项报告中发表过类似爱因斯坦的构想。他的见解不容置疑："相对论的观念……得自纯德意志学者，亦即多普勒（Christian Doppler）、威廉·韦伯（Wilhelm Weber）及梅韦斯，而非起自犹太教授与共产党人爱因斯坦博士。"

在魏兰和格尔克的反爱因斯坦晚会上，爱因斯坦和一位继女正舒服地坐在包厢专心听讲，能斯特也在场。尽管爱因斯坦在聆听时"极为镇定，有时甚至微笑"，经历恐怕不甚愉快。会后，柏林自由中庸倾向的报社均刊登文章，反驳魏兰等人的指控，计有《对爱因斯坦的攻讦》（《柏林日报》）、《反爱因斯坦斗争》（《佛斯报》）、《对爱因斯坦的斗争》（《前进报》），及较具反讽意味的《一位爱因斯坦"专家"——反相对论斗争》（《八点晚报》[*8–Uhr–Abendblatt*]）。两天后，柏林的《每日综览》（ *Tägliche Rundschau* ）刊登了爱因斯坦同仁劳厄、能斯特和鲁本斯联名发表的评论《连其[1]学术人格都加以恶意攻讦》，表示遗憾。他们强调，即便不谈爱因斯坦的相对论，"他的其他研究仍确保他在我国学术史上的不朽地位"。此外，爱因斯坦"在尊重国外的精神财产、个人的谦卑及不事张扬方面，更是无与伦比"。于是，"小人物"魏兰便达到目的——吸引了舆论的注意，接近了第二项目标，亦即为自己的几个小团体吸收新的成员。

爱因斯坦觉得遭到鄙视，便寄了一份有着反讽标题《我的答复——谈反相对论公司》的较长说明给《柏林日报》。他指出，这个向政府立案的协会是个以营利为目的的社团。拿魏兰来讲，他既无恒产，也没终身职位，所以他的活动方向完全正确。然而，当他首度论及反犹主义，而以之为背后的动机时，便让对手有了打击的机会："我很熟悉这种情况，即两位演讲者不值得费笔墨答复。因为我有很好的理由相信，这种作为乃出于有别于追求真理的动机（只要我不是怀有自由信念的犹太人，而是戴着或未戴十字勋章的

---

1 即爱因斯坦。

民族主义者，那么……）。"爱因斯坦罗列了理论物理学及数学十位权威的名字来佐证他的理论，详加反驳格尔克的异议，也顺带把莱纳德当成对手，因为他指责他为反相对论阵营中"具国际意义的"物理学家：

> 我推崇莱纳德为实验物理学大师，然而，他在理论物理学上并无建树，对广义相对论的反对意见之浅薄，至今仍让我认为不必为此详加答复。

在答复末尾，向来自视为瑞士人的爱因斯坦，似乎也透露了些德国味，他表示："当国外人士看到，该理论及其提出者连在德国本地都遭到这种诬蔑的话，这会给他们……留下诡异的印象。"

反对活动期间，莱纳德正撰写一篇文章，魏兰却未征得其同意，便在节目单上将他列为下批演说者之一。直到反爱因斯坦晚会，莱纳德尚未就狭义相对论发表任何不当的批评，当时他的政治倾向已属全德意志联合会。生气的莱纳德设法通过索末费尔德转达，向爱因斯坦要求一份公开道歉函。爱因斯坦便以信简，通过同事，即德国南部弗莱堡（Freiburg）大学的希姆施泰特（F. Himstedt）和普朗克，把这份声明转交给《柏林日报》："爱因斯坦先生对他在自己文章中的指责涉及了他所敬重的同侪莱纳德先生，委托本报代他表达深深的歉意。"

魏兰似乎觉得，爱因斯坦的报上答辩已差强人意，未再把握机会据理力争，只以反犹主义当挡箭牌。然而，在《柏林报》(*Berliner Zeitung*) 9 月 3 日刊登了他署名"反爱因斯坦文人"为反爱因斯坦运动可能的演说者所写的说帖时，随即露出马脚。他在信中用金钱引诱这些人："这件事将让您获得 10000 到 15000 马克的酬劳。"爱因斯坦借着答辩文章来摸清魏兰事件底细的用意，表明在他 1920 年 9 月初致玻恩的信中："一个人总得在某个时候向愚蠢祭坛献上自己的祭品……我用自己的评论彻底做过了一遍。"某位机智的朋友向爱因斯坦保证，所有针对他的事情均是宣传："而最新、最老练的花招便是魏兰公司。"不言而喻，爱因斯坦及其犹太男女同仁在反犹主义方面非常敏感。丽莎·迈特能在写信给哈恩时，就柏林爱乐"具有排犹背景的反爱因斯坦演说"表达了自己的感受，即德国人乏善可陈，"实在可以称之为某种劣根性。莫非随着身为裁判长的格尔克先生出现，宗教裁判所即将复活了吗"？

非自然科学界也向爱因斯坦伸出援手，包括演员莫伊西 (Alexander Moissi)、剧场总监莱因哈特和小说家阿诺尔德·茨威格，他们为"全德围攻"爱因斯坦感到愤慨，并向他担保"在同情所有自由人的真正国际信念下"，"这些人为您的参与感到自豪，您是世界学术的领导者之一"。1920 年 9 月初，德国驻伦敦大使施塔莫 (Friedrich Sthamer) 紧急汇报，说英国报刊复述德国强烈抨击爱因斯坦的消息，甚至取得一项讯息，即爱因斯坦有意离开德国，前往美国。"就当前的德国而言，爱因斯坦教授是一流的文化要素……这种真正有助我们文化宣传的人，不该被排挤出德国。"

一如爱因斯坦9日写信告诉玻恩,他所想的,其实是"在抨击的第一时间"逃离现场。

7日时,除了上述的支援,普鲁士课程部长黑尼施也在公开信中劝慰,为爱因斯坦所"代表的学说在舆论界成为……恶意攻讦的对象,这种诬蔑中伤,连您的学术人格都不放过","深感心疼与羞耻"。黑尼施希望,爱因斯坦可能离开的传言不是真的,请他不要离开柏林,"柏林现在和将来均以您为荣,把您——最敬爱的教授先生,看成其学术的第一道光环"。爱因斯坦即时回信给黑尼施,表明"柏林是我经营最多人际和学术关系的地方"。他只有在"外部情况的迫使下",才会接受国外的邀聘。这个情况发生在1933年。给黑尼施回信后,爱因斯坦写信向玻恩表示近期个人的具体计划:"想做的是,买一艘帆船和柏林郊区湖边的一间小别墅。"他和这个城市与周遭的湖泊和森林一定有过某种感情。要是他在插科打诨的韵诗之外,还能写下一首《柏林颂》,那么当中的氛围肯定和戈尔(Yvan Goll)所描写的都会形象大异其趣:

> 即便夜空中大熊星座的汗滴,
>
> 也不会比柏林这只行星上的熊更为尘世。
>
> 如同我回顾古代,
>
> 阴间也浮现公车和野牛、
>
> 满是电晶体的喇叭,和在肯平斯基烤焦了的大脑。[1]

---

1 熊是柏林的市徽、吉祥物;肯平斯基(Kempinski)即豪华的阿德龙酒店。 ——译者注

驾驶游艇（1936 年）

令爱因斯坦感到惬意的地方，倒不是肯平斯基酒店，而是格鲁内森林、万湖或是在哈韦尔河（Havel）上驾帆船[1]。

巴德－瑙海姆的讲演战

在公开答复魏兰和格尔克的反爱因斯坦晚会时，爱因斯坦邀请"任何敢于面对学术论坛的人"参加他所推动的、1920 年 9 月于德国南部巴德－瑙海姆举办的自然学者"相对论研讨"大会。自大战

---

1 哈韦尔河是由北向南流过柏林西边，拥有近 20 个湖泊和包含施普雷河在内四条支流的大河。——译者注

以来，这是第一场如期举行的德国自然学者暨医师大会。当中聚集了一些学会，譬如德国物理学、数学及技术物理学等学会。格尔克在一场原子及分子物理学研讨会上，讲演氢光谱线（瑞士数学家）巴耳末线系（Balmer-Serie）的结构。与会的魏兰不得不保持沉默——他在学术方面缺少必要的专业知识及判断能力。据魏尔指出，相对论研讨会是在数学学会的提议下定案而分成两天的。在第一天，魏尔本人讲解他结合电场和重力场的统一场论，接着有理论物理学者米伊（Gustav Mie）、劳厄及波恩大学理论物理学者格雷布（Leonhard Grebe）的演讲。格雷布尝试把爱因斯坦所预测的光谱线红移，借着太阳分子光谱加以测定。他和巴赫姆（Albert Bachem）共同进行的氮光谱测定，却未得到决定性的成果。不过，爱因斯坦认为，这已证实了他的理论，这是他在跟贝索通信时说的。

在这些讲演及其简短研讨后，则是先前预告的"总辩论"，由此导出了两篇半官方的报告：一篇是1920年《物理学杂志》（*Physikalische Zeitschrift*）中两页不太严整的总结，一篇是后来1922年魏尔在《德国数学家研究会年鉴》（*Jahresberichte der deutschen Mathematikervereinigung*）上的四页评论。另外，在《前进报》和《柏林日报》当中的有关报道，也相当客观，不具戏剧张力。格尔克在他《相对论的群众暗示》一书中，引述了《科隆报》（*Kölnische Zeitung*）9月30日的报道："在爱因斯坦和知名海德堡物理学家莱纳德之间公开的意见交换，令人印象深刻……莱纳德和爱因斯坦之间，并未达成共识，随后还有其他演说者赞成（如玻恩教授）和反对（布达佩斯[Budapest]大学保拉吉[Palagyi]教授）相对论，导致其他演讲顺延。一如会议主席，即知名的柏林大学物理学家普朗克指出：'由于相对论研讨目前尚未能结束，研讨结束时间必须由九点延至下午一点。'"

这场学术研讨争辩了什么呢？莱纳德提出反对广义相对论的三项理由：第一，就物理学的理解而言，以太是不可放弃的，而现在爱因斯坦又再提出这项放弃的主张；第二，就刚体旋转观之，广义相对论应该容许超光速；第三，相对论只适用于力与质量成正比的情况。若要适用于任何的力，就必须导入假设性的，亦即不是通过物质产生的重力场。前两项异议显示，莱纳德对广义相对论的了解尚未相当深入。物质实体的以太是不必要的，但这个词若就闵可夫斯基无物质空间的度规意义而诠释成度规规范场时，则又变得必要。欧几里德几何意义下的刚体，既不可能存在于狭义相对论，也不可能存在于广义相对论里，因为它们本身会产生瞬间的远距作用。莱纳德的第三项异议有实质内容，这是魏尔随即表示的。因为爱因斯坦引力论里的重力位能，并不能完全经由物质来决定，和爱因斯坦原本的预期大相径庭——边界条件也很重要，这就需要用微分方程式加以解决。在爱因斯坦场方程以数学界定的跨领域答案中，是没有物质的，这显然意味着，以度规关系为形式的空间能够独立于所有物质而存在。于是，在爱因斯坦引力论中，牛顿的空间观压倒了莱布尼兹的空间观。

从前述柏林爱乐的事件来看，包括爱因斯坦等当事人，肯定均极为激动。爱因斯坦写信告诉玻恩，他不会再像在瑙海姆时那样被人激怒，莱纳德则退出德国物理学学会，禁止该会会员进入他的办公室，算是彻底决裂。至于社会大众方面，投入言论自由和宗教宽容的人，远多过学界为相对论而争执的人。1921年，和他同姓的卡尔·爱因斯坦出版了具有挑衅意味的剧本《噩耗》，追究耶稣受难的社会背景及其始作俑者。"掌权的"社会阶层认为这是种冒犯，神学和法学界人士提出诉讼，成为魏玛共和时期第一桩渎神的大诉讼。卡尔被判处15000马克的罚款。

当时像丽莎·迈特能等来自柏林的与会人士，还得自行携带那一周的差旅面包券。这项事实显示，即使战争结束了两年，粮食供应状况依然恶劣。许多物品仍旧需要配给或已经买不起。1920年12月，四口之家的每周最低生活水平是327马克，一个砌墙工却只赚得312.8马克。而在柏林，一公斤猪肉售价将近41马克。同时，柏林中央养畜场还持续为协约国供应羊、马、牛，抵偿部分战争赔款。当市政单位贩售每磅售价68马克的奶油，引起抢购热潮时，还得出动警力维持秩序。1920年4月，当玻尔离开中立的丹麦，前往柏林讲演并拜访爱因斯坦时，礼品中还有奶油。柏林人均感受到生活尚未恢复正常。例如，某诊所候诊室中有块告示牌写着：

敬告患者：

由于煤炭短缺，

请每位问诊者各带一块煤砖，

以利候诊室取暖。

医学博士瓦格纳（Wagner）敬启

爱因斯坦生命受危胁？

若干叙述讲到，1920年8月柏林反爱因斯坦晚会将要结束时，一位学生朝着爱因斯坦大喊"大家应该勒死这个犹太人"。由于这种事发生在不同的地点和时间，便无法有明确的解释。难道爱因斯坦的生命，会像1920年的李卜克内西和卢森堡，及1922年的拉特瑙一样受到威胁吗？有条较为具体的单一线索，出现在尼古拉《罗曼·罗兰的宣言及德国的回应》小册子的注解中："并非所有人都像报界人士莱比乌斯（Lebius）先生那么极端，前一阵子，他要求德国同胞把爱因斯坦——亦即那位目前令世人羡煞德国的独特人物——直接射杀（这种教唆谋杀，竟然只让嫌犯罚款了事）。"由于爱因斯坦在政治上参与的是极少数和平主义者的活动，很少跟政治或经济利益有瓜葛，加上本身天才的保护光环，所以直接的危害被视为不可能。

不过，这里也有项类似玩火的行为：先是8月27日的《前进报》，接着是9月2日的《犹太人报》（*Israelit*），刊行一首嘲讽反爱因斯坦群众的诗《围剿爱因斯坦》，化名摩鲁斯（Morus）的执笔者大概是乌尔施泰因出版社犹太裔经济专栏作家莱温松

（Ludwig Lewinsohn）。后来还有注解者将本诗误认成反犹诗歌。
在此仅摘录如下：

　　　嘿嘿，赫赫，

　　　这爱因斯坦是犹太人！

　　　给我滚下讲台，去搞皮革买卖！

　　　……

　　　第一位围剿教授：日耳曼同胞，有人胆敢给我们

　　　犹太人的理论。

　　　操着犹太德语夸夸其谈，

　　　还让时间在空间中消散。

　　　这是在否认"大时代"，

　　　对我族类，更无同感。

　　　……

　　　第二位围剿教授：犹太共和国滚一边去！

　　　我们提倡民族物理学，就算数学

　　　也以民族利益为依据。

　　　管他积分、微分，要紧的是民族自觉！

　　　……

　　　穿着三色国旗服的学生合唱：

　　　摆脱廉价的

　　　读书癖！

不拘时间来

啤酒祭。

枪杀无产阶级！

这是雅利安人的脾气。[1]

即使爱因斯坦面临危险，也绝不是起自魏兰及其徒众。1921年秋，魏兰紧接着爱因斯坦前去美国，设法在斯堪的纳维亚鼓动学者们反对他。到了爱因斯坦获得诺贝尔奖，魏兰对付他及其相对论的兴致，便似乎大减。他开始投靠纳粹，后来成为冲锋队参谋长（SA-Führer，SA一译"褐衫队"），却因诈欺和贪污引起国内外注意。1936年，他被褫夺公职，1939年再回到德国时，遭到逮捕；1940—1945年间在慕尼黑达豪（Dachau）和法兰克福萨克森豪森（Sachsenhausen）集中营苟且偷生。早自1921年2月，格尔克就和魏兰保持距离，莱纳德则形容他是"战后革命大城市所产生的许多不可靠类型之一"。

"拉特瑙遭谋杀！大家做好准备！"社民党机关《前进报》以特刊发布消息，1922年6月24日，中午搭着无车顶车子的外交部长在格林瓦德国王林阴大道（Königsallee）和瓦洛特街（Wallot-straße）交汇处遭到冲锋枪与手榴弹袭击。这是民族主义的"领事"（Consul）及类似地下组织，即1921年8月刺杀天主教中央党政治人士埃茨贝格尔（Matthias Erzberger）的人所为。7月4日，社

---

1 雅利安人（Arier）即所谓纯种德国人。——译者注

民党和共产党共同在威廉皇帝纪念教堂前，举行一场大型抗议示威，有70万名参与者。马里克出版社还在"资产阶级闹区"的"浪漫咖啡馆"正前方悬挂两大块标语牌："争取劳工席次！"和"赤色共和万岁！"

前一次埃氏遇害时，爱因斯坦并未有任何表示，看来这次他真的感到害怕了。7月7日，他写信告诉普朗克，他得到一些预警，表示他属于民粹组织所策划的暗杀对象族群。[1]他并没有确实的证据，但还是想暂时避开大众。爱因斯坦停掉在该年夏季学期每周二下午5点到7点在122号大教室的课。这种危险性有多大，难以判断。8月5日，《柏林日报》发布一项消息："爱因斯坦取消自然学者会议——被暗杀组织列入名单。"8月12日，《卡塞尔大众报》（*Casseler Allgemeine Zeitung*）宣称，根据"柏林相关单位"的消息，所谓暗杀组织把爱氏也列入的名单"在警方调查下未获结果"。这项威胁却在国际报刊上得到回响。连柏林医师暨和爱因斯坦共同执笔的作者汉斯·缪撒姆（Hans Mühsam）更加出名的弟弟埃里希（Erich），也得知此事。身为作家的埃里希，由于涉入慕尼黑苏维埃政府一事遭到监禁。他在日记上写着："爱因斯坦尽管拥有应邀到世界各地讲学的国际声望，在自己的'祖国'却朝不保夕。他是犹太人与和平主义者——因而在这光辉的共和国里，性命遭到威胁。"1924年6月，爱因斯坦在谒见当时的总理威廉·马克思（Wilhelm Marx）博士时，提议释放埃里希。

---

1 埃茨贝格尔和拉特瑙均是犹太人。——译者注

1922年夏，爱因斯坦有了个离开柏林一周的机会，到基尔参观"安许茨股份有限公司"（Anschütz & Co.G.m.b.H）。7月1日，他由柏林发出通知，将于5日抵达基尔，且有妻子艾尔莎陪同。所以，3日时出版家哈登（Maximilian Harden）遭到反犹分子袭击，便不可能是促使爱因斯坦前往基尔的因素。拉特瑙遇害后造成的不安，使他考虑在基尔买栋别墅而回避柏林。此外，公司老板安许茨（Hermann Anschütz-Kaempfe）也为他准备了一间以花园阶梯通往水边的度假屋。要是爱因斯坦越不怕，艾尔莎担心得就越多。10年后，她在给安东尼娜·瓦伦丁（Antonina Vallentin）的信中表示，拉特瑙遇害后，她说服爱因斯坦离开柏林，前往荷兰。他到现在还不晓得"当时我请人在他搭火车前几个钟头，就在车站看守，并让两位魁梧的小伙子护送他到荷兰，在同一车厢隔间"。

共和国设法利用法令，后来则以《保卫共和国条例》加以防范。普鲁士内政部长泽韦林（Carl Severing）解散了全德意志联合会和"钢盔团"（Stahlhelm）等民族主义团体，宣布将清理历任帝国时期一味敌视共和的官僚。总理维尔特（Josef Wirth）博士在国会中点出当时的情势：

为自己不幸的祖国，我们将以谦卑和耐心寻求自由的道路。因此，所有人均应加以声讨，以求最终瓦解德国这种枪杀和毒害的氛围。就在恶魔给我族的伤口滴下毒液的地方，敌人出现了，他分明就站在——右边。

莱比锡自然学者大会

报界及在德国物理学学会言论优先权的斗争，并未随着"相对论者"在巴德—瑙海姆的优势而告终。1921年9月夏，一场在德国东部耶拿（Jena）的德国物理学学会大会上，没有一位相对论领域的一流学者发表见解。直到1922年，支持爱因斯坦的物理学者，才有机会再度强调其理论的重要性，且是在9月莱比锡"德国自然学者及医师百周年纪念大会"上。普朗克本来想请爱因斯坦演讲《物理学中的相对论原理》，拉特瑙事件后，爱因斯坦推辞，而由劳厄代理。

对于大会策划者给相对论安排的分量，令莱纳德颇不以为然。他和包括格尔克在内的18位反对爱因斯坦相对论的学者，在报上提出联署声明，还印制传单在会场入口分发。单子上反对"把相对论讲述成当代科学研究的高峰"，而由"联署的物理学家、数学家和哲学家提出明确的抗议……当一种易被驳斥的理论，被以草率的叫卖方式进入业余圈子时，就被认为有违德国学术的严整和尊严"。在大会举行的同时，据说爱因斯坦影片的宣传活动，在莱比锡街上的广告栏"以偌大版面"进行着。这场不再由魏兰之流的小人物，而由公认的专家发起，把战场从物理学内部的议论空间，推进到舆论市场的对抗活动，尽管在报界得到一时的回响，却阻挡不了相对论在物理学界逐渐获得认同。1921年宣布，隔年晚秋颁给爱因斯坦的诺贝尔物理学奖，更令假道学们哑口无言。后来诚然也有若干反相对论的大小文章，如1931年有着令人肃然起敬的题目《上百位作者反对爱因斯坦》，却观点狭隘的小书，都不过是雷声大雨点小的事件。

　　1922年10月，为祝贺大作家豪普特曼六十大寿，在克罗伊茨贝格（Ｋｒｅｕｚｂｅｒｇ，一译十字架山）市中心的科藤纳街（Köthenerstraße）贝多芬厅（Beethovensaal）举办的庆祝会上，托马斯·曼（Thomas Mann）在《谈德国共和》演说中，终于和自己的《一位非政治人的观察》一文划清界限而认同共和："无论我们愿意与否，这个国家是我们的，交到我们每个人手里——这成了我们得好好去做的事情，这正是共和国——而非别的什么。"1918年11月，当他兄长亨利希（Heinrich）面对"精神劳工委员会"讲话时，便已有所超越："我们希望，现在我们的共和国也能保有共和主义者，尽管这个体制目前仍是战败的意外馈赠。我们所谓的共和主义者，既不是资产阶级，也非社会党人……我们所指的共和主义者，是以理念高过利益，人权高过威权的人们。"

9 黄金年代：
通货膨胀后、经济危机前的世界都会柏林
Weltstadt Berlin

Goldene Jahre zwischen Inflation und Wirtschaftskrise

爱因斯坦演奏小提琴

普鲁士政权垮台后，政治局面复杂且不稳定。尽管有民选的议会及其所支持的多数党政府，军界和官僚却以旧"干部"为主，他们排斥共和，或顶多表面上支持。有十几个重要政党，全不是为了共和而运作。1920年，凡尔赛条约生效，莱茵州被分成几个区域，占领时间5到15年不等。原本怀抱开疆拓土梦想的民众，如今却面临大片领土割让，背负巨额战争债务，把和约理解成屈服与背叛，满怀报复与仇恨的情绪。较之于魏玛共和初期的民生凋蔽，1924—1929年间，算是政治经济相对稳定的时期，有所谓"黄金20年代"的美誉。

"晦暗沮丧期的痛苦之城哪！"[1]

在迈入"黄金年代"之前，1923年疯狂的通货膨胀，让广大的中产阶层陷入贫困。美元对马克兑换率的变化，反映在柏林电车的单程票价上：8月1日就到了1比10000，9月1日到了1比150000万，11月15日甚至到了1比300亿。这种币值狂贬始于1921年到

---

1 本节标题引自表现主义诗人贝歇尔（Johannes R. Becher）关于柏林的诗。

1922 年间。当时联军施压,要德国清偿 1320 亿金马克的巨额赔款。1923 年元月,比利时与法国军队进占鲁尔区。德国人这场以罢工和消极对抗而进行的"鲁尔斗争",在具有绅士风范的汉堡—美国航线总经理库诺(Willhelm Cuno)担任总理时达到颠峰。政府设法确保劳工和公务员的给养和薪资支付,每日就须 4000 万金马克的费用。不足的钱,就靠加印钞票。1920 年起,担任威廉皇帝学会主任秘书的格卢姆(Friedrich Glum),用转汇方式处理了薪资支付,"大学教授们却必须到学校会计室领钱,他们是带着行李箱和布袋去的。我还清楚记得,枢密顾问普朗克,即后来的学会会长,还跟我在大学门口相遇,他扛了一整袋一扎扎的钞票。"10 月,兑换率飙高到 1 比 400 亿,柏林官方最高牌价竟然到达 2.52 兆,在国外交易所更超过 4 兆。国内价格随之攀升,工资却跟不上。通货膨胀尖峰期间,价格必须每日调整。市南西区的施特格利茨御花园戏院(Schlossparktheater)柜台的价目表是这样的:

门票价格

为了同时顾及

调涨和观众利益,

目前的票价:

最低票价为两颗蛋,

最高票价为一磅奶油

的每日价格。

戏院管理处敬启

7月，周刊发行人格拉赫的评论表示："大众的生活水准降低，马铃薯和肉类也严重短缺。主妇们为了区区几克的人造奶油，得在店家前排数个钟头的队。民怨逐渐沸腾，到处出现罢工，且有总罢工的威胁。共产党人开始站稳脚跟。"柏林市设立赈济站，每天有饥民大排长龙领餐。《柏林日报》连同基督宗教组织救世军（Heilsarmee）发起"大众供餐"募款活动："您为炊事的付出，神会回报的。""捐得越多，对饥民帮助越大。"局势之艰困，尤其德国东部萨克森（Sachsen）、德国中东部图林根（Thüringen）和巴伐利亚的暴动，促使政府于1923年9月宣布全面戒严。军队镇压的指挥权，现在掌握在泽克特（von Seeckt）将军手上。10月16日，《柏林日报》报道如下：

> 上午11点钟，男士、女士和青年在此结成不计其数的人群，试图强行进入议事堂，达到降低食品价格，甚至提高失业津贴的目的。当局着实费了些功夫才封锁厅堂大门……所有道路交通中断，市东整条国王街（Königstraße）、施潘道街（Spandauerstraße）至莫尔克市场（Molkenmarkt），全挤着沸腾的群众。为了避免十分可能的抢劫，城中所有公司行号（不消说，也包括商店）均暂停营业。由于警方无法用和平方式驱散激动的群众，便使用了武器。

于是，10月间，国会通过"授权法案"，授予政府全权，以颁布法令规章的方式，采取各项经济、财政和社会措施，必要时，甚至得以忽视人民基本权利。这种因应变局的条例，导致国社党人1933年掌权。

1923年11月中旬，由于斯特莱斯曼政府及其货币全权代表沙赫特（Hjalmar Schacht）博士采取"地产抵押马克"政策，货币趋于稳定。这意味着断然的币制措施：1美元只兑换4.2地产抵押马克。于是，通货膨胀末期，政府在国会同意下进行了大规模的财产分配——储蓄的人、靠投资（如认购战时公债）所得利息的人及领退休金者的生活顿失着落。身为医师的德布林抱怨："由于为一位伤兵动手术，我从柏林市保健单位收到一笔100万的汇款。就11月3日的汇率来讲……是千分之一芬尼。换言之，这千分之一芬尼便是我为伤患动手术所得到的钱。"

对许多德国人而言，相较于中产阶级政党的政府所实行的负担摊分，共产党的苏维埃统治及财产归公，就没那么可怕了。事先或是在这几年间借贷以购买地产或有价物的人都走运了。他们得以在收入膨胀成缺少价值的数百万元之情况下，轻易清偿债务——这些债务仍停留在"马克兑换马克"的票面价值上。投机者大发利市。柏林人把这些典型的投机与牟利者戏称为"暴发户"，政府本身也是这场通货膨胀的得益者。在普遍是非不分的情况下，这种经济苦难并未归咎在皇朝时期的战争发动者，而是怪罪于魏玛共和时期的各届政府。

1924年，以美国银行家与政治家道威斯（Charles G. Dawes）命名的德国偿付赔款较切实际的计划，得到战胜国及德国国会的同意。美国信贷所促成的结果之一，就是确保了货币的稳定——于是，柏林普照着"短暂的美元阳光"。而且，自1922年对俄关系的正常化以来，共和国的外交情形也渐趋稳定。由于德国在瑞士洛迦诺（Locarno）条约中承诺，放弃更改西线疆界的状态，德法关系也开始改善。在1923年联合政府的第四度更迭后，1924—1930年间，减少到每年更替一次。

身为市中心"腓特烈树林（Friedrichshain）医院"住院医师，后来的出版商贝尔曼（Gottfried Bermann Fischer）在恶性通货膨胀末期，对此有不甚乐观的看法：

> 1923年底的柏林，是个以蓬勃朝气摆脱战争和通货膨胀阴霾、令人振奋的电气化都市，空气中弥漫着新时代的乐观氛围。人才不断走上台前，也次第新陈代谢。肯定当下及对过去的失忆，便是柏林的特征，人们卷入一阵狂欢中……身为年轻医师的我，却免不了见识到生活的阴暗面……救护车每个钟头都载来这种柏林夜晚的受害者，譬如头破血流的好斗酒鬼，自杀未遂的人，常常源自不幸的爱情而堕胎的年轻姑娘……20年代前期的混乱与热闹背后，是社会状况的骇人景象。

尽管面临经济困境，柏林市的科技现代化，仍以令人喘不过气的速度迈进。1921年，柏林至万湖的阿弗斯（Avus）公路启用，甚至可以当成赛车道。一年后，柏林设置了第一个电话通讯转接站，但没有"女转接员"。截至1928年，这电话网已有50万部电话。1923年10月29日，就有这样的进展：德国娱乐广播节目的首度播放，乃是由市中心的波茨坦街佛克斯大楼（Vox-Haus）电台放送到"空中"的。其中有一首德国表现主义诗人克拉邦德（Klabund）的诗：

树林里

长出细长笔直的铁柱

地平线上

竖立武斯特豪森（Wusterhausen）国王的无线电塔

这里是武斯特豪森国王电台，波长1300

注意，注意

诗人克拉邦德现在要朗诵自己的作品

凭着断断续续的破噪音

因为他正躺在草地上——

右耳贴紧地面

倾听大地的脉搏

及上拨鼠的动静

他把诗句投入空中

如同未能点燃的烟火

不会燃烧

不会照耀

嘶嘶作响掉进湿草地

自1924年起，每年都有"柏林大德国广播电台展"。1930年8月，爱因斯坦在第七届广播暨留声机展中，还主持了开幕致辞。飞机和齐柏林载客飞船，还比电磁波更早占据领空——1924年，柏林（市中东南区）滕珀尔霍夫（Tempelhof）机场被列为欧洲最现代化的航空站。

1925—1929年：黄金20年代的文化

魏玛共和时期，经济和文化方面出现急遽的变化，如生产和服务上广泛的合理化过程，或是威廉王朝僵化的阶级制度之瓦解。亨利希·曼欢呼道："藩篱尽皆撤除。尽管革命有点疲软，喘不过气，藩篱却拆除了，各阶层彼此接近。即使在斗争最频繁的场所柏林，在仔细观察下，也显示与过去截然有别，各阶层开始彼此认识。这多新颖哪！"如同传统的精英文化，一种逐渐盛行的"劳工教养文化"，也汇聚成不取决于出身和学历的消费性大众文化，促成的因素包括一般负担得起的平面媒体、比剧场更平易近人的电影、在家就可以聆赏的唱片和广播，及随着不同职业族群而大为增加的团体

255

运动项目。由人人得以从事的角度观之，这过程如果可以诠释成文化之"民主化"，则背后的动力依旧是经济力量。

新的咒语"周末"（和下班时间同义）大为流行。在《以"放纵的"柏林为榜样》一文中，我们读到：

> 周末乐于结伴出游的人，可以在柏林找到无数的机会。邀请爱好大自然的柏林女性到哈韦尔湖（Havelsee）之类的水边郊游，总能屡试不爽。考虑到这种活动中的某些违法行为，这座大都会的首饰产业还推出只要3马克的"周末结婚戒"[1]。

1925年，史上第一场"周末展"，于柏林的博览会场展开。（柏林作家）基奥伦（Kiaulehn）形容为某种围绕无线电塔的高级温室苗圃，纳入柏林人的追求里："新的经济繁荣期出现……人们重新发现柏林的湖泊和河川，到处都有大大小小的周末度假区。要是买不起，就用租的，如果连贷款买一小间度假屋都负担不起的人，至少也要租一艘小船，或是湖边一间客房。"爱因斯坦希望在绿水旁，最好是在湖边买一小栋消暑屋，正属于当时的柏林风气。

由此可见，大众文化也有一些并非所有人都负担得起的东西——这里就涉及"黄金20年代"及其社会问题。此外，在魏玛宪法中也明列社会福利国原则，即：

---

1 似乎是帮助未婚男女在旅馆登记过夜。——译者注

应该为每位德国人提供机会，借着经济活动谋取生活所需。万一无法提供合适的工作机会，就该补贴必要的生活费用。

在这方面，基本上是了无新意。不过，后来中央和地方在个别的社会工作方面，均有很大的推广和改善。例如，1927年7月颁布一项重大法令，把职业介绍和失业保险列为政府的职责。但"黄金20年代"一词，一般还是指戏剧、电影、轻歌剧和美术——而不是左派政党无论如何尚未达到的新的社会成就。

要生动展示这"黄金20年代"，莫过于通过那些对精神和艺术风气极有贡献的人士。但在这么多参与者当中，该从何着手呢？根据1928年某位社会观察家的说法，则有两位：缇拉·迪里厄和勒妮·辛特尼斯（René Sintenis）

置身在柏林极现代的艺术生活中心，其中又以《横截面》（Der Querschnitt）杂志及位于市中心吕佐堤道（Lützowufer）的弗莱希特海姆（Flechtheim）艺术沙龙为最。一位是演员，外号"白色黑女人"，高大、壮硕、容貌奇丑，却令人瞩目；一位是雕塑家，身材颀长、性格羞怯，头形酷似罗马少年。两位女士不但是卓越的艺术家，更是优秀的职场女性。若干银行经理羡煞她们的收入。

这里所谓的"极现代",或许相当于今日的"时尚"(in),但就这位20年代柏林最著名的雕塑家所塑造的运动员和动物塑像,如市徽"柏林熊"而言,其风格大概谈不上"现代"。以下对各个文化领域的素描,也将以若干著名人物为主。

一切都是戏!

1928年10月,谢斯勒伯爵在巴黎观赏季洛杜(Jean Giraudoux)的《齐格飞》后,在日记中写道:"导演和戏码均……差劲,正如《德国人》一剧的戏服一样老套。要是从伦敦或柏林来到巴黎的剧院,会有突然置身在完全不同的低层次环境中的感觉,换言之,像是来到了'乡下',还把30年前的流行形态当成最新的时尚。"谢斯勒被柏林的剧场环境惯坏了。除了此处,还有哪里每晚有这么多上演的剧场,哪里有这么多知名的导演和素养深厚的剧评家呢?当中,柏林还有50种日报和以专栏作家为主的评论家,提供观众关于首演的评论。对剧作家、演员、导演和剧场造景师而言,在柏林的好评,便是成功的保证。据说,季洛杜曾于1931年来到柏林的莱辛剧场,观赏自己《安菲特里昂三十八》(*Amphitryon 38*)脚本的彩排,主角有伊丽莎白·贝格娜、恩斯特·多伊奇(Ernst Deutsch),及后来遭纳粹杀害的汉斯·奥扔(Hans Otto)。

矮个儿、鬈发、蓝眼睛的维也纳"剧场魔术师"莱因哈特,在"大戏馆"(Großen Schauspielhaus)执导——这是个由舒曼

(Schumann) 马戏场改建，拥有 3000 个座位的大场地。他爱好各种富丽堂皇的舞台设计，找柯林特（Lovis Corinth）、斯莱福格特和奥尔立克等画家设计舞台背景。他的竞争对手是柏林国家剧院的耶斯纳（Leopold Jessner），擅长以表现主义手法、采用现代机械和影像投映的方式来诠释古典作品。爱因斯坦曾把玻恩太太黑德薇熙（Hedwig Born）的《美国之子》脚本转交耶斯纳，但应该没有获得采用。1920—1921 年间，青年皮斯卡托（Piscator）创设"无产阶级剧场"，俾能"点燃革命情绪，并维持不灭"。1924 年起，他在人民剧场做导演。他在国家剧院上演席勒的《群盗》，类似巴黎公社的情境，令缇拉·迪里厄大为赞赏。在她的赞助下，皮斯卡托租用（市中南）诺伦多夫广场的大型剧院，而有 1927 年 9 月 3 日托勒（Ernst Toller）的《哎呦，我们活着耶！》上演。布莱希特、格罗斯和画家哈特菲尔德（John Heartfield）也有参与，但卖座的戏码只有《好兵帅克》，戏中利用一条舞台上的导轨，让饰演帅克的帕伦贝格（Max Pallenberg）像是在行军似的。

其他剧场也有轰动的演出，如 1925 年圣诞节前三天，市中心造船工堤道的剧院首演楚克迈尔（Carl Zuckmayer）的《快乐的万贝格》。同年年初，希尔珀特（Heinz Hilpert）导演楚克迈尔的《潘克拉兹（Pankraz）觉醒了》（又名《乡下人》）在"青年剧场"（Junge Bühne）的早场首演。楚克迈尔的回忆如下：

当时座无虚席，观众既有爱看热闹的人，也有文化精英。

柏林的学术和社会名流就坐在包厢内，就我记忆所及，有爱因斯坦、政界人士斯特莱斯曼、勒妮·辛特尼斯、画家佩西斯泰因（Pechstein）、建筑师珀尔齐希（Poelzig）、埃尔瑟·拉斯克－徐乐儿，更别说布莱希特及其他同辈。柏林的剧院经理、导演、剧作家和剧评家全齐聚一堂，甚至还有来自县城的人。

爱因斯坦看戏，可能主要基于家庭或社会因素，或是非常吸引他的题材。1930 年 2 月底，俄国诗人马雅可夫斯基（Vladimir Majakowski）的情人莉莉·布里克（Lili Brik）游历柏林时去看戏，在日记中写道："看了《德莱弗斯》（Dreifuss）。演员很出色！爱因斯坦坐第一排。"1932 年 11 月 15 日，为了祝贺豪普特曼七十大寿，爱因斯坦所喜爱的演员伊丽莎白·贝格娜在国家剧院上演的《迦布里耶·先令（Gabriel Schilling）的逃跑》中和维尔纳·克劳斯（Werner Krauss）演对手戏，饰演汉娜·伊里亚斯（Hanna Elias）的角色。政府请爱因斯坦来看戏。他还是坐在第一排，另外还有亨利希·曼、谢斯勒伯爵、银行家西蒙（Hugo Simon）、剧作家富尔达（Ludwig Fulda）及泽克特将军。在前皇家包厢中，也有法国和英国大使等人。谢斯勒伯爵评论道："脚本过时了，我们不再关心这种问题。西蒙趁第一幕休息时间向爱因斯坦鞠躬致敬，询问他的观感时，爱因斯坦答道：'唉，这不重要！'真可说是一语道尽。"

布莱希特熬了蛮久，才在和库尔特·魏尔（Kurt Weill）合作音乐剧时，首度有了突破——1928 年 8 月 31 日，《三毛钱歌剧》在造船工堤道的剧院首演，空前成功。就连严苛的克尔也不予恶评，甚至觉得这出歌舞剧颇有趣。根据爱因斯坦的避暑屋设计师瓦克斯曼（Konrad Wachsmann）的说法，爱因斯坦并不欣赏这出歌剧。他之所以前去观赏，仅是因为继女玛戈特的劝诱。他反感的原因，或许因为他不熟悉魏尔的音乐。

音乐生活

柏林的音乐生活，并不亚于戏剧活动。在三家接受补助的歌剧院之外，短期内甚至出现第四家。自 1925 年起，夏洛滕堡的德国歌剧院由音乐家马勒（Mahler）的弟子瓦尔特（Bruno Walter）和斯蒂德里（Fritz Stiedry）主持，再来是国家歌剧院由作曲家席林斯（Max von Schlinngs）担任经理，布勒希（Leo Blech）担任指挥，自 1923 年起，则是克莱伯（Erich Kleiber）。连福特万格勒（Wilhelm Furtwängler）也在这里指挥过，他跟瓦尔特一样，是土生土长的柏林人。1919 年，位于动物公园门口国会大楼正对面的"克罗尔（Kroll）节庆厅"，成为自由人民剧场的剧院，后来成为国家歌剧院拥有 2200 个座位的第二表演场——"克罗尔歌剧院"（Kroll-Oper）。1927—1931 年间，这里成为独立机构，由克伦佩雷尔（Otto Klemperer）主持。剧场设计方面，主要由包豪斯学院的施来默（Oskar Schlemmer）和莫霍伊－纳吉（Lazlo Moholy-

Nagy）负责。要是把喜歌剧院也算在内，这里就有四个达到世界水准的表演场地。

爱因斯坦似乎较常上克罗尔歌剧院。在这间歌剧院导演过威尔第（Verdi）《法斯塔夫》（*Falstaff*）的纳塔利亚·萨丝（Natalia Saz），做了相关报道。在中场休息时，爱因斯坦、艾尔莎、玛戈特和马里安诺夫曾经面见她，誉之为"首位女性歌剧导演"。不过，以疏离化手法表现瓦格纳（Richard Wagner）《飞行的荷兰人》，则引燃右派报刊的怒火：

> 天生没有胡须的荷兰人，看来就像是布尔什维克煽动分子，仙塔（Senta）像是古怪、不切实际的共党妇女，一头乱发、披着羊毛的艾瑞克（Erik）仿佛皮条客。大家必须感受过这一切，才能对这种无产阶级化的"原荷兰人"的本性，有个约略的意象。这是拿艺术愚弄人民的伎俩……我们在此必须表明：在蒂尔加滕国家歌剧院的这场戏，有损柏林作为艺术之都的声誉。

爱因斯坦参加同一家剧院的斯特拉文斯基（Strawinsky）晚会，这位作曲家更在他为钢琴、管弦乐团及低音提琴所写的协奏曲中弹奏钢琴，克伦佩雷尔指挥——几乎柏林所有的权威都在竖耳倾听，如痴如醉。到场的有钢琴家埃德温·菲舍尔（Edwin Fischer）、（音乐家）施纳贝尔（Arthur Schnabel）、爱因斯坦、克尔……法国大使……两位指挥家赛尔（Georg Szell）和茨威格……更可以看到一大群年轻的音乐人和圈内人，当中有弗莱希特海姆、青年斯特莱斯曼、枢密顾问多伊奇夫人……所谓"青年斯特莱斯曼"，是德国外相的长子沃尔夫冈（Wolfgang Stresemann）。他学法律和音乐，20年代成为指挥。沃尔夫冈记叙了（英国神童）梅纽音（Yehudi Menuhin）的音乐会：

> 1929年4月12日上午，电话声响起。路易丝·沃尔夫（Louise Wolff）[1] 来电告诉我说："今天晚上您一定要来爱乐，奇迹出现了，12岁的小提琴手演奏三首协奏曲，我还有包厢的位子。"当时演奏的是贝多芬和勃拉姆斯的曲子。音乐会尾声时，便是喝彩、感谢和思潮澎湃的时刻。爱因斯坦穿过演奏台，闯进休息室，抱住这位少年，表示："我现在知道，天上确实有位神。"

克罗尔歌剧院也被用作非有关音乐的场所。据《纽约时报》（*New York Times*）指出，在1930年6月"第二届世界大国研讨会"中，爱因斯坦曾于座无虚席的情况下，在此主讲《物理学中空间、场和以太问题》。1931年7月，演出季结束时，身为赞助者的国会关闭了这家剧院，理由是经费不足，也可能是克伦佩雷尔有心打造现代化的演出设施。

　　凯斯勒的日记还记载，1926年元月，爱因斯坦也聆赏了理查·

---

1 她是柏林最知名的音乐女经理人。

施特劳斯（Richard Strauß）的音乐："施特劳斯执导的《约瑟》（*Joseph*）首演，几乎是空前成功。场内冠盖云集：有总理、银行家西蒙夫妇、泽克特、多位部长，社会、艺术、文学各界名流及爱因斯坦等等……迪里厄大获好评。"可见缇拉·迪里厄也擅长唱歌！早在1921年，她就反串过该剧中的波提法（Potiphar）。这次演出的则是作曲家《约瑟传说》的芭蕾哑剧。

除了歌剧，柏林人还得以聆赏交响曲、室内乐、合唱曲、歌谣及世界各地一流音乐家的独奏会。1922年，福特万格勒接替过世的尼基施（Artur Nikisch）担任柏林爱乐的指挥，为知名的莫扎特诠释者瓦尔特（Bruno Walter）举办音乐会，以飨听众。柏林艺术学院作曲学教授布索尼（Ferruccio Busoni）也是莫扎特迷，在他1922年离开职位时，还接连举办了莫扎特十二首钢琴协奏曲的演奏会。

除了上述的音乐形式，更有轻歌剧和音乐剧。黄金时期的柏林取代了维也纳，成为首演一流轻歌剧的城市，如成为三大作曲家的法尔（Leo Fall）的《庞巴杜夫人》（1922）、莱哈尔（Franz Lehár）的《帕格尼尼》（1925）和《微笑之国》（1929）及奥斯卡·施特劳斯（Oscar Straus）的《克莉奥佩特拉（Kleopatra）的珍珠》（1924）。芙莉祺·玛萨里（Fritzi Massary）是轻歌剧界的当家花旦，陶贝尔（Richard Tauber）是和他演对手戏的当红小生，以《我爱吻女人……》一曲成名。莱哈尔还为他创作了《弗里德莉克》（*Friederike*）小歌剧，脚本即取自歌德和这位法国东部的赛森海姆

(Sesenheim）牧师之女的恋爱故事，在1926年10月6日于柏林首演时，爱因斯坦也有到场，其他名流还有普鲁士王子、亨利希·曼和报界龙头胡根贝格。

电 影

在20年代末，默片发展成有声电影。宇宙（Universum；Ufa）制片公司成立于1917年，是个以德意志银行为主，德国政府为辅的财团所主持的战争宣传机构。在旗下连锁电影院的支持下，该片厂逐渐成为独立的制片及租借电影公司，更并购了竞争对手。他们在柏林的电影院，计有在威尔默斯多夫的维特斯巴赫（Wittelsbach）真光播映馆——这是柏林第一批电影院之一。另有动物园的宇宙制片厅、陶恩钦殿及1931年埃里希·门德尔松（Erich Mendelsohn）的宇宙电影院。由此可见，在20年代大都会的建筑中，电影院提供了新的表现方式。其中世界知名的影片像是朗（Fritz Lang）的《大都会》，脚本取材于她太太缇雅·冯·哈尔博（Thea von Harbou）的书。假使爱因斯坦看了这部情节不尽合理且混乱，主题是"头和手之间要有心当中介"的片子，恐怕不会太欣赏。不过，1929年10月15日，朗夫妇《月球上的女人》一片在宇宙制片厅杀青时，爱因斯坦倒是前来观赏。吸引他的或许是片中火箭升空、登陆月球的画面，这是在火箭专家奥伯特（Hermann Oberth）指导下，以最新技术制作的。

1927年，具有右派政治倾向的胡根贝格，买下宇宙电影公司。以最少预算拍摄的影片《星期日的人们》（维尔德［Billy Wilder］的分镜脚本，西奥德马克［Robert Siodmak］担任导演），起初不许在胡根贝格的电影院放映，1929年时却大获成功。影片描述柏林一位租房客礼拜天的作息，同时让许多街上行人入镜。《星期日的人们》应该不是政治影片。保加利亚导演杜铎（Slatan Dudow）则制作了一部具有"无产阶级倾向"的纪录片《柏林工人的生活方式》。杜铎在魏玛共和时期以"左派"经典名片《大肚坑，或世界是谁的》走红，脚本是布莱希特写的，配乐是艾斯勒（Hanns Eisler）做的。该片原先遭到柏林影片审查处以"离经叛道"和"渎神"为由禁演，后来在群起声讨下才解禁。当中最具意识形态的场景在片尾，地铁中几个人在热烈讨论焚毁巴西咖啡豆以哄抬价格时，提出了这样的问题：谁将改变世界？正是那些不满现状的人！

据爱因斯坦从事电影工作的女婿马里安诺夫的说法，除非艾尔莎、女儿或好友的劝说，不然他很少上电影院。据说他给过好评的片子有：艾森施泰因（Sergej Eisenstein）的《装甲巡洋舰普腾金（Potemkin）》（又译《波将金战舰》）和《惊动世界的十日》及俄国片《生命之路》。对柏林影片审查单位来说，爱因斯坦影片的革命性内容曾是不堪闻问的，因此在公开播映之前，经过了一番周折。

对文学的见解

在柏林这大都会中，有许多文字工作者，不管是土生土长或外地来的，靠着撰写报道、小品或者编书、翻译来勉强度日，都希望有朝一日自己的文章、评论、小说或剧本能大获成功。1929年，有位医师便以柏林的题材实现了梦想——这就是德布林的《柏林亚历山大广场》。爱因斯坦读过这部小说，却未特别欣赏当中复杂的结构和批评的态度。德布林起初倒是表示了某种敬意，如他在1922年6月写信给豪普特曼时所说：

> 大家对这实在没有头绪——就像我对爱因斯坦的理论一样。这种事得循序渐进，急不得的。

16个月后，德布林仍无法理解爱因斯坦相对论的"通俗版"陈述，便在《柏林日报》的一篇文章中生气地表示："他（德布林）不想让自己认识世界的天生权利遭到玩弄"，也不愿认同这位数学家的极度傲慢，他"站在世界和自然前面表示，只有他拥有洞察万物的眼光。"

爱因斯坦特别能够了解政治立场相近的亨利希·曼。后者在1921年一篇令人振奋的评论《柏林》，把这座城市描述成"非凡的人文工作室"，"以前所未见的规模，把德国的下一世代吸引过来，加以熏陶后，又送回国家各个角落"。他曾到哈伯兰街拜访爱因斯坦，后来也到卡普特的避暑屋找他。爱因斯坦对布莱希特的评价似乎是负面的，这可能是受女婿即作家凯泽的影响。当时凯泽非常排斥布莱希特。布莱希特强调以实际政治斗争争取劳工权益，胜于文学观点的精密分析，在他们心目中或许是反资产阶级过了头的。

1929年底，爱因斯坦回复《猫头鹰》(*Uhu*) 编辑部的询问（乌尔施泰因出版社自称旗下这份刊物为"德国一流杂志"），开列一张"最近特别值得拿到手上一读"的书单。首先是弗里德尔（Egon Friedell）的《近代文化史》，接着就是前述枭雄赫尔茨的自传，再来是萧伯纳的《给现代妇女关于资本主义和社会主义的指南》、作家特拉文（Bernhard Traven）的书及作家安娜·西格斯（Anna Seghers）和史怀泽（Albert Schweitzer）的各一本书。当时的爱因斯坦对于弗里德尔的书，大概只了解到巴洛克和洛可可的章节。在后面的篇章中，弗里德尔将他定位成"取得无与伦比的发现"，把他的相对论看成"新世纪最伟大的精神事件"。当弗里德尔叙述，根据该理论，"可能有好几种时间"时，他就不算是相当了解。至于弗里德尔在谈完爱因斯坦理论后，便讲到"赫尔比格（Hanns Hörbiger）与相对论同时形成的某位工程师艰深的'威尔泰斯（Welteis）学说'"，并将之列为时代"真理"，均能"形成连贯的行星系统"时，虽然可能讨好了爱因斯坦，却颇令人质疑。同样对太阳物理学感兴趣的达达艺术家暨照相师豪斯曼(Raoul Hausmann)还认为，赫尔比格的理论优于"以科学革命无耻地装模作样的爱因斯坦"，并于1931年在容（Franz Jung）的《反对者》(*Der Gegners*)

月刊上发表一篇论文——《科学的密集火力——您靠什么使太阳发热呢，爱因斯坦先生？》这问题提得不错，却超过被问者的解答能力。说到太阳能来自氢原子转成氦原子的核融合过程，这要等到1937—1938年间贝特（Hans Bethe）和魏茨泽克（Carl Friedrich von Weizsäcker）的研究才得以明白。

有趣的是，爱因斯坦所列举的，没有一本是当时1925—1930年的"畅销书"，包括了黑塞（Hermann Hesse）的《荒原狼》、雷马克（Erich Maria Remarque）的《西线无战事》、前述德布林的长篇小说及名列前茅的托马斯·曼的《魔山》。一如爱因斯坦不喜欢布莱希特，他也不欣赏托马斯·曼。据说，他形容过曼，说他是令人印象深刻的教书先生，总要有人接受他的指教——"我一直很好奇、很期待他跟我讲解相对论。"托马斯·曼对爱因斯坦的议论，似乎也有所保留。他在短篇小说《跟唐·吉诃德出海》中是这么描述的：

> 多幼稚的想法啊！然而，一旦拿来和心理世界观相对照，这种宇宙世界观不也稍嫌天真吗？这时，我想到爱因斯坦那孩童般浑圆清澈的眼睛。我不禁要认为，较之于对银河的推测，对人生的体察和认知则具有更成熟稳健的特征——我怀着最深的敬意这么相信。

至于文学领域的新趋势，爱因斯坦就得依赖女婿凯泽了。然而，凯

爱因斯坦与托马斯·曼 (1938 年)

泽对"新客观 (Neue Sachlichkeit) 派"并不特别看好。该流派
在文学方面也值得注意, 如克斯特纳 (Erich Kästner) 的《法比
安》(*Fabian*, 1931)、科伊恩 (Irmgard Keun) 的《人造丝姑娘》
(1932), 和法拉达 (Hans Fallada) 的《该怎么办, 小人物? 》
(1932)。看起来, 爱因斯坦跟这些年轻世代的作家, 并没什么交往。

爱因斯坦大概听过穆西尔 (Robert Musil) 的《无个性的人》,
因为凯泽曾引述罗沃尔特出版社广告 ("德国知识界的圣诞大礼")
中的书评: "具有最高文化的语言形式 ……词藻缤纷非凡……思
想丰富。高度、纯粹的艺术作品。"具有数学和科学素养的穆西尔,
早在 1918 年便注意到爱因斯坦, 他写道: "从算盘到无穷级数, 由
古希腊思想家泰勒斯 (Thales) 到爱因斯坦教授, 理性已有所进
步。"建筑师瓦克斯曼还记得爱因斯坦读物中的几个名字, 如格拉

夫（Oskar Maria Graf），也就是他的《日历故事》和《巴伐利亚十日谈》、克勒曼的《隧道》及俄国作家爱伦堡(Ilja Ehrenburg)。克勒曼的书在当时科技类读者群中，还是"畅销书"呢。

说爱因斯坦读过库尔特·沃尔夫（Kurt Wolff）所出版的卡夫卡（Franz Kafka），实在很成问题。是有这样的报道，即卡夫卡曾在施特格利茨待过半年，于1923年和1924年冬季，曾到哈伯兰街拜访他。先前在布拉格，这两人是有可能偶尔会面，却不太可能讨论文学。

爱因斯坦在柏林哈伯兰大街的家里

那么学术呢？

战后柏林的饥馑、穷困、通货膨胀和政治动乱，也影响了学术生活。1923 年 10 月的国会质询中，有这样的记载：

> 严重的经济危机也令德国学术陷入极艰困的处境 ……德国的世界学术地位及其广泛科学研究领域的主导权即将丧失，而转移到具有强势货币的外国……尤其我国大专院校学术后辈的发展和维护，更是受到威胁。

再者，德国学术自外于国际的组织和会议，加上许多德国学者也自愿这么做，更使情形恶化。不过，大学既有的研究所、科学院及七间柏林的威廉皇帝研究所，仍然在运作。柏林大学定期的物理学研讨会及普鲁士科学院的周四常会，依旧举行着。要是爱因斯坦不再像战时参与得那么频繁，八成是因为国外演讲的关系。

随着 20 年代初德国科学"急难协会"的建立和多方补助，威廉皇帝学会本身也大为扩充，尽管皇帝已经逊位，名称仍然保留。自 1919 年起，柏林这里便设置了多间研究所，例如：大脑研究、纤维化学、金属研究、硅酸盐研究、"人类学、人类遗传研究和优生学"及由瓦尔堡担任所长的细胞生理学等等。学会更在柏林宫设置了"国外暨国际私法研究所"。正如普朗克从 1916 年，能斯特从 1919 年成为学会评议常委，1922 年 12 月从远东回来的爱因斯坦，也成为其中成员。他后来在1925年借着一次机缘卸任，而由劳厄接替。在1927年的票选中，哈恩在所长选举上拿到44票，学术委员上拿到21票，爱因斯坦只有1票。如今比照政治制度的民主化，评议会成员也有社民党人和工会干部。

研究工作也像经济发展那样，恢复了节奏和政治意涵。在这个黄金20年代，学术是否也绽放光芒呢？有的，但范围不大。在理论物理学领域，柏林已经不像其他城市那么出色。一次大战期间，唯独在柏林才有知名的爱因斯坦广义相对论，在魏玛共和时期，也产生同具革命性的量子力学，然而，哥廷根、哥本哈根、慕尼黑、苏黎世和剑桥均能分享这种声望。1925年，实验物理学家暨柏林的科技大学教授赫兹（Gustav Hertz）因为一项对量子物理学具有奠基性的实验（弗兰克－赫兹实验）而获得诺贝尔奖，但这毕竟植根于该领域的种种发展。爱因斯坦认识大大小小说德语的物理学者，到其中若干大学讲演，更借着自己所上的经费，支援其中某些研究计划，或是与之进行学术通信。一如自己涉入柏林学术机构的程度，1925年、1926年量子力学的重大突破，他也是间接参与的。哈恩和丽莎·迈特能在市区西南边之达冷化学所的放射化学和核物理学别开生面的研究，极具未来性。20年代时，其他物理学领域也有很大进展，如半导体的研发。在柏林西门子及哈尔斯克公司实验室研究的肖特基，便在这方面有所成就。

国际对德国学者的抵制，经过8年终告结束。于是在1927年9月，柏林首度举办大型的国际科学研讨会，这是遗传科学国际研

爱因斯坦像，（Ferdinand Schmutzer 绘于 1921 年）

讨会的第五届。

消遣娱乐和夜生活

日间消遣

柏林的观光客和休闲族群，在去过观光景点、湖泊和展场后，白天还做何消遣呢？逛街、购物、饮食，甚至去到欧洲最现代的游乐园，即选帝侯大道底、哈伦湖畔的"月神园"（Luna-Park）吧。一战前，柏林有三大百货公司，即堤兹、韦特海姆和卡迪威（KaDeWe）。1929年，位于新克尔恩市东南区赫尔曼广场（Hermann-platz），拥有两栋现代化摩天大楼的卡尔施塔特（Karstadt）也跻身其中。拥有直通地铁的入口及欧洲最大的咖啡厅"顶楼花园"（Dachgarten-Café）的这家百货公司，是个不折不扣的消费胜地。讲究品味与荷包充实的人，可以到位于菩提树下大街的"哈贝尔"（Habel）和"希勒"（Hiller），或是市南区路德街上同等价位的"倾听者"（Horcher）和"施利希特"。1919—1932年间，后者的老板马克斯·施利希特（Maxschlichter）原本把店开在市中南区昂斯巴赫街（Ansbacherstraße），弟弟鲁道夫（Rudolf）在柏林画社会讽刺画。他和好友格罗斯的素描，既是酒馆墙上的装饰品，又是商品。中价位的餐馆，有"阿星格"（Aschinger）之类的连锁饭店，在柏林拥有二十几家馆子和15家糕饼屋,或是阿德龙酒店较高级的餐厅,提供半量半价的餐点。原先的"皮卡帝里咖啡厅",现在是"祖国馆"(Haus Vaterland),位于波茨坦广场和今日的斯特莱斯曼街入口,1928年起,成为阿德龙的分店,容纳十余间主题餐厅,如晚间可容纳3000位客人的著名的"莱茵露台"(Rheinterrassen)。不过,像格罗斯之类的柏林本地人,则偏好小酒馆:

> 我们喜爱街角的小酒馆,一般称为立式酒吧。旁边站着门房、马车夫或装煤工,他们喝小杯淡啤酒,吃鲱鱼卷,之后再来一杯"别具风味的古柯碱"。这是种加了块泡过兰姆酒的糖块的马铃薯烧酒。

晚间的消遣性艺术

20年代的柏林施展魔力,吸引男男女女的夜猫子和做白日梦的人。这里的夜生活也可媲美巴黎和伦敦。在市中东区有"本市酒吧街"之称的猎户街上,聚集了五花八门的游乐场所,从舞厅到农民酒吧和地下室酒馆,一应俱全。除了酒家"白耗子"(Weiße Maus),还有"维也纳-柏林"和"马克希姆"(Maxim)之类的酒馆。柏林似乎也曾是古柯碱的世界都会。在许多阴暗的走廊低声呼喊,并传诵成歌舞剧中的副歌是这样的:"雪茄啊雪茄……古柯碱,这就是柏林啊。"剧作家楚克迈尔指出:"'古柯碱'……在柏林艺术界某些边缘团体里十分流行,他们把这种恶习当成趣味或才华。"1928年,极具天分、爱好一夜情的知名舞者阿妮塔·贝尔贝(Anita Berber),29岁时便因嗜吸古柯碱和吗啡而死于肺结核;迪克斯(Otto Dix)1925年为她画的肖像留存至今。她也在龙蛇杂处的"白耗子"献舞,只披一缕轻纱。在此不想被认出的人,可以戴上黑色或白色眼罩。

在20年代,柏林也是同性恋的乐园,男士仍然大受刑法第175条的限制,动不动就要遭到拘役或罚金,女性则过得比较惬意。类似沃尔姆斯街(Wormsestraße)具排他性的"宝山社"(Montbijou)之类的女同性恋社团很多,而"黄金城"(Eldorado)或"维罗纳舞池"(Verona-Diele)的女同性恋酒吧,多位于威廉皇帝纪念教堂的"浪漫咖啡馆"附近。交友广阔的讽刺歌舞表演人与女同性恋者克莱尔·瓦尔多夫(Claire Waldoff)唱道:

让男人滚出国会

再让他们滚出议会

更让男人滚出先生院

我们来弄个女士院! [1]

歌舞剧院的气氛则比娱乐酒馆更令人舒畅,一张"黑人歌舞剧"的剧照显示,在动物园旁的宇宙制片厂内,右边是伍丁(Sam Woodin)

---

[1]"先生院"德文为 Herrenhaus,即"上院"之意,而 Herr 本意为"先生"。

的"爵士乐队"，左后方则是张大海报。他们即将开始演出！貌似易激动的文人与讽刺歌舞作家梅林，将这一幕形诸文字[1]：

爵士乐团，爵士乐团，

远渡大洋来到

弗里斯科（Frisco）和西端，

吹得乱七八糟，奏得乱七八糟！

嘴上无毛，着燕尾服，

摇晃得像袋鼠，

野马和水牛

跳着这个节奏——

在欧洲各国舞厅，

他们为舞蹈伴奏。

退位的元首，

退位的元首

唱歌时鼻音真浓重！

青年克劳斯·曼倒不把爵士乐理解成舞蹈乐，而是从中看出这种娱乐和整体恶劣情势之间的关系：

---

[1] 讽刺歌舞 Kabarett，一译"卡巴莱"。

数百万营养不良、精神败坏、恣意享乐、耽溺情欲的男男女女，在爵士热中左摇右摆。这种舞蹈成为癖癖、执念，乃至迷信。股票随时震荡，部长经常更换，国会漫无章法，残废的士兵和发国难财的、电影明星和卖笑的娼妓、得到补偿的逊位君主和全无补贴的退休教师——全成了回光返照的可怕元素。诗人陷入半昏迷，以预见未来。新歌舞剧的"小姐"们挑逗地大摇其臀。大家跳着狐步舞、欣密舞（Shimmy，又译"希米舞"）、探戈、旧式华尔兹和时髦的舞蹈病。人们舞着饥饿和歌斯底里，害怕及贪欲，恐慌与惊骇。

美国黑人歌手与舞蹈家约瑟芬·贝克（Josephine Baker）融合了舞蹈、爵士乐和裸露。1926年，根据歌舞剧作者内尔松的一首《黑人歌舞剧》，她在柏林的巡回演出令部会的官僚们乐不可支，引起舆论对立。德意志民族的道德守护者，从约瑟芬光洁的皮肤看出国家的道德败坏：

来自法国的年轻女黑人，在柏林的舞台上一丝不挂，还被赞美成伟大的艺术家。黑人管弦乐团在顶级的饭店演奏，学会黑人舞蹈则被当成特殊的成就。白人和黑人通婚，还被看成极现代的行为。这种艺术的整体宣传方向是格外一致的——目的就在败坏德国人的艺术意识。

喜欢男子的凯斯勒伯爵对她倒是有几分想象：

> 于是我前往市中心巴黎广场福尔默勒（Karl Vollmoeller）
> 那儿去看他的班底，发现混在六位裸露少女当中的莱因哈特和
> 胡尔德辛斯基（Huldschinsky），其中也有裸露到粉色耻毛的贝
> 克小姐及扮演抽烟的年轻人的小卢忒（Ruth，菲舍尔的外甥
> 女）。贝克的舞蹈颇为怪诞，极具个人风格，类似埃及或希腊
> 的杂技演员，却更加得心应手。这会儿一定是古代以色列的所
> 罗门王（Salomo）或图坦卡门法老的舞娘在表演……迷人之
> 至，却甚少色情。

不过，裸舞并不是由约瑟芬·贝克最先带到柏林的。早在1921年，
来自德国北部赖特（Rheydt）的采齐莉·施密特（Cäcilie
Schmidt），即化名为采莉·德·赖特（Celly de Rheydt）的芭蕾
舞团，是德国第一个裸舞舞群。起初她在她情人的民间俱乐部里，
然后才在选帝侯大道和雉鸡街(Fasanenstraße)交口的内尔松剧场
表演——她们很快就走红了。两年后，便有几个剧团加以仿效，如
内尔松剧场的大歌舞团、阿波罗剧场或位于腓特烈门町海军上将殿
的"哈勒"（Haller）剧团，把跳大腿舞的"提勒女郎"（Tiller-
Girls）及一大群稍事遮掩的女孩的"生动画面"搬上舞台。这更吸
引了一批批尤其邻国的男性观光客，趁着恶性通货膨胀的时机，来
到柏林廉价地享受在荷兰或丹麦所不许的裸露程度。

在柏林这种情色氛围下，素有花花公子恶名的图霍尔斯基，给小歌剧女歌者、歌舞演员、戏剧演员特露德·黑斯特贝格（Trude Hesterberg）写了首情歌：

就连韦德金德的露露

也不及你的妩媚。

因为你越是香肩轻露，

大家越讲着"她还穿着！"饰演伊菲格妮的你只戴了

手表啊手表，

我见识到那白皙的项颈，

你的臀简直浑然天成！

解下，佩托内拉，解下吧！

你可是不要一成不变，

这样才能红透半边天。

整个场子喝彩声之大——

解下吧，佩托内拉，解下！ [1]

提到特露德的歌舞剧之后，便可来谈谈与之关系密切的柏林讽刺剧。她拥有自己的小型表演舞台，亦即在西端剧院地下室的"野

---

[1] 韦德金德（Wedekind）为性前卫剧作家，露露（Lulu）是韦氏脚本经另一剧作家改编的作品中的性感女主角；伊菲格妮（Iphigenie）在希腊悲剧中是一个关键人物，她的父亲，迈锡尼国王阿伽门农将她作为牺牲献给阿耳忒弥斯女神，使希腊舰队得以顺风启程围攻特洛伊。

性剧场"(Wilde Bühne)，在这演出过二十余部讽刺剧，部分纯属嬉笑怒骂，部分则具有文学和政治的煽动性。属于后者的有：1919年，由莱因哈特在大戏馆地下楼创办的"声音与烟雾"(Schall und Rauch) 讽刺剧组、瓦莱蒂 (Rosa Valetti) 的"自大狂"及康德大街的"丑角卡巴莱"(Kabarett der Komiker) 剧坊。偏重余兴节目的卡巴莱，则有内尔松的"艺术家之戏"(Künstlerspiele) 及其在选帝侯大道的"内尔松剧团"(Nelson-Theater)。

爱因斯坦是否对政治讽刺剧感兴趣，则不得而知。他倒是观赏过俄国流亡者讽刺剧组"青鸟"(Der blaue Vogel) 的演出，他们住在市中南区的温特菲尔特广场（Winterfeldtplatz）郭尔茨街 (Goltzstraße)。乌尔施泰因出版社总编克雷尔 (Max Krell) 提过这件事，当时他跟爱因斯坦彼此并不认识：

> 我只在几年前选帝侯大道的剧院里看过他。俄国歌舞剧组有巡回演出，这位一头灰色乱发的先生在包厢里看得很高兴。引人注目的程度，令节目主持人尤施尼 (J.D.Jushnij) 从台上丢给他一颗大球[1]。一时之间，两位成年男子便快活地在前排观众头上玩着这颗球。

---

[1] 尤施尼为青鸟的团长和节目主持人。

舞会、沙龙和宴会

柏林舞会旺季的高潮之一，就是在阿德龙酒店举办的外国报社联合会的大型舞会。更重要的，还有柏林报刊协会每年1月最后的礼拜天，在动物园饭店节庆厅的舞会。这种"共和国的勋章节"乃是独特的社会大事，由媒体人士邀集各界名流齐聚一堂。

身着礼服的"20年代名士"在此聚会，从总理、阁员到使节团……科学院各所所长、大学校长，乃至卓越的出版家、工业家、银行家和指挥家。此处聚集了电影和戏剧的名流光环……在此可以见识爱因斯坦和普朗克的谈话，伊丽莎白·贝格娜和莱因哈特或德国拳王施梅林（Max Schmeling）在法国舞蹈家、歌唱家珍妮·米丝廷盖特（Jeanne Bourgois Mistinguett）旁共进龙虾沙拉，青年剧作家楚克迈尔和飞行家乌德特（Ernst Udet）一同用餐，后者正是前者十多年后流亡期间所写的剧本《魔鬼将军》的范本，或是看见英国大使达伯农（D'Abernon）勋爵与斯特莱斯曼夫人共舞。

为现场6000多位来宾伴舞的，是6个最知名的乐队。如果爱因斯坦带艾尔莎赴会的话，届时她会跟谁交谈呢？爱因斯坦会跳舞吗？他倒是似乎不曾跳过。假使不是在报界的舞会，总会拍下一张他在跳舞的照片吧？有比较无关乎跳舞的——大家玩着"看与被看"的游戏,彼此交谈,照着节目的流程参与电影基金会所安排的多种义卖。

国会大厦旁富丽堂皇的宫室,拥有国民议会议长与其官员的府邸及接待外宾的"尊贵厅"(Großen Saal)。1920年至1932年间,这里住着社民党的国会议员,自1924年起则住着国民议会议长勒贝(Paul Löbe)。每逢周日,他会轮流邀请柏林各劳工团体聚餐。政治、经济、学术和艺术界常被邀到这种"议院晚宴"的贵宾,包括1922年至1932年俄国驻柏林大使克雷斯廷斯基(Nicolai Krestinski)及罗马教皇使节帕切利(Eugenio Pacelli),即后来的教皇庇护十二世(Pius XII),亦即"两位能言善道、令人惬意的陪客"。另外,像是爱因斯坦、演员科特纳(Fritz Kortner)和伊莉莎白·贝格娜、歌剧家齐普拉(Jan Kiepura)和阿尔帕尔(Gitta Alpar)及出版家与剧评家克尔都在应邀之列。

当时的交际应酬,主要是私人宅邸的邀宴,而在"沙龙"传统中,则出现若干新风貌,这种场合有时还会聚集上百位宾客。不过,在此却划分出各种不同的社交圈,如金融、政治、艺术、报社、贵族及共和主义者和少许的君主主义者。支持共和的人聚集在枢密顾问与极具影响力的通用电气(AEG)总裁费利克斯·多伊奇(Felix Deutsch)及其热衷政治的妻子莉莉在烟雾街(Rauchstraße)和德雷克街(Drakestraße)交口的别墅。总统埃伯特和勒贝在此交换意见。苏联的要人也借此和拉特瑙、维尔特及德国经济龙头会商。凯斯勒伯爵叙述道:

爱因斯坦和泰戈尔（1930 年）

晚上在多伊奇家的盛大家宴：埃伯特伉俪、霍顿（Alanson
B.Houghton）、克雷斯廷斯基伉俪、热韦尔斯（Gevers）、勒贝
伉俪和政商名士沙赫特伉俪等人……埃伯特夫人……给人几分
高贵的印象，仿佛是易北河以东的女伯爵，体格稍微壮硕，肤
色略微偏红，却不失优雅。更具特色的是，在这样的上流社会
中，她只穿着一件剪裁朴素、无任何花饰的衣服，像一般劳工
妇女那样，颈项挂着一个小小的金十字架。[1]

爱因斯坦夫妇似乎没有进入这个圈子，尽管他们被邀请到类似的豪
宅，如住在格林瓦德／施玛根多尔夫（Schmargendorf）的克伦贝
格街（Kronbergerstraße）的安德烈埃夫妇（Fritz und Edith
Andreae）家里。先生是"哈戴（Hardy）银行举足轻重的股东"，

---

[1] 霍顿是美国驻柏林大使，热韦尔斯男爵是荷兰公使。

太太则是拉特瑙唯一的妹妹。安德烈埃府中常有音乐演出，冬季时更有学术讲演。金融巨头的聚会场所，则有德累斯顿银行总裁、柏林—万湖高尔夫及乡村俱乐部会长古特曼（Herbert M.Gutmann）在波茨坦的别墅"赫尔伯特府"（Herbertshof）。担任俱乐部副会长一段时间的卡岑内伦伯根，在高尔夫球场旁有一间平房。艺术家喜欢到像柏林贸易公司的股东叶德尔斯（Otto Jeidels）博士之类的赞助者家里，或是找银行家西蒙（Hugo Simon），他是独立社民党员，"人民委员会"政府时期曾任普鲁士财政部长。1930年夏，西蒙设下"大型早宴"接待法国画家与雕塑家马约尔（Aristide Maillol）时，爱因斯坦也跟李伯曼和雕塑家勒妮·辛特尼斯一样在受邀之列。马约尔显然事先不曾听说过爱因斯坦，便问凯斯勒伯爵："嗯，一颗漂亮的头，他是诗人吗？"后来出现一张合照，即爱因斯坦和1913年诺贝尔文学奖得主泰戈尔（Rabindranath Tagore）的合照，马约尔对此还表示："诗人泰戈尔有一颗思想家的头，而思想家爱因斯坦有一颗诗人的头。"按照社会礼俗，爱因斯坦夫妇得回请。1922年3月，凯斯勒伯爵也成为晚宴的宾客：

> 晚上在爱因斯坦家吃饭……有点手笔太大的家宴，显示这对亲切，甚至有些纯真的夫妇的几分热诚。多金的科佩尔、门德尔松夫妇、理事长瓦尔堡和穿着跟以往一样寒酸的和平人士德恩堡（Bernhard Dernburg）等。某种善良和淳朴，为这种典型聚会增色，透过近乎家长制和童话般的元素而更添风采。

10 柏林时期的爱因斯坦

Der Mensch Einstein in seinen Berliner Jahren

在维也纳演讲（1921 年）

由外部观之

1920年9月，爱因斯坦42岁时，写给8岁的外甥女一段反讽的自我描述："所以我告诉你，我长什么样子：脸很苍白，头发长长的，还有一点小肚子。另外，就是走路的样子有点笨拙，有时嘴上叼一根雪茄，口袋或手上带着一只钢笔。不过，他可没有O型腿或肉疣，所以还满好看，也不像一般丑丑的男人手上长毛……"长头发后来被艾尔莎理掉。信中没有讲到他自己的深色头发，也没提到深色胡子，这是他留了一辈子，且跟头发一样逐渐发白的。也没讲到明显的下巴、酒窝和眼睛，尽管有不少人喜欢他的眼睛，如诗人克莱儿·戈尔（Claire Goll）："爱因斯坦有双神奇的，却又爱梦想且嘲讽的眼睛。"或是像艺术史家魏斯巴赫（Weisbach）所描述："当这位大人物举止从容、拘谨、满头浓密的黑发，站在我面前时，轮廓柔和的脸上那双沉思和善的眼睛随即吸引了我。"这两种描述均符合一次大战期间三四十岁的爱因斯坦形象。至于诗人狄摩（Ossip Dymow）所描写的爱因斯坦容貌，应该是出自晚得许多的时期：

不同时期的爱因斯坦群像

　　首先令我惊奇的，是他那异常巨大，甚至有些夸张的额头及其明显的亮度。再来就是那双褐色眼睛，专注、慧黠、善良，认真得像儿童。眼睛比额头和白发年轻得许多。嘴角透着几分淡淡的哀愁，正像某些早熟的孩子。

克劳斯·曼的描述也是上了年纪的爱因斯坦："爱因斯坦有着漂亮

的银发、饱满的额头和高深莫测的眼神。怎么样的眼睛哪！他不需要讲什么话——所讲的通常并不重要。他的名气此时似乎有些多余，星辰般的眼光足以佐证他的伟大。"

在20年代，小个头的爱因斯坦即使没有"小腹"，尤其在穿西装背心或毛背心时，仍然引人注目。异于一般说法，他在外头的穿着倒是不会随便或邋遢。他根据校方、院方和社交不同场合，穿戴硬领、领结或领带和西装，并视情况穿晚礼服。夏天时，他穿着浅色衣服，不戴草帽；冬季时，是深色披风和散步手杖。要是艾尔莎没有打点而出现若干疏失，谁会怪罪这位心不在焉的学者呢？因为爱因斯坦会忘记柜子里才烫过的长裤，而穿起皱巴巴的那件。他也不是唯一缺少时尚感的学者，某些像袜子或室内拖鞋之类的东西，他认为是多余的。他在沙滩上穿女用凉鞋时，倒是让人拍了照——

爱因斯坦终生与烟斗为伍

今日都还贩售着这样的明信片。爱因斯坦没规没矩的场合只有在家里：他曾不穿内衣，只披夹克在吃饭，或是走出浴室时，浴衣没有完全遮住重要部位。女佣刚好在现场，因而面红耳赤，他却为此取笑她。从种种画像看来，除了前述的雪茄，爱因斯坦还抽着各种形状的烟斗。即便医师们警告过他，他依旧不愿戒烟。

由唱片和广播录音听来，爱因斯坦声音悦耳，较高的音调和较重的鼻音，则是若干德国南部施瓦本人的共同特色，却无施瓦本地方口音。爱因斯坦的模样颇具吸引力，尤其对女性。伊尔姆佳德·科伊恩（Irmgard Keun）在她的长篇小说《人造丝姑娘》中让放肆的朵瑞丝（Doris）说个不停：

一直以来，爱因斯坦那儿童般的眼睛都是他的标志。图为1921年，爱因斯坦在维也纳演讲，时年42岁。

……相当出名，却比不上爱因斯坦，在超多报纸上都可以看到他的照片，让人没法子做太多想象。我常想，要是我看到他有着快活的眼睛和鸡毛掸子般头发的照片，要是我在咖啡馆看到他正穿着狐皮大衣、一身时髦的行头，他或许还会告诉我他在拍电影，有了非比寻常的交往后，我就会冷冷回他一句：氧化氢就是水[1]……

---

1 似乎意谓习性就是习性，改不了的。——译者注

爱因斯坦一定拥有不寻常的专注能力，让他能够进行数小时的思索和计算，甚至忘记饮食和睡眠。不过，他喜欢吃，也吃得多，还曾指出自己的饮食就和工作一样，没有节制。爱因斯坦在母语方面，也有特殊的表达天分，这是他在写作和演说时偏好的表述工具。尽管有时也会讲讲法语、英语或意大利语，却从不曾把这些外语学到流利。

性情中人

爱因斯坦被描写成生性快活的人，笑得跟好友艾伦费斯特一样多。普勒许这么描述他的特质："笑声是诸神赐给他的最美的天赋之一。碰到好笑或奇怪的事情，他能够打从心底发笑。奇特的是，就算别人都哭了，他还是笑着。我听过他大笑讲着令他痛彻心扉的事情。"要是真的伤心，爱因斯坦也会哭泣：为了孩子离开身边、为了好友过世，及普朗克失去一个儿子与两个女儿。他也有生气和特别大声的时候，例如跟艾尔莎闹得不可开交时。据他的长子所说，父亲的脾气"跟水龙头一样"是可以开关的。不过，爱因斯坦并不能够完全避免"粗暴的对待"。所以，当汉斯不听教时，爱因斯坦会打他。据说，跟米列娃也有过拳脚相向的时候。所以，他不是很温柔敦厚的人。卓别林（Charlie Chaplin）这么描述他："他看上去拥有典型德国南方人的和蔼可亲。尽管举止温和、安详，我却感觉到他的内心隐藏着极激烈的性情，源源不绝提供他罕见的智性能量。"他认为爱因斯坦也跟所有科学家、哲学家一样，是"升华的浪漫主义者"，能够使自己的热情导向不同的管道。

爱因斯坦是个富有同情心的人，不会随便怀疑别人说的话。他可能在成名之后，才养成这种怀疑心，因为有些人想趁机利用他。在柏林时期之初发生过一件事，他决意以书面方式帮亲戚的女佣，对付她所谓她孩子没良心的父亲，"为了她的权益来帮助她"跟他理论。他签下具有权威性的职衔，即皇家普鲁士科学院院士。真相很快就大白，这位母亲是个精神变态，整件事都是捏造的。艾尔莎只得为这种难堪事情善后，照她的话讲，爱因斯坦"在此白白浪费了他的博爱情操"。

爱因斯坦的主要性格，展现在他的独立自主需求上——摆脱难堪痛苦的感受，摆脱物质事项、别人的看法、外部加诸的社会义务，如指导研究生、服兵役、对某党派的从属、同某一女性的排他性关系，及种种非他所愿的思想。虽不能说爱因斯坦是自私的人，他内心却总与他人"保持距离"。罗马尼亚艺术史家暨国际联盟委员会执行秘书（爱因斯坦担任过委员）奥普雷斯库（George Oprescu）形容得相当中肯："柏格森深具理性，爱因斯坦则拥有直觉和热情，爱好形形色色的自由、坦率和活力，有时出之以童真的措词，对艺术敏感……"发明相当抽象的相对论的人，还算不上"深具理性"，听来有几分奇怪。他在理论物理学中用的固然是概念和数学运算，却不会拿来在日常生活中表述。对爱因斯坦而言，"直觉"同时在这两个领域扮演重要角色。当洛克菲勒（John D. Rockefeller）表

爱因斯坦与波利（Wolfgang Pauli）

示"我相信直觉"，而爱因斯坦却回复"我相信组织"时，后者尽管只是指研究推广工作，但直觉却适用于解释他的许多作为。

他有两项最受称道的特色：简朴的生活方式和谦虚为怀。爱因斯坦穿着朴素，口袋里似乎不曾有钱。除了烟瘾，也没有什么"恶习"。他不爱出风头，更不像另一位天才物理学家与诺贝尔奖得主波利（Wolfgang Pauli）那么趾高气扬。他在布拉格大学的就职演说，令数学家科瓦莱夫斯基（Gerhard Kowalewski）印象深刻："爱因斯坦言行举止极为朴实，掳获了大家的心。他从高处看人生之事，一般人以为重大的事情，在他均无关宏旨。"爱因斯坦之所以如此"受欢迎"，或许不是因为他是大物理学家，而是（由寻常处看）因为他是热爱生活、对外界散发可亲魅力的人。有的天才被描述成好强、高傲、令人退避三舍，据说牛顿就不是个特别亲切的老光棍。拉斯克－徐乐儿的优美诗作和她的日常举止间，就存在着重大分歧；爱因斯坦则不是这样。不过，他性情较黑暗的层面，显露在对待妻子和孩子的方式上。

　　至于爱因斯坦口袋里从来没钱，原因不只在于艾尔莎的节俭，更在于他的需求真的很少。他习惯在家吃饭，很少上咖啡馆，更没有常去的馆子。当他去见有钱的女朋友时，均由她们买单。此外，看戏、听音乐会，拿的常常是免费券或贵宾券——爱因斯坦来到现场，这在当时就是个轰动的新闻题材。就连书籍，尤其新书都会送

爱因斯坦在柏林时的穿着，看起来像一个小公务员，图为爱因斯坦在柏林街头（1922 年）

给他，据说，他的书房几乎全是这种赠书。他是否正如一般传闻，对自己那么小气呢？这里有两个例子。"若不是为了正式的邀约，他最喜欢坐第四等车厢，这种车厢现在已经停用。他爱穿得像稍稍过得去的工匠或是小公务员。处在这些平民之中，他觉得最自在。"另一个例子，他的远亲侄子保罗·科赫（Paul Koch）讲述，有次爱因斯坦投宿，可能在比利时的安特卫普皇宫附近的旧旅馆时，保罗去看他——"我走进这家相当朴素，甚至有些简陋的旅馆，询问柜台：'爱因斯坦教授住这里吗？'时，接待主任起疑地看着我，随即点了点头。'是的，我们这里有位自称爱因斯坦的人，可是我认为，这并不是那位有名的爱因斯坦，我们的爱因斯坦看起来很穷。'阿尔伯特叔叔真的住在最便宜的房间……"爱因斯坦显然很少注意自己的外表。

　　早年爱因斯坦身为研究人员时，并不是这么谦虚。发表第一篇论文后、拿到博士学位前，他向几位知名的科学家，如莱比锡大学的奥斯瓦尔德（Wilhelm Ostwald）、哥廷根大学的里克（Eduard Riecke）应征助教职，颇理所当然地认为自己将有所成就，笃定表明自己的优越条件。1908 年，在伯尔尼刚刚拿到大学讲课资格的爱因斯坦，写信给汉诺威大学的著名教授施塔克（Johannes Stark）："您在涉及惯性质量和能量之间的关系方面，不承认我的优先权，令我感到有些讶异。"如前所述，他与知名数学家希尔伯特的不和，同样也是为了类似的缘故。爱因斯坦在设法贯通电磁学和引力方面的自信，让他在 1929 年，即五十大寿前，还写信告诉贝索：

> 不过，我不断日思夜想所得的最佳结果，如今已经完成了……名称是"统一场论"。这名字看来很老套，而亲爱的同侪，乃至你——我亲爱的朋友，起初恐怕会鄙夷地向我大伸舌头。因为在这些方程式里头，并未出现普朗克常数（h）之类的东西，然而，人一旦达到统计学成见的功率极限，就会后悔而再度回到时空的见解，于是，这些方程式就会成为出发点。

爱因斯坦在此提到量子论特征，即在计量方面一般只容许做概率陈述，即所谓"统计学成见"。75年后的今天，2004年，却仍然尚未达到量子论的功率极限。这方面不断在推陈出新，而应用方面，如半导体领域，在许多日常器材当中也不可或缺。目前还没有人"后悔"地回到当时爱因斯坦的统一场论，即远平行论。爱因斯坦极为笃定地相信自己，而排斥他所不愿接受的看法，他不曾对外显示对自己及其作为的自我怀疑。

1932年，艾尔莎在写给吕谢尔夫人的信中，指出先生跟人相处时的害羞："阿尔伯特是害羞的人。不错，这很难理解，但确实是如此。有些人常常指责他骄傲，每当向这些人解释，他其实很谦虚、羞怯，没有'通常的'自负时，他们还为这种说法感到可笑。"所谓爱因斯坦"羞怯"，可能是指他不会跟人攀交情。所以他在应聘至柏林前不久，写信表示他本身并不认识其中哪位权威人士，因为"如果不是必要,我总是不好意思跟人结识"。等他1919年名闻全球之后,就的确不再需要去结识谁了——很多人都争着来认识他。艾尔莎所说的,大概是指爱因斯坦本身所感受、所自称的"典型隐居者"——他内心跟别人的疏远。关于他为人高傲的指责,在此就解释得通了。另一方面,这项责备也可能跟这种事有关,即爱因斯坦总能入境随俗,随遇而安[1]。"害羞"也可以从"害怕"方面加以解释。据玻恩指出,人在柏林,太太却不在身边的爱因斯坦,其实生怕闯空门的人"用各种想得到的办法堵住他的房门"。于是,玻恩夫妇在他39岁生日时,送了一块做成挂锁和钥匙状的蛋糕及一首打油诗。

爱因斯坦不喜欢认识人,可能因为他觉得,或许基于自己的坦率和善良,很难对人做出理性的判断。在此,他相当仰赖自己的直觉——认定为朋友的人,即使有违爱因斯坦的道德或政治原则,仍会是朋友。譬如保守倾向的朋友或同侪哈伯、普朗克、索末费尔德,或是医师汉斯·缪撒姆。缪撒姆认为,不考虑世界各民族"在生物学上的不同价值",而给予同等权利,乃是"违背天性的罪过"。相反,凡是受到爱因斯坦排斥的人,就不会再有第二次机会。

道德权威

1926年,为了罗曼·罗兰六十大寿,爱因斯坦引用了120年

---

1 似指他不会推辞各种赞美推崇他的场合。——译者注

前席勒的想法："在为数众多的下层阶级这里，我们看到粗野、无法无天的冲动。在市民秩序消解之后，这些摆脱了羁绊的冲动，更以无法控制的暴烈追求兽性的满足。"爱因斯坦以一次大战为背景，点出如下的情势：

> 粗野的大众以阴沉的激情从事工作，他们及他们所体现的国家完全臣服在这些激情下。他们抱持妄念，彼此咆哮，使对方落入不幸。他们干下恶事时，没有内心冲突。少数不愿参与群众这种粗野感受的人，尽管能不受影响、怀抱热情、坚持博爱的理想，却背负着沉重得许多的命运：当他们不肯昧着良心犯下同样的恶行，而怯懦地隐瞒他们的所见所感，便将遭到社会的排挤和麻疯病患般的对待。

爱因斯坦熟悉这种"个体"与不同"群众"或是"国家"这样的具体群集与机构间的冲突，至少自一次大战时和平主义圈内的探讨以来。当时就已使用"群众暗示"和"群众心理"等概念，这可说是时兴的议题。1919年时，勒庞（Le Bon）的《群众心理学》一书，已经出到第三版。书中指出群众的激情及他们缺乏能力进行逻辑思考和清楚的判断。有别于爱因斯坦，勒庞认为"群众"在很大程度上能够做出道德行为和奉献牺牲。这个主题以各种形式出现在爱因斯坦的表述中，如在1933年4月给托马斯·曼的信里，他确信"群体的命运首先受其道德水准决定"。道德水准则由一批展现广义的文化成就的精英所确定。爱因斯坦的见解是，他在群体和个人的交互关系里头，把重心摆在个体上，虽然"个别人的本质和意义"与其说是来自他"身为个别造物，不如说是身为较大人群的成员"的存在。根据爱因斯坦的看法，人的社会特质完全由其判断来决定的假设，并不正确。"不难看出，我们取之于社会的所有物质、精神和道德的财富，乃是得自无数世代中具有创造力的个人的……唯有单独的个体，才有办法思考，进而为社会开创新的价值。"这项见解大异于二三十年代社会主义运动中经常出现的口号："个体无所谓，集体是一切。"但这句话却近乎爱因斯坦的上司与普鲁士文化部长贝克尔的主张：

> 所以，我们的选拔办法必须是民主制的，目标却必须像任何真正的教育一样，依然是贵族式的。这种贵族式个体和民主型群众之间的张力，必须加以"维持"，并借着为群体服务，而予以松弛。

在研究爱因斯坦的观点下，扼要叙述这种个体和社会之间的对立，便"形成简化概略的世界观"。从表面上看来，个体和社会的这种平衡关系，有时会停留在语焉不详的老套："所以说，健全的社会既有赖于内部的联结，也取决于个体的独立性。"不过，爱因斯坦在国民与国家之间具体的利益冲突，即服兵役的问题上，向来采取明确的立场。在魏玛共和时期，他考量到个体，而赞成拒服兵役；

国社党人取得权力后，则基于国家考量，确切地讲，是为了一个与纳粹政府抗争的德国，而赞成兵役的必要性。基于对个体的支持，爱因斯坦赞成将国家的功能缩减成只为个体提供保护和有用空间，并不考虑一般人在情绪上对国家制度的认同。因此，他的立场是以具有国际思维的"世界公民"为准的。爱因斯坦有别于他的同僚，自己的"群体认同"是针对跨国的学者群，而不对普鲁士科学院、柏林大学或德国物理学会。然而，爱因斯坦并非全无矛盾的人——显然，他对瑞士有同感，对威廉皇朝和魏玛共和的政治德国则有不少反感。爱因斯坦的国际主义自然而然和他的和平主义挂钩：战争破坏了跨国的学者群，更抹煞了国家等等该为个体扮演的角色。在这个脉络下，便可以了解爱因斯坦之所以参加国际联盟，进入其下辖组织"知识分子合作委员会"（Komitee für intellektuelle Zusammenarbeit）工作的原因。

至于道德价值，并非直接由学者的研究产生，这对爱因斯坦而言，似乎不成问题。如同他后来给好友兼译者的索洛文的信中表示，科学的唯一目标，便是确定事物之所是，而与决定事物的应然无关："科学所能够提供的，只有具逻辑脉络的道德语句及实现道德目的之方法，但目的之确立本身，却不在其权限范围内。"那么爱因斯坦的价值表从何而来呢？可能来自他在家族和学校环境中的社会化，其中包括《圣经》、新人文主义及对"美、真"乃至"善与正义"的追求。他摒弃所谓的"超人"道德，他的伦理观不是"责任"，也大有别于处罚或奖赏。爱因斯坦不认为科学家对自己的研究成果负有直接的责任，科学仅仅提供辅助工具，其应用必须受道德价值的规范。对权力与利益的追求，在爱因斯坦的价值体系中，并无任何地位。归属于"至善者"，或许就是最能带给他喜乐的最终追求，而至善则发自个别的人："不论艺术作品或重大的科学成就，伟大与高尚均出自单独的人格。"爱因斯坦在施特鲁克（Hermann Struck）为其所制的一幅铜版蚀刻肖像下，写下这句话，并在1920年左右寄给柏林的汉斯·缪撒姆："在客观衡量下，人们借着热切追求真理所能获得的，实在渺乎小矣，这场追求却能让我们挣脱自我的镣铐，成为至善者的同伴。"

爱因斯坦的宗教情操

个体感受到人的期望和目标之微不足道，展现在自然界及思维世界崇高和奇妙的秩序中。个体把个人的生存视为某种牢笼，且乐于把存有之整体看成某种统一与意义非凡的事物。旷观宇宙的宗教情操，很早就发轫自初期历史发展阶段，如《旧约》若干古以色列王大卫（David）《诗篇》及几位先知的讲论。佛教中这种宇宙性宗教情操的成分，更是浓上许多，这尤其是叔本华的精妙文章所教示过的。

并非每个人都能从爱因斯坦这种抽象的宗教信念，汲取某种积极的要素。对多数人而言，宗教有助于探索个人生命的意义，并领会世间苦难和罪的道理。于是人便不得不思及神（Gott）[1]，他跟人息息相关，拥有"介入"的大能。在爱因斯坦的《信仰告白》一文中，则有违这项信条："我信斯宾诺莎的神，他临现在万物法则的和谐之中，而不相信一位与闻人的机运和行动之神。"他在另一处也表示："我无法想象任何具有人格的神，直接影响单一受造物的行动，或是径自加以审判……我的宗教信仰存在于对无远弗届的精神（Geist，一译"灵"）之谦卑的赞叹，这精神展现在少数能使我们认识到自己与面对实在时理性之软弱和易于跌倒之事。道德是无上重要的事体，却不是为神，而是为我们。"所谓由"万物之和谐"观之，"苦难"不过是个人所遭遇或承受之事，并不重要——这种思想并不能慰藉任何人。英国数学家、哲学家与和平主义者罗素认为，即便暴行其来有自，而从属于较大的整体，仍是某种恶。尽管如此，爱因斯坦对别人的物质困境并不冷漠以对。他的热心助人，非着眼于宗教，而是发自世间的人文情操。女婿凯泽指出，有求于他的人，却抱持不同的观感："他好比能行神迹的犹太教拉比，大家仿佛在寻求他的拯救和医治。"

　　爱因斯坦相信，如同存在着不受人影响的"真理"，世上也有不依赖于人而存在，却无法加以证明的"实在"（Wirklichkeit）。这是他跟泰戈尔之间的歧见。泰戈尔认为，真理虽然超乎个人，却不超越人世，否则，真理和美对人而言，便不过是缺乏内涵的概念。爱因斯坦因此认为，自己比泰戈尔更倾向于宗教。爱因斯坦认为这

1 为同时顾及基督宗教和犹太教，在此只采"神"这个译法。　　——译者注

个道理也显示在物理学中，亦即存在着独立于任何人为计量过程的实在。像是薛定谔、海森堡和狄拉克的量子论，主张所预言的测定结果，一般只具有某种或然率，便是爱因斯坦毕生无法同意的。这个立场更让他与当时多数知名科学家之间壁垒分明。他以"无远弗届的精神"为依托，并表示"神是不掷骰子的"。他的相对论采纳了牛顿力学典型的定命论，更借助于叔本华而推广到人世范围："我不相信意志自由"；"我们的行为似乎带有这种恒常生动的意识，即在思考、感受和行动时的人，不是自由的，而是如同运行中的天体，受制于因果关系"。他有时显得缺少救人苦难的同情，例如放弃生病的么儿，是否正出于这个缘故呢？在1932年的《信仰告白》中，他也表明，这项体认让他免于"把自己和世人认定成能判断和行动的个人"而妄下断语。这种态度可以拿来说明，爱因斯坦不因自己的学术成就而显露骄气，及对外界褒奖无动于衷。

对于宣扬具人格的神的启示宗教，爱因斯坦并无敌意："还有另一个问题，即是否应该对抗关于人格神的信仰。弗洛伊德在最近的文章中表示了这项观点。"我本人绝不会投入这种工作。因为在我看来，与其缺乏任何超乎经验的人生观，不如抱持这样的信仰……"由此可知，自从移居意大利和瑞士以来，爱因斯坦就不觉得自己皈依任何宗教，甚至不依属犹太社群的信仰形态。他也进犹太会堂或基督教堂，却只视之为一种活动地点或美感空间。宗教的规矩和习俗，他是无所谓的，只有在觉得有必要让大家一团和气时，他才会稍加遵守。

他的犹太认同

尽管爱因斯坦并非到了柏林才遭遇社会和政治形态的反犹主义，却表示，直到在柏林与之对抗时，才发现自己的犹太认同。在1929年10月给黑尔帕赫（Willy Hellpach）教授的信中，他写道：

> 我15年前来到德国时，才发现自己是犹太人，这项发现与其说是通过犹太人，不如说是通过非犹太人促成的……我看到非犹太多数者的学校、小报和许许多多文化因素，是如何消磨掉我同胞，甚至其中最优秀者的自信心……并感受到这种事不应该继续下去。

或许在一次大战期间，若干同僚已令他察觉人家对他的犹太血统怀有敌意，尤其他在对战争的表态上，还跟他们对立。再加上他整个战争期间，跟非犹太人的妻子周旋，也就难怪爱因斯坦的犹太认同及其对犹太复国主义的立场，早在魏玛共和初年便已然成熟。

1925年的柏林，只有17.2万名犹太居民，是不超过全市人口5%的少数族群。至于本地的俄国居民人口，由于俄国革命期间的流亡潮，1922年则有20万名俄国人。犹太少数族群在贸易和金融界颇具影响力，如德意志银行和德累斯顿银行总裁韦特海姆和提茨百货公司的老板都是犹太人。例如柏林商人及企业家公会（Verein der Berliner Kaufleute und Industriellen）或是医师和律师公会之类的组织，均有犹太会员在内。1898年时，柏林商人及企业家公会会员中，犹太人占53.3%，理事会中占61.9%。到了1929年，犹太成员占了54%，在理事会中则占了八成。像是乌尔施泰因和莫斯之类的大报社，为犹太人所有，戏剧评论则几乎全出自犹太人的手笔。他们对美术、戏剧和学术的贡献不容小看。这方面知名的剧场总监或导演，就有布拉姆（Otto Brahm）、莱因哈特和耶斯纳，演员则有格拉纳赫（Alexander Granach）、恩斯特·多伊奇（Ernst Deutsch）和伊丽莎白·贝格娜。科学家当中就有哈伯、化学家维尔施泰特（Richard Willstätter）、弗兰克和赫兹。

由于在威廉时代犹太人担任公职的途径极为有限，1910年时，犹太人在高等法院只占5%，一般法院占6.9%。这相当于所占人口比例，却不敷其需求。学法律的人大多在产业界或律师业谋求生计——1906年，柏林犹太律师的比例占了52.8%。在1909至1910年间的普鲁士，大学里犹太裔正教授只占平均值以下的2.6%，而副教授则占11.6%和14.5%，高过对应的人口比例。犹太人改宗受洗的数目，也显示类似的比例。在此应该注意，在信奉新教的普鲁士及国内各地，天主教徒也很难取得大学教职和较高的国家官职。就体制面来看，魏玛共和时期犹太公民的融合情形，看得出明显的进步。不过，大学讲师提奥多尔·莱辛（Theodor Lessing）在书中倒是把1930年的情况描写得太乐观了："当时在精神生活的各类领域，都看得到出类拔萃的犹太人。如今这种精神已在柏林的大学绽放光芒，可由三个犹太人名来体现：爱因斯坦、柏格森和哲学家胡塞尔。"柏林一地确实较为宽容，但犹太人的一般地位，并未因为爱因斯坦而有所改善，犹太公民依然遭到歧视。

　　但是，爱因斯坦还是宣扬了公义和人性尊严的道理。在柏林的犹太人民里，存在着两者的重大社会差异，即文化上力求融合的中产及大资产阶层，及主要来自波兰和俄国、一概被称为"东边犹太人"的移民，尽管不是所有人都缺乏良好的职业条件，却都不愿同化且处于赤贫。这些移民只能住在较差的环境里，如市东北的玫瑰谷（Rosenthaler）或谷仓社区。至于爱因斯坦本身是否待过谷仓社区，则无关宏旨。不过，东部犹太人的处境，想必激发过他的社会正义感。早于 1923 年 11 月初，约略是希特勒在慕尼黑人民啤酒厅（Münchener Bürgerbräukeller）谋叛之前很久，一批受"民粹派"唆使的流氓和皮条客，到谷仓社区打家劫舍，"他们砸破窗玻璃，见人就打，硬把大家从会堂拉出来，强迫男女全脱光衣服，用藤条及种种方式欺负他们。没错，虐待人、玩弄人，这些衣冠禽兽。"其实，早在 1919 年 12 月 30 日，爱因斯坦便在《柏林日报》一篇文章中，强烈反对当局计划针对东部犹太人采取"最强硬的措施，亦即全关进集中营或悉数驱逐出境""会导致莫大灾祸的驱逐东部犹太人，将提供世人关于'德国人劣根性'的新证据，并给人们口实，致使以人权为名义的重建德国工作更加困难。"

　　1920 年 4 月 5 日，在爱因斯坦回复反对犹太复国主义的"犹太信仰德国公民中央协会"（Zentralverein deutscher Staatsbürger

Jüdischen Glaubens）的信中，拒绝参加为了在学术界对抗反犹主义而举行的集会，表明他对犹太自我意识的看法：

> 只有当我们敢于把自己看成一个民族，只有在我们重视自己时，才能赢得别人的尊重，亦即发乎内心的尊重。只要犹太人和非犹太人彼此接触，心理现象意义上的反犹主义便会存在——但这又何妨呢？或许正因如此，我们才得以成为一个种族，至少我是这么认为的。当我看到"犹太信仰的德国公

作为有史以来最伟大的犹太人之一，1968 年的
以色列 5 镑纸币使用了爱因斯坦的肖像

民"一词时，便不禁发出苦笑……在这个名称里，隐藏着纯真心灵的两项招认，亦即：1.我不愿跟我穷苦的东部犹太弟兄有任何瓜葛；2.我不愿被当成自己民族的孩子，只愿被视为宗教社群的一分子。这话正当吗？我既不是德国公民，内心更没有什么可以被人称为"犹太信仰"的东西。然而，即使我不把犹太民族看成被耶和华拣选的民族，我依然庆幸自己从属于它。

爱因斯坦在此用了"民族"、"国家"，甚至"种族"等概念来界定犹太社群。随后，他却通过较少争议的"族"（Stamm），即如"德意志族"的概念来取代种族概念。按照他地理和语言的出身，照理应该自觉从属于施瓦本族。1922年日本之行期间，他在香港访问来自阿拉伯国家很小一群犹太侨民时表示："如今我相当确信，1500年来犹太种族维持得相当纯净，因为来自幼发拉底河－底格里斯河（Euphrat–Tigris）国家的犹太人跟我们极为相近。这种共同归属的感受也非常浓烈。"种族"概念的使用，在当时非比寻常。自19世纪末以来，种族议题在学术及伪学术性讨论中，扮演了值得注意的角色。1930年时，巴芬克（Bernhard Bavink）倒是在他广受阅读、关于自然科学的成果及问题的书第四版中指出："大家以最含糊的方式，把民族概念和种族概念相混淆，因而导致各种判断的莫大混乱……"德布林甚至曾经把这种应用在人类的种族学说，称为"畜牧场的邪门歪道"。

1930年时，爱因斯坦写信给《血液中的遗产》一书作者莱温松（Ludwig Lewinsohn），信中对犹太人的特征描述颇为理想化：

> 在我看来，我们犹太人是某种道德贵族——即便已受到外界影响而部分有所衰落。我们必须追求不带民族主义狂傲的团结和自信，更要维持我们政治上的世界公民身份。但我们不能孤立自己，正因为我们大多数属于广义的精神劳工阶层，且依赖于多种经济交互作用，迫使我们以一种大家赖以共同生存的形态进行某种适应。

不久之后，在 1932 年，爱因斯坦认为，犹太身份几乎全然是一种"在生活当中及面对生活的道德观"。"依我之见，犹太人人生观的本质应是：对所有受造物的生命之肯定。只有在效力于美化，并提升所有生物的生命时，个体的生命才有意义。生命是崇高的，亦即所有评价均取决于这项最高价值。"就像在界定他自己的宗教情操时那样，这里给人的印象也是由于爱因斯坦对简单和和谐的追求，会让有待界定之事的特性变得模糊。

综上所述，在爱因斯坦看来，他与犹太社群的亲缘关系具有高度价值。不过，要是他在认真设法界说自己的犹太识别的同时，不作上一首打油诗的话，就不像他自己了。作家托尔贝格（Friedrich Torberg）就送了他一首：

> 若我端详犹太人，

多少觉得不甘心。

当别人讨我喜欢，

做犹太人才情愿。

身为科学家的自画像

爱因斯坦在普朗克六十大寿致辞时，谈到促使他从事科学的两项动机：

> 首先，我同意叔本华的见解，即从事艺术和科学的最强动机之一，便是逃避日常生活令人痛苦的严酷和无所慰藉的单调，摆脱自身需求不断轮替之枷锁。这使得多愁善感者跨出个人的存在，进入客观察看和理解的世界……这项消极的动机，却也带着积极的动机。人设法以多少合适的方式，塑造简化概略的世界图像，从而跳脱体验的世界，亦即试着取代这图像到某程度……他把感觉生活的重心摆在这图像及其塑造上，寻求平静和坚定，这些均是在漩涡般个人体验极为狭隘的范围里所找不着的。

前一项理由可以勉强诠释成，借着从事自然研究设法使本能升华，后一项则关乎追求凌驾个人的与绝对的真理。所谓"多愁善感者"则有自我褒奖的意味，即能把意识从受到原始模糊的激情左右的群

312

众中拉拔出来。爱因斯坦认为，这样投注学术或艺术，才会得到有价值的成果，即性格的"高尚化"——"对于从事研究，甚至只进行学习的人，这种活动皆将产生高尚化的作用。"而且这种高尚化，随后会影响生活各领域，如社会和政治。这就完全符合席勒的美感教育思想：

> 政治事务的种种改良，均应从高尚的性格出发——不过，在野蛮的国家体制影响下，性格如何才能变得高尚呢？于是必须找寻一种国家所无法提供的工具，借此凿开一些水井，即历经种种政治腐化，仍能维持纯净的泉源……这件工具就是美的艺术……更为积极、更受到人类习俗采纳的，则是艺术如同学问一样，是无罪的，两者完全不受人类的恣意妄为所限制。

对不曾从事研究的人而言，大概很难体会爱因斯坦把感觉生活的重心摆在像抽象的事物及令世界的复杂现象化约成简单图像上的看法。然而，发现事物的关联和内在的"和谐"，带给研究者的无比快慰，会让这样的探究欲罢不能——从而产生某种依赖，连爱因斯坦也变得"依赖"。最明显的，就是他白费30年苦功，探究电磁场和引力场的"统一场论"，试图解释像"电子"和"质子"等基本粒子的存在和特性。爱因斯坦本该摒弃这种诠释的。他不认为这是陶醉感，而是"宗教感，因为体验到深层关联的明确逻辑经验而触发的……"他逐渐拿这种"深刻的宗教感受"和"真正的学问追求"

相提并论，以斯宾诺莎的见解看待两者的关联，即"神将万事万物整合至符合自然的规则性"。

我们从爱因斯坦1930年11月为"德国人权联盟"所做讲演黑胶唱片中听到："去感受可体验事物的背后我们精神难以企及的存在，只有间接通过微弱的反光，才能一睹其中的壮美和庄严，这便是宗教情操。从这个意义上讲，我是具有宗教倾向的。"不过，在政治倾向较急进的格罗斯和文艺人士赫茨费尔德（Wieland Herzfelde)看来，爱因斯坦专研学问和艺术的动机与自己身为学者的生活，却是脱离现实的："对多数人而言，艺术也是种逃避方式。脱离这种'贱民般'世界，仰望星空，进入没有党派、没有内斗的纯真乐园。"这两人更断然唾弃"对画家和诗人的个人崇拜"。因而，再度涉及到爱因斯坦，一般对他"过分的个人崇拜"，一直被看成"不当与败坏人心"。

学　者

1918年夏，长期养病的爱因斯坦写信给桑戈，表示自己精神瘫痪、力气尽失，"但名气还在僵化的躯壳上发光"。他依旧继续为科学院工作，"其性质重在继续维持，而非发挥功能"。从各方面来看，这种悲观论调过于夸大，甚至是爱因斯坦和许多其他人使用的技巧，夸大自己的缺点，令这个机构声名扫地。20年代的爱因斯坦，不仅在物理研究上取得重大成果，更通过在非自然科学问题上的种种表态，达到某种曝光程度，"功能"更胜科学院。

一次大战结束前，爱因斯坦物理课题的多面特征，之后依然保持下去。1920年，他的论文《在部分解离的气体中的声音扩散》，相当别出心裁。这项成果或许源自同瓦尔堡或物理－化学家能斯特的讨论。在帝国物理技术学院中，也有探究该问题的部门。爱因斯坦也钻研1911年莱顿大学翁涅斯（Kammerlingh Onnes）教授所发现的超导电性，并写了篇纪念文章，表扬这位荷兰同侪。他花了一段时间从理论上澄清地磁现象而未果，该现象之复杂，直到我们这个时代，通过最大的计算机才能加以掌握。爱因斯坦在柏林起初主攻引力理论，接着是统一场论，但对普朗克、玻尔和索默费尔德等物理学家所穷究的量子论之谜，也不曾忽略。20年代初，两项重大的实验结果出现，即前述的斯特恩－格拉赫效应及康普顿（Compton）效应。后者证实了X射线影响电子时的频率变化，且可用爱因斯坦假定的光粒子（即光子）诠释成电子的弹性碰撞。于是，首度出现了这样的概念——借由实验来佐证光的粒子性质。1924年5月，爱因斯坦写信告诉贝索：

> 我几乎是不间断地探索量子问题，并确信自己的推测正确 ……我的新论题是融贯量子和麦克斯韦的场。在学界近几年的实验结果里，其实只有斯特恩和格拉赫的实验及康普顿的实验（具有频率变化的X射线散射）有重要性。前者证明量子状态的单独存在，后者则证实光量子脉冲之存在。

在这期间，他设想了一个又一个实验，以便判断究竟要以粒子或是以波的形态来描述一般的光或电磁振动过程。1922年，盖格尔和波特（Bothe）在帝国物理技术学院进行了阳极射线放射光的实验，却未证实爱因斯坦所预期的波图像[1]。1926年，爱因斯坦回到这项实验，建议一种修正装置，于是，柏林物理学家鲁普（Emil Rupp）测得爱因斯坦所预测的结果，学界同事却未一致认同。慕尼黑物理学家格拉赫和吕卡特（Eduard Rückardt）重复了鲁普实验，结果却显示，用鲁普的仪器根本得不到所宣称的结果。后来则发现，鲁普在其他实验中伪造了数据，于是不得不离开物理学研究机构。由海森堡－狄拉克－玻恩量子力学及玻尔互补性原理，可见爱因斯坦的问题设定不会有明确的答案：光会随着所测量的不同数值，展现为波或粒子现象。这个观点与爱因斯坦的看法并不相容，即"实在"虽不依赖于人而存在，却似乎能够给出明确的答案——"粒子"和"波"在物理学中被应用成模型观，以描述测量所得的经验。通往可能存在的"实在"层面，即所谓事物的"本质"之门径，在物理学是没有的。

尽管爱因斯坦在波与粒子现象问题上没有重大斩获，他1925年及1926年三篇关于量子物理的论文，却是重大的进展。利用统计学方法，可以把这项进展应用到热力学领域——在这方面，爱因斯坦早已堪称大师。然而，最初的研究构想，却是来自截至当时还不知名的印度数学物理学者玻色（S.N.Bose）。他从一种光子气体

---

[1] 阳极射线是放电管中的电子射线，从中借着与剩余气体分子的撞击产生光。

理念，重新导出普朗克的辐射定理，把自己遭到英国学刊退稿的论文转寄给爱因斯坦。玻色自己并不知道，他在推导中把古典波尔茨曼（Boltzmann）统计学换成新的统计学，爱因斯坦却有所了解。在不知情的状况下，玻色放弃了粒子在统计学上的独立性及其可辨识性两者。施塔赫尔（John Stachel）指出："天使不敢踩踏的地方，玻色全踏遍了。"今天这种新的统计学分布，便称为"玻色—爱因斯坦统计学"。

爱因斯坦安排玻色的论文发表在《物理学杂志》（*Zeitschrift fuer Physik*）上，并把后者关于缺乏静质量的光子方法推广到具有静质量的粒子，亦即由原子组成的量子气体。后来出现的有趣效应，便是所谓原子气体的"玻色—爱因斯坦凝结"，直到 60 年代，才有实验证实了爱因斯坦的预言。这便涉及达到量子气体的基本状态，即所有粒子在一定的超低温下，基本上均能够达成的状态。这种凝结状态显示了类似高于过渡温度的气体另一种热力学特性。20 年代时，尚不可能谈到"阶段过渡"。这些柏林时期的论文，大概就是爱因斯坦在量子论方面最后具有建设性的重大贡献。另外，为了他一个侄子的博士论文，爱因斯坦还研究了流体力学的一项问题。

自 20 年代初开始，他以无比热情和毅力所从事的研究，便是统一场论，这扩展了他大获成功的引力论。大家可从物理学史得知，该理论把先前分离的若干领域融贯成可理解的形式和共同的架构，是项别开生面的重大进展，统合的领域包括电和磁、光学及电磁学、热力学与统计力学，及惯性跟重力。20世纪后半期的成果，则是结合放射性衰变的电磁及弱交互作用，甚至整合强大的核能及基本粒子的标准模型。重力所涵盖的问题，仍未彻底解决。一次大战末，唯独重力和电磁力尚被视为物质基本的交互作用。玻恩则设法单凭电磁的交互作用及量子物理来解释晶体构造。

　　爱因斯坦统一场论的目标，是把引力和电磁学融铸成单一的理论。空—时间隔里的六种重力位能被转换到他的引力论中。问题在于，电场和磁场的这六种量度，或至少电磁向量位能中的四种量度，位于哪里及如何安排。由于缺乏实验证据，目前学界还在四下摸索新的理论。不过，用来摸索的工具还算不错，譬如微分几何学和局部微分方程组之类的数学工具，就相当发达。不过，还是需要若干物理学的条件，如缺了重力场的麦克斯韦电动力学及缺了电磁场的爱因斯坦引力论，便不得不成为"统一场论"的模棱两可案例。

　　早在1917年，德国西部之埃森的巴赫（Rudolf Bach）教授便提出建议。他概述度规场的定义，以致能在当中容纳电磁场的量度。在空—时间隔中，依旧只有引力位能得到深入研究，另外，电磁场对在两个方向间的角度上也出现额外影响。爱因斯坦在与巴赫的通信中承认，他也是依循这条路线。这项研究已经使他"白费许多功夫。您在探索时，或许会比较幸运"。两个月后，他不理巴赫的提议："……而我对凭借这个方法，找出统一（引力—电磁学）之奥秘，不抱希望。"后来在1918年，数学家魏尔导入了他那结合重力和电磁场的"埃希对称理论"（Eichtheorie），以几何方式诠释存

薛定谔　德布罗意　海森堡

普朗克　洛伦兹　爱因斯坦　玻恩　玻尔

1927 年召开的索尔维会议

在于麦克斯韦电动力学中向量位能的自由度。他的构想基于一种较为复杂的几何学，即作为爱因斯坦引力论基础的黎曼（Riemann）几何学。尽管爱因斯坦称许魏尔的理论为"一流天才的手笔"，却随即发现个中破绽——在这新理论中，空—时间隔不再具有可计量的意义，而且是说距离和时间的计量，会受制于计量工具的来历。恒星光谱线中的化学元素，大概无法再做明确的分类。因此，在他看来："可惜该理论的基本假说是无法接受的，但其深刻和大胆，却令任何读者为之叹服。"

1919 年，德国东部柯尼斯堡（Königsberg）的数学家卡鲁扎（Theodor Kaluza）打开了通往统一场论的第三条门径，即给空—时增添另一空间维度，亦即由一种五维构造物的几何学出发。五次元的物理学涵义，仍有问题。度规场，也就是规范间距和时间间隔的量度，在五维中展现了极大的自由度，足以含纳电磁场量度。假使一种额外出现在该理论中的自由度遭到压制，那么类同于爱因斯坦引力场方程的五维方程式，便可明确区分成电动力学的麦克斯韦方程及爱因斯坦重力方程。迟疑了两年多，爱因斯坦接受了卡鲁扎的理论：

> 我反复思量，自己两年前阻止您发表关于结合引力和电的构想。不过，现在看来您的路线确实比魏尔的更有见地。如果您愿意，我便把论文提交科学院。

1923 年，和俄国助理格罗梅（Jakob Grommer）合作后，爱因斯坦便离开了五维理论，直到 1927 年才重回这两篇提交给普鲁士科学院的论文。他借此想取得的进展，却已经被别人发表了。

早在薛定谔的波力学和海森堡的量子力学问世前，爱因斯坦便对他的统一场论寄予厚望。他想借此衔接在古典的场论（电动力学、引力理论）和量子物理学（原子、晶体和电子理论）间的鸿沟。尤其是，当时知名的物质元素，亦即氢核（质子）和电子的特性，据说便是得自他的理论。他预测这些位于统一场的（点状）粒子，数值将达到无限大。物质在此被视为场。因此，爱因斯坦对他所谓的"远平行理论"，即1929年曾在国际报界造成轰动的理论，投注了莫大期望。然而，该理论和爱因斯坦与迈尔（Walther Mayer）所提出关于卡鲁扎的构想的新版本一样，并不适当。1930年，他不得不承认：

> 希望却未能实现。我以为要是成功确立这条规则，将形成合适的量子及物质理论。情况却非如此。在物质和量子的问题上，这种建构似乎是失败的。

爱因斯坦深信，一定有比海森堡—狄拉克—玻恩的量子力学更好的理论，尽管他知道自己在量子物理学领域已经有所不足。在比利时筹备第五届索尔维研讨会期间，他推辞了洛伦兹关于发表报告的邀约，理由如下："我的能力不足以用确实符合事态的方式发表这样的报告。理由在于，我无法像为此目的所需那样频繁地参与量子理论的现今发展。"不过，爱因斯坦总能设法在会中提出新见解，以精心构造的思想实验，反驳由玻尔、海森堡、狄拉克等人所代表的量子论统计学诠释。玻尔能够驳倒所有针对他的异议。自从狄拉克借着以他命名的方程式来描述电子，以及最晚自阳电子（即带正电的电子反粒子）被发现以来，爱因斯坦（1932年8月）以一种统一场理论结合到测量性物理学的计划，已告失败。

爱因斯坦与尼尔斯·玻尔（保罗·艾伦费斯特 1925 年 12 月摄于莱顿）

　　诚然，爱因斯坦了解，在解释许多当时不得其解的现象方面，量子力学确实是一重大进展。1931 年，他推荐薛定谔和海森堡为诺贝尔奖候选人，但基于具有洞察力的认识论，却不愿承认该理论为物理学的最终标准。

小提琴及家庭音乐

　　如果说爱因斯坦的思想生活以"思考"、"反战"和"国际合作"为主，那么在他的感觉生活中，音乐便占有主要的份量。对他而言，音乐和自然研究关系密切——两者"均源自向往之情"，

爱因斯坦演奏小提琴（1929 年）

在改善人的低下本能和行为上，可以互补。在爱因斯坦看来，莫扎特乐曲的美展现出宇宙的和谐。在这种见解中，我们遇见叔本华的思想遗产——叔本华认为，音乐乃世界内在结构的写照。

爱因斯坦会拉小提琴，也能弹钢琴，前者则是他的最爱。他从6岁开始学拉小提琴。在一般的爱因斯坦图像中，小提琴便是他的标志——连童书中都有：

这是爱因斯坦。爱因斯坦有十双拖鞋和一把小提琴。他穿绿拖鞋，握着小提琴，面对厨房打开的窗户。他在那里拉琴，想事情……

他常拉的小提琴曲，有巴赫（J.S.Bach）的曲子，如成为沙龙曲子的 B 大调第三号管弦乐组曲 *Air*[1]，或是 d 小调第二号组曲《夏康

1 *Air* 为如歌的器乐曲。——译者注

323

舞曲》，甚至双小提琴协奏曲，及莫扎特奏鸣曲、泰勒曼（Telemann）和"若干古意大利人和英国人"，即维瓦尔第、科雷利（Corelli）、亨德尔和珀塞尔（Purcell）的曲子。一个人时，他便即兴弹奏钢琴，有时则在普勒许的庄园演奏管风琴——放下小提琴的视谱练习来稍事休息。他常从"巴赫清晰的结构"得到启示。这种音乐品味也显示了他与托马斯·曼的不同，后者认为贝多芬的人文气息比大师巴赫更为浓厚。如狂风般、具交响性的老贝多芬，在爱因斯坦听来太具张力，比较难以接受他的室内乐。在瑞士阿尔高（Aargau）高中的音乐考试中，贝多芬奏鸣曲的慢板曾让他受到称许。在普朗克家里，他就和普朗克合奏，担任贝多芬钢琴三重奏第三钢琴手。

二次大战以前，"文化圈子"里有不少人在家以合奏取乐，熟练乐器有助于和乐的气氛。数学学者和理论物理学者大都喜爱这类合奏。普朗克、瓦尔堡和海森堡均是不错的钢琴家。弗兰克爱拉小提琴，哈恩喜欢歌唱助兴。爱因斯坦的琴艺为何可在这么多同侪中凸显出来，就有些耐人寻味。不过，与世界知名的、今天几被遗忘的同好看谱二重奏、三重奏和四重奏，他却很拿手。例如，在哈伯兰街家里同优秀的钢琴家暨医师理查德·沃尔夫（Richard Wolff）——他是1912年至1921年的柏林市长韦穆特（Adolf Wermuth）的女婿——共同演奏；或是在大提琴家家里，与"贝瓦尔德四重奏"中担任提琴手、官派建筑师、普鲁士国立图书馆监造者的贝瓦尔德（Alexander Bärwald）合作。1931年，爱因斯坦给妻子的信中，还描述了他和

爱因斯坦在1930年的音乐会上

比利时王后伊丽莎白（Elisabeth）的三重奏和四重奏。

即使爱因斯坦始终跟一般"家庭乐手"一样是业余爱好者，演奏时却是自得其乐，信心十足。行家对他的看法相当一致：钢琴家约瑟夫·施瓦茨（Joseph Schwarz）及其公子，即后来在美国成为知名音乐学者的天才小提琴家鲍里斯·施瓦茨（Boris Schwarz），及俄国钢琴家赛尔金（Rudolf Serkin）等和他合奏过的行家，认为他几乎演奏不出什么颤音。某位和他合奏过的学界同事，甚至觉得"他的弓法就像伐木工"呢！不过，他的音准和节奏感似乎都不错，难怪他的女婿凯泽会夸赞他的音乐才华。据说，小提琴家克莱斯勒（Fritz Kreisler）在合奏后对他说（可能有弦外之音）："我跟你说，阿尔伯特，要不是你发明了这个可恶的相对论，你还会是我的一大对手呢！"西班牙报纸刊登了一幅20年代爱因斯坦公开演出的讽刺画，描绘得相当传神：爱因斯坦拉琴时，一批老学者若有所思地听着；而演讲时的听众，则是穿着入时的年轻贵妇和绅士。爱因斯坦的琴艺平平，也可拿以下事实来证明，即在柏林定期举办家庭音乐会的大型音乐厅活动中，不曾提及他。爱因斯坦自知音乐才能未达专业水准，便写了以下四行诗：

半瓶醋也有权利，

只不过像在杀鸡；

为避免惹人恼怒，

便只得关起窗户。

一旦生起气来，可就不管这么多了。布丽吉特·贝耳曼·菲舍尔（Brigitte Bermann Fischer）表示，他们曾合奏过巴赫的双小提琴协奏曲，她弹钢琴，他和小提琴家埃娃·伯恩斯坦—豪普特曼（Eva Bernstein-Hauptmann，豪普特曼的媳妇）一起拉小提琴。据说因为对方的音量盖过他的，他还跟她吼道："不要这么大声！"爱因斯坦传记作者泽利希（Carl Seelig）指出，爱因斯坦认为演奏时并不需要默数拍子，于是发生了一件糗事。有一次，他和作曲家艾斯勒（Hanns Eisler，他所作的曲，歌者恩斯特·布施[Ernst Busch]演唱的《橡皮图章之歌》，成为左派政治斗争的经典名曲）在朋友家吃饱饭后一同演奏。爱因斯坦吃力地数着节拍。结果，艾斯勒老实不客气地说："教授先生，您一定会数到三吧！"这个故事很可能是捏造的，艾斯勒对音乐人施纳贝尔（Artur Schnabel）也有类似的版本。爱因斯坦的自知之明，显示在他和施瓦茨父子合奏巴赫奏鸣曲三重奏后所拍照片上玩笑式的题词：

父子档合奏
——很难出纰漏！

据说，在第二次搭船到美国时，爱因斯坦曾和船上管弦乐队一同举办音乐会。还听说，他在柏林菩提树下大街的俄国大使馆里，和俄国画家列昂尼德·帕斯捷尔纳克（Leonid Pasternak）的太太合奏

爱因斯坦在普林斯顿的一场音乐会的排练中演奏小提琴

钢琴。另外，有照片为证，是他1930年元月29日参加由柏林犹太社群理事会在市中东区的欧朗宁堡街（Oranienbburgerstraße）新会堂举办的慈善音乐会演出。共同演出者有宫廷歌唱家亚德罗克（Hermann Jadlowker）、小提琴教授莱万多夫斯基（Alfred Lewandowski），及有所扩编的新会堂合唱团。爱因斯坦和莱氏一同演奏亨德尔B大调第二号奏鸣曲及巴赫C小调双小提琴（为管风琴伴奏而改编的）协奏曲慢板。接着是演奏八首犹太祭典的曲子，他则戴着一顶盖住耳朵的黑色犹太帽子，并未参与。所得款项则归犹太社群慈善及青年单位。

　　或许受制于有限的小提琴演奏技巧及相当保守的音乐品味，爱因斯坦的演出曲目不多。当中尽管有舒曼（Schumann）、门德尔松（Mendelssohn）及勃拉姆斯（Brahms）的几首歌曲，他却认为这些浪漫派缺乏"崇高的形式"、"深度"乃至"较深刻的说服力"。更甭提德彪西（Debussy）（"细腻，但结构松散"）或拉威尔（Ravel），或当时的柏林音乐家意大利的布索尼（Busoni）、辛德米特（Hindemith）、勋伯格（Schönberg）和施雷克（Schreker）的作品了。建筑师瓦克斯曼指出，爱因斯坦无法进入勋伯格的音乐中，却认为勋伯格明白自己为何必须创作这种乐曲。自1925年起，勋伯格担任夏洛滕堡音乐大学作曲学教授。而辛德米特曲中的强烈节奏，似乎使爱因斯坦颇为反感。令人好奇的是，身为物理学家的他，对新的电子乐器观感如何，辛德米特1931年还为此写了首协奏曲。爱因斯坦50岁生日时，德绍（Paul Dessau）为他谱了一首小提琴曲，他后来是否拉过这首曲子呢？爱因斯坦最反感的，便是瓦格纳的"音乐人格"，他无法忍受他的作品。

帆船手

魏玛共和时期，柏林人最为热衷的运动项目有拳击、自由车（6日赛事）和赛马，及后来在市西区的阿弗斯公路上的赛车。弗莱希特海姆（Alfred Flechtheim）在他的《横截面》杂志曾经报道过一场拳赛，现场冠盖云集，德国拳手败给西班牙对手。弗氏感到惋惜，否则德国就"多了一位了不起的男子汉"："因为我们在德国只拥有几位具国际声望的大人物，除了艺术史家博德、爱因斯坦和理查·施特劳斯，应该再出一位新人。"实际情况却有不同。有钱阶层更爱好的，却是赛车、高尔夫和网球。

当时流行的另一种运动，则是驾帆船。连帆船运动也有细微差别："位于万湖的'万湖帆船馆'俱乐部尽是……股市大亨和工业巨子。基本上，他们偏好坐在暖炉旁，因为待在甲板上会晕船……就社交圈来讲，他们跟出现在柏林东南上施普雷河（Oberspree）的帆船手们泾渭分明，如柏林的阿霍伊（Ahoi）帆船社和穆格湖（Müggelsee）帆船社。"这些社团筹组了"柏林帆船周"，前半段时间在市西，后半段时间在市东进行。1930 年，作家埃德施米德（Kasimir Edschmid）取笑了这种时尚："人类历史可以没有希腊剧作家埃斯库罗斯（Äschylus）和但丁，却不能没有帆船赛。"不过，大家还是可以玩玩小帆船。这便是爱因斯坦兴趣所在。1922年夏，他邀儿子们来哈韦尔河在市区西北边之施潘道的皮歇尔斯堡（Pichelsberg）港湾共度帆船假期，在水上玩了几天。晚间，他们住在伯克斯菲尔德（Boxfelde）小型园艺区一块租地上的小屋，但因爱因斯坦绝非什么专业园丁，只得很快放弃这块田园诗般的地皮。帆船活动之所以吸引他，或许因为不需要太奢侈的科技，只要求若干操作技巧及对风和浪的了解。至于陆上的运动，爱因斯坦似乎只会骑单车，却不曾学开车。

爱因斯坦没有加入任何帆船社团。他起初定期跟卡岑施泰因博士驾驶他的游艇，五十大寿后，则驾着自己的"海豚号"（Tümmler）。船舱中有两个睡铺、一张四人桌、一口升降式炉子、餐具柜及其他配备。这艘船也照爱因斯坦的意思，加装了一间小盥洗室。在卡氏的"豪华帆船"上，似乎还没有因应无风状况的备用马达，所以1927年夏（或秋），爱因斯坦因为划桨而过于劳累。于是，出现了一篇论爱因斯坦五十大寿的文章："他嗜好的运动是划船。当他在水上时，觉得最为惬意。在他密集研究后来出名的场论期间，划船也是近来让他大病一场的原因之一。"

心脏问题及场论

在划船过劳后的1928年3月底，爱因斯坦扛着沉重的背包，跋涉过雪地，来到欧司朗灯泡公司总经理迈因哈特（Hermann

Meinhardt) 位于瑞士作尔兹 (Zuoz) 山顶上的木屋——这似乎又太吃力了。他先前在附近达沃斯 (Davos) 国际大学周第一天主讲《物理学基本概念及其发展》，随后应邀住在迈因哈特这里调养。由于莱比锡国家法院传唤他为一场专利权诉讼作证，爱因斯坦中断了在作尔兹的休养。由于旅途劳累，他的病情发作，医师们强烈要求卧床静养。4 月初，他便待在苏黎世一家医院里，桑戈过来照料，处理转院柏林事宜。那里的朋友内科医师普勒许接下后续的诊治。静躺十周下来，他的心脏仍未完全复原，"于是普勒许从心包分泌物的积聚，诊断出心包发炎。"所以爱因斯坦只得忍耐在这继续静躺，吃无盐饮食，并在病情有所好转时，到波罗的海的夏尔波以兹 (Scharbeutz) 从 7 月调养至 9 月底。复原时间颇长。1929 年元月，他告诉贝索，身体"逐渐恢复"，却曾"差点死翘翘"。卧床的爱因斯坦镇日沉思，继续研究他的统一场论。他在柏林自豪地写信给桑戈，说自己已经"在广义相对性领域生了颗令人惊喜的蛋"。他在夏尔波以兹则捎信向艾伦费斯特表明，他"越来越不相信物理事件的统计学性质"，并有意"以不依赖现今办法的方式"，善加利用"自身剩下的些许心力"。

这意味着，他将回避 20 年代后期理论物理学真正有所进步的领域，即量子力学的研究，而钻研推广广义相对论时的特定命题。当然，在病床上的爱因斯坦很难去查询专业资料，但他本来可以请助理代办，所以不知道自己的命题早已有数学家上卡尔丹 (Cartan) 和埃森哈特 (Eisenhart) 在探讨。至于物理学方面，尽管 1929 年期间，尤其英国和美国报界经常报道他所建议的研究方针，却无明显的进展。魏尔和物理学家波利均表示批评，甚至职场上仍未站稳脚跟的匈牙利助理兰克泽斯（Lanczos）也表明：

> 对长期追求不朽的人的创作进行批评，对我们而言，不仅不恰当，也非能力所及。所以，在此仅仅指出这样的印象，即新的场论似乎不比先前的理论那么具有说服力，具有内在的完满性和左右人心的必然性。

话说回来，爱因斯坦以乐观心态看待他的新构想，确实有助痊愈过程。该构想也令大西洋两岸少数理论物理学者和数学学者探讨他的思想，发表相关的新论文。对这项孕育不到两年、形同烫手山芋的构思，他们能够冒出什么想法呢？爱因斯坦这种见解上的遽变，并不一定有助于他们的学术生涯。他并不在意这个，如同他后来由绝对拒服兵役，转到赞同国家在希特勒影响外适度加强军备，且不理会带给拒绝服役者的后果。1929 年 3 月，爱因斯坦 50 岁生日前后，已经有所恢复，却小心避开了预期的热闹。

11 周遭和外围：子女、艺术家和同事

Nähe und Ferne

Kinder, Künstler und Kollegen

爱因斯坦与艾尔莎在柏林街头（1921 年）

艾尔莎、儿子和继女

爱因斯坦的第二任妻子艾尔莎，这时早已是他的伴侣和照护者。她很快就胜任家庭主妇、爱因斯坦的秘书及为他排除干扰的保护者等几种角色。艾尔莎的生活围绕着自己的先生和前次婚姻中的两个女儿。女婿凯泽的《爱因斯坦传》，便"满怀敬爱"题献给她。另一位女婿马里安诺夫的《爱因斯坦传》，则被爱因斯坦公开指正，马氏这么描绘：

> 在她而言，是妻子与母亲。她是主动脉，所有家事如同血液一般从中流过。她是门房、会计，是他所经之路的忠实护卫。她的内心有一股任何人事都无法浇熄的至情，她具备所有人性中的黄金。她引导着必朽的人，从而使不朽之事长存……要是没有她的筹划和关切，(他的)学术生涯就会遇到多次中断。她就站在他和可能无情吞噬他的世界之间。

在种种褒奖之外，马里安诺夫也有所批评。艾尔莎的母性本能不太寻常，介入自己孩子生活的所有层面。即使这种行为导致和他人的冲突，她也不在乎。马里安诺夫在此指的大概是自己和玛戈特之间的关系。为了理解艾尔莎，我们不妨想想，她的第三个孩子，一个男婴，出生不久后就夭折了。马里安诺夫的形容暗合于德国驻纽约总领事1931年的汇报。这位爱因斯坦夫人被誉为"以非常的得体和不倦的热诚"，在不爱面对公众、"对现实生活过于轻忽的教授"和基于不同因素想结交他的人之间，建立了关系。

她不像米列娃那样了解爱因斯坦的物理思想，在精神方面也没有太大需求。艾尔莎爱好优美的文学和戏剧，能够清楚讲述和引述。夫妻两人拥有相似的娇小身材、容貌和头发，大概因为是近亲的关系。

1930年11月，爱因斯坦（左一）和继女玛戈特（右二）、女婿马里安诺夫（右一）摄于柏林街头

第一段婚姻还给第二段带来不安。尽管爱因斯坦把诺贝尔奖金用在前妻和儿子身上，利用在苏黎世买下的三栋房子的收入来赡养他们，米列娃的财务仍然状况不断。因为房子的收益少于地产所需缴付的利息，不得不卖掉其中两栋——治疗爱德华的花费也很大。米列娃差点宣告破产，事情经过一番周折。起初，爱因斯坦不愿支付先前讲定费用以外的款项，后来则听从瑞士好友的规劝。为了降低费用，爱因斯坦早在1919年便要米列娃和小孩搬到德国南部的卡尔斯鲁厄－杜拉赫（Karlsruhe–Durlach），即远房侄子与高中校长奥古斯都·马克思（August Marx）家里。一年后，他要他们迁到德国中西部的达姆施塔特(Darmstadt)——由于货币贬值，他们"在达姆施塔特会比在苏黎世生活得好"。她没有答应，他则觉得莫名其妙。

苏黎世的两个儿子

大家知道，家长太出名，孩子就很难找到自己的身份认同，如托马斯·曼的长子克劳斯和长女埃丽卡（Erika），爱因斯坦儿子的情形应该也差不多。长子汉斯相当早熟、自信，足以按照父亲的意愿，在半大不小时就开始思考职业和结婚之类的人生大事。身为婚后第一个孩子，他或许比弟弟得到父亲更多的注意。另一方面，他在这场婚变中也经历较多。父母离异时，汉斯已经10岁，父亲再婚时，将近15岁。1918年元月，爱因斯坦写给大概很怕他的14岁

爱因斯坦、米列娃与长子汉斯·阿尔伯特（1904 年）

长子的信中显示，他有时实在很粗心。在开头的亲切问候和夸奖后，他讲起在阿罗萨疗养院的爱德华，抱怨道："耗用极多的钱，耗光我所有积蓄。等哪个好日子我死了，就留不下什么东西给你们。"造成这种情况的，是他的苏黎世朋友，"他们对不起这段交情"。他希望"你日渐长大，我可以跟你商量所有事情，不必再假借外人"。他在两年前跟桑戈讲的却是："要是没有你、齐歇尔（Zürcher）和贝索的帮助，我会在这种可悲的处境下失去理智。"

汉斯发现自己的兴趣在工程界，便违逆父亲，在苏黎世工程科技大学研读，于 1936 年拿到工程博士学位。爱因斯坦起初不闻不问，他自己本该成为技术人员的："可是依我看，把创造力发挥在事物上，让劳力生活更加细腻的念头，达成聚敛资本的无聊目标，令人难以忍受。"看来，爱因斯坦一开始并未意识到，如今他持续从事的就是物理学的科技应用——在柏林担任专利权鉴定人及飞机机翼、回转罗盘、助听器或冰箱的设计者。后来他才了解到，不能够要求自己的子女"继承家长的信念"。后来，汉斯研究流体力学领域，专攻河床沉积和人为污水的排放。

引发父子间另一激烈争执的，则是汉斯的结婚计划。他的对象是大他9岁的芙里达·克内希特（Frida Knecht）。1927年5月，爱因斯坦大表反对——芙里达"年纪太大，体型太小"。如果汉斯非娶不可，就应该答应不跟她生育小孩。爱因斯坦可能忘记，自己

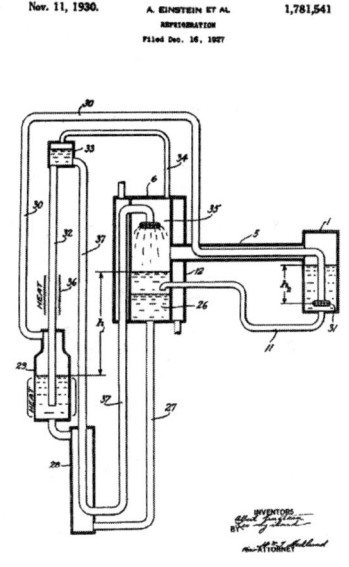

爱因斯坦发明的冰箱

汉斯·阿尔伯特·爱因斯坦

就跟父母争执过同样的事情，或是已有不同的判断。芙里达就跟米列娃一样不是犹太人。爱因斯坦后悔跟米列娃结婚了吗？贝索1928年初猜想，自己在爱因斯坦的婚姻里扮演了负面的角色："或许部分由于我对犹太身份和犹太家庭的捍卫，才这么关切你的家庭生活，把米列娃从柏林带回苏黎世。"自从芙里达1930年生下长孙伯恩哈德（Bernhard Caesar）之后，爱因斯坦息怒了。他成为他的爱孙，祖父亡故后，还得到他的小提琴。

次子爱德华其实是在缺少父亲的情况下长大的。4岁时，他便跟着母亲，由柏林来到苏黎世——父亲很少来探视或和孩子们一起度假，起初定期的通信，不过是小小的补偿。爱德华具有语言和音乐天分，是个过目不忘的优秀学生与杰出的钢琴家。他寄给父亲的信，洋溢着热情与聪慧。刚开始感到惊喜的爱因斯坦，后来却觉得他的警句（如"最坏的命运，便是没有命运，也不去过别人的命运"）有抄袭之嫌，而伤害了儿子。爱德华高中毕业考后，到柏林探望父亲；1929年，开始在苏黎世学医，有心成为精神科医师。

1930年夏，跟学姊分手后的爱德华精神颇不稳定，怪罪父亲离开了他，"在他的人生投下阴影"。他扬言自杀，却在和父亲合奏时，忘却自己对他爱恨交织的感情。米列娃细心照料他，但1932年底左右，爱德华出现暴力倾向，只得把他送进精神病院，当时他才22岁。在确诊为精神分裂后，他在此接受治疗，接着是短期或长期住院，因而学业中断。随后，他不得不经常由看护陪同，只要病情许可，母亲就带他回家。1932年9月，贝索试图规劝爱因斯坦："这又是爱因斯坦的一种形象，包括对于他的女儿在内。我是说，他应该有个儿子，大家却不曾见过儿子的踪影，不是吗？"接着他央求爱因斯坦："利用一次长期出差的机会，带着两位公子同行。"10月，爱因斯坦回信表示，他邀请了爱德华隔年一起去普林斯顿。这趟美国之行，对他儿子来讲，"与其说是休息，不如说是有危险的负担。只可惜一切迹象显示，这种沉重的家庭遗传负荷，在他身上影响深远。"他在爱德华还小时，早已预见这点。艾尔莎写信告诉女性友人：

> 阿尔伯特经历了难事，他的爱子进了精神病院。这可是个天资高、感情细腻的青年哪！阿尔伯特感到焦虑，事情很难有

个了结。这比他所表示的还难上许多！

大家知道，爱因斯坦自 1933 年后，就不曾探望爱德华，即使在他必须长期住院时，也不曾访视。在他移民美国后，也未曾和他通过信。"这件事背后有某种顾虑，我却无法完全加以分析。"既然爱因斯坦预设这是米列娃的家族遗传，或许他便不得不抗拒若干指责，即他在婚前没有充分查明。或许他还把爱德华看成他公众形象的污点？把精神病患隔离出社会的做法，在 20 年代尚未真正结束。爱因斯坦把对儿子的人道照护托付给前妻及瑞士好友，特别是贝索和桑戈。为爱因斯坦作传的泽利希也很关心爱德华。

伊尔莎和玛戈特

艾尔莎的两个女儿体型娇小，衣着雅致。据说伊尔莎穿着入时，往来于知识分子圈。她单眼视力丧失，大概没有造成太大困扰。当她 1934 年病危时，爱因斯坦也没有再去探望她，而让艾尔莎只身从美国飞到巴黎去见她最后一面。有着漂亮蓝眼睛的玛戈特，性情羞怯，听说小时候因爱因斯坦的意外来访而受惊，躲到桌巾底下，直到客人离开。根据马里安诺夫的说法，玛戈特思虑简单，为人率直。听说豪普特曼还描写过她："当我想起黄金般的纯真，便联想到她的心灵"。两姊妹通过了高中毕业考吗？在 1917 年玛戈特 18 岁时，爱因斯坦在《柏林日报》刊登了篇短论《焦虑的梦》，文

玛戈特

中他基于考试所带来的焦虑和有损健康，主张废除毕业考。1918年，这项主张被精神劳工委员会列入纲领。高中毕业后，两姊妹似乎没有接受职业教育，依旧是"中学毕业的女儿"；伊尔莎倒是学了打字。所以说，离婚后的艾尔莎，本该学着就业，让自己经济独立，但她不仅没这么做，也没替女儿打算。1937年，玛戈特跟丈夫离婚时，不能或不愿规划任何独立的职业生涯，而是重回父母家。

1924年，作家凯泽成了伊尔莎的丈夫。他参与过激进和平主义者希勒（Kurt Hiller）的目标年鉴之编纂，1921年出版过新诗选集，接着，他撰写法国小说家司汤达（Stendhal）和斯宾诺莎的传记。自 1924 年起，他成为菲舍尔出版社主编，主持该社文学杂志《新综览》的编辑工作。贝耳曼·菲舍尔这么描述他的特征："具有非凡的学历和高度的素养。在承平时期里，是位理想的文学杂志主编。他……没有斗争性格。"1932 年秋合约期满时，凯泽遭社方解雇，他的职位由苏尔坎普（Peter Suhrkamp）接任。1933 年 6 月，艾尔莎在给吕谢尔夫人的信上评论了这件事："您也知道，我女婿凯泽 7 月 1 日时失去他在菲舍尔公司的职位吧？《新综览》现由一位雅利安人主持，不得不降低成为一份好杂志的水准……此外，他的斯宾诺莎传很出色，司汤达传也可圈可点。"艾尔莎的苦衷是可以理解的，德国最著名出版家之一的萨穆埃尔·菲舍尔也明白自己的作为。苏尔坎普努力延续出版社的传统，与希特勒政权陷入冲突，后来奇迹似地历经两个集中营而生还，之后，成为卓越的出版家。

1930 年 11 月底，一位亲切慷慨，却非随时荷包满满的俄国人——马里安诺夫，成为玛戈特的先生。在俄方公司的委派下，他在柏林主持电影事业分部。他是德俄电影委员会的成员，作家梅林、格罗斯和剧场总监皮斯卡托（Erwin Piscator）也是其中会员。马氏还兼任卢那察尔斯基（Anatoli Lunatscharski）的"文学执行秘书"，卢氏为俄国艺术学者，1917 至 1929 年时，担任教育部的人民委员。1922 年，马氏曾担任范迪门（van Diemen）画廊柏林分部"第一届俄国艺术展"的共同主办人，展出俄国前卫画家施泰

爱因斯坦与艾尔莎（前）和玛戈特（右一）

伦贝格（David Sterenberg）、加博（Naum Gabo）和阿尔西品科的作品。

　　爱因斯坦以他有时稍嫌粗直的方式欢迎马里安诺夫，他表示，他原本不相信玛戈特竟然会有爱人。岳婿两人在对女性的观点上大概颇有默契，都没办法按捺自己不发生婚外情。1931年夏，艾尔莎向吕谢尔夫人表示，这位女婿"没有定性，却有品味和风趣，大家都喜爱他"。1933年，他离开柏林，前往巴黎后，更无法严守分际，隔年婚姻便告破裂，对外的说法是，先生没有负责妻子的生活费。玛戈特不像母亲那样那么依赖自己的丈夫，她主要依附母亲和家族。婚后，她跟先生住在哈伯兰街娘家，居留美国时也是如此。

直到1933年底，爱因斯坦还相信马里安诺夫。他为了结婚，放弃了自己的俄国国籍。传记作者格龙特曼（Grundmann）认为马里安诺夫是俄国间谍，不只爱因斯坦不知情，就连德国警方和美国中情局之类的单位，似乎也被蒙在鼓里。

朋友圈子

为爱因斯坦的柏林朋友分类并不容易，哪些人跟他是朋友，有多接近呢？因为有意见交流的、有同侪间共同爱好学术的、有致力和平的，也有一起驾帆船的及共享欢乐时光的朋友。女婿凯泽曾经指出，爱因斯坦觉得紧迫盯人的友谊，比敌意更难忍受。艾尔莎则讲得稍微夸张："若干朋友为了阿尔伯特该在哪里用早餐的问题，闹了两个礼拜！电报交换得仿佛外交大事，后来才决定轮流。"真正要好的科学院同仁，应该只有哈伯，他在爱因斯坦离婚时仍然予以支持。爱因斯坦跟普朗克和劳厄，也是彼此敬爱，却不似和哈伯那么感情深厚。

他的朋友圈中有好一部分人是医师，即为他或他家族诊治的人。这就多少显示了爱因斯坦的性格：同侪总归是竞争者。这种熟悉他身体状况的人，爱因斯坦较能信赖，或许还觉得这种关系比较自在。如执业医师缪撒姆，即贝蒂·诺伊曼的舅舅，是爱因斯坦1915年看病时认识的，后来也为他母亲诊治。周日时，爱因斯坦常常跟他在格鲁内森林散步。1916年至1917年柏林人挨饿的冬天，爱因

五位诺贝尔奖得主能斯特、爱因斯坦、普朗克、罗伯特·密立根（Robert Millikan）和马克斯·冯·劳厄（Max von Laue）在劳厄位于柏林的寓所里聚会（照片摄于1931年11月1日）

斯坦曾接受尤利乌斯柏格（Otto Juliusburger）的诊治。尤氏为柏林一家强制戒酒瘾医院的主治医师暨柏林"精神分析学会"共同创办人，跟医师兼学者的希施费尔德（Magnus Hirschfeld）同属致力于同性恋合法化的"科学—人道委员会"（Wissenschaftlich-Humanitäres Komitee）。他支持刑法改革和孕妇保护联盟，爱因斯坦是他社会改革及和平主义方面的主要同道。外科教授卡岑施泰因和爱因斯坦比上述两人更有交情。在爱因斯坦获赠帆船之前，经常搭他的游艇遨游柏林的河川湖泊。1923年，当后来的出版家贝耳曼·菲舍尔（Gottfried Bermann Fischer）在腓特烈林县立医院外科部担任住院医师时，卡氏正主持该部门。爱因斯坦在为卡氏写的追悼文中表示：

> 我生活在柏林的18年期间，跟几个人交情很好，走得最近的，则是卡岑施泰因教授。十余年间，我总跟他共度夏季休闲时光，多半在他的豪华帆船上……重视休闲的意大利人，把北德的某些工作狂称为"最严肃"的人，他绝不属于这一类型。他像年轻人般感受得到德国东北边区湖泊和森林的壮美……我感谢老天让我结交这么一位和善、有活力、具创造天分的人。

爱因斯坦另一位重要的医师朋友，被李伯曼辱骂为"粗人"。这是来自匈牙利的内科医师与教授、发明某种能把血压曲线显示在纸上测量计的人普勒许。他那理所当然设在市中心动物园附近布达佩斯街的私人诊所，显然很有口碑。根据传记作者赫尔内克（Friedrich Herneck）的说法，这位"业务繁忙、名利心重的红牌医师"，甚至诊治过威廉二世，令同业有些眼红。或许他们只是嫉妒他的成就。普勒许勤于著述，发表过148种医学出版物。身为朋友，他顺着爱因斯坦的心意，作为医师，则对他极其严格。他跟出身法兰克福望族的妻子均相当好客，往来的名流和画家有将军泽克特、普鲁士文化部长贝克尔、哈伯、爱因斯坦，音乐家有施纳贝尔、克莱斯勒和福特万格勒，画家奥尔利克和斯莱福格特，剧场导演莱因哈特、豪普特曼、科尔等人。爱因斯坦夫人艾尔莎曾建议她的女友：

"你要是星期六到普勒许家里，应该可以看到克罗齐来看阿尔伯特。"1920—1921年，哲学家克罗齐（Benedetto Croce）曾任意大利课程部长。德国之行时，他访问了爱因斯坦和托马斯·曼，爱因斯坦跟克罗齐均反对意大利法西斯主义。

秘书和工作伙伴

爱因斯坦的邮件需要人协助处理，物理所的职务也需要文书或秘书。我们知道，接替伊尔莎的，是后来跟爱因斯坦有过一段情的贝蒂，接着是位法律研究生雅各比（Siegfried Jacobi）。1933年，他为普朗克学会总干事格卢姆（Friedrich Glum）做事，并拿到柏林大学博士学位，后来却不得不流亡。雅各比的身体遭过暴力：1929年5月1日（即所谓"血腥5月"），柏林警方在镇压劳工示威时造成许多伤亡，他也在街上遭到警察殴打。下一个"人手"，是1928年艾尔莎为丈夫通过她德国南部的赫辛根乡亲找来，后来陪他直至晚年的海伦·杜卡斯（Helene Dukas）。她当过幼稚园老师、教师和出版社秘书。1936年12月，艾尔莎过世后，她也为爱因斯坦管理家务。在他立遗嘱时，她是两位遗稿保管人之一。

爱因斯坦也有工作伙伴。自1917年起，来自白俄罗斯的格罗梅（Jakob Grommer）扮演这个角色，为期十年有余，他的薪资来自物理所的补助和爱因斯坦所筹措的研究经费。格罗梅在哥廷根攻读数学，于希尔伯特指导下获得博士学位。他在柏林过的几乎是隐居生活：他年少时就患有淋巴腺病变，肢体肿胀变形。期间，他跟爱因斯坦共同发表了三种科学出版物。此外，爱因斯坦也数度在自己的论文中为他的协助而致谢。他大概是爱因斯坦最投入与最忠实的研究助理。1929年，他在俄国明斯克（Minsk）大学谋得教职。

爱因斯坦只帮生于匈牙利的物理学者兰克泽斯拿到一年（1928／1928）的奖学金。兰克泽斯担任过弗赖堡（Freiburg）及法兰克福大学的助教，能独力从事学术研究。他不只愿意协助爱因斯坦，更乐于多花一年向他学习，后来却没有共同出版物。爱因斯坦认为他聪明、有创意且坦诚，只是太顽固。这期间的爱因斯坦，大概不很重视这种拥有自己想法的人。爱因斯坦的研究助理最好能够补充他的数学知识，更要能验算和修润他的草稿。1931年，兰克泽斯在美国探路，隔年取得大学教席，在数学物理学和应用数学上很有成就。

此外，爱因斯坦四十几岁时，也雇用了一位学有专精的数学学者迈尔。他本来就小有名气，是维也纳大学的编外讲师，却苦等不到一个教席。一般公认，迈尔参与了爱因斯坦最新版本的统一场论。似乎由于年纪的关系，迈尔比兰克泽斯多胜任了几年，爱因斯坦相当重视他。直到1933年一起离开柏林为止，他们联合发表了4篇论文。

另外，在数学方面，还有位柏林的高中教师明茨（Hermann Muentz）佐助爱因斯坦。他也曾受教于希尔伯特，后来到过俄国及瑞典。爱因斯坦在两篇关于远平行理论的论文上向他致谢，这是

20 年代末的统一场论研究方法之基石。

爱因斯坦所有的研究与工作伙伴，不论是学者与否，均为犹太人。1919 年，他给玻恩的信中谈到推荐一位犹太学者而未果时表示："假使我可以选择，便可想见，我会找犹太人当同事。"

值得注意的还有，爱因斯坦的学术伙伴里并没有女性。从他的生活（不仅限于柏林）可以看出，身边有女性时，会让他感到惬意。不过，爱因斯坦的女性观似乎相当传统（除了恋爱时），即女以男尊，女性在职场上顶多是个辅助角色。1897 年，普朗克曾经表示，妇女从事研究工作，乃是违反天性的行为；1912 年时，却还是提拔丽莎·迈特能，成为普鲁士第一位担任助教的女性。爱因斯坦在跟来自俄国的研究生依丝忒·萨拉曼谈话时表示，很少女性让他觉得具有原创性，而自己的女儿肯定无法"精通"物理学。他庆

爱因斯坦在柏林的家里与表弟和妻子艾尔莎在一起（1927年）。在与米列娃离婚并娶了艾尔莎以后，爱因斯坦曾经写道："我的现任妻子完全不懂科学，这真令人开心，但是前任妻子正好相反。"

幸自己的太太全然不懂科学，只是前一任的情况不同。当依丝忒·萨拉曼表示居里夫人也很有创造力时，爱因斯坦却转而表示，她不够感性——"居里夫人从来听不到鸟鸣声。"爱因斯坦在物理所任职时，认识了几位女性物理学者，如为布雷斯劳同仁卢默（Lummer）工作的黑德薇熙·科恩（Hedwig Kohn）和德国东部之格赖夫斯瓦尔德（Greifswald）大学的加布里耶勒·拉贝尔（Gabriele Rabel），即著名学者施塔克（Johannes Stark）的研究伙伴；他也跟威廉皇帝学会纤维所的格尔姐·洛什基（Gerda Laski）见过面。这些交往，大概逐渐让他改变态度。后来在美国，他选择一位女性作为共同研究者。另一方面，当时的柏林似乎也缺

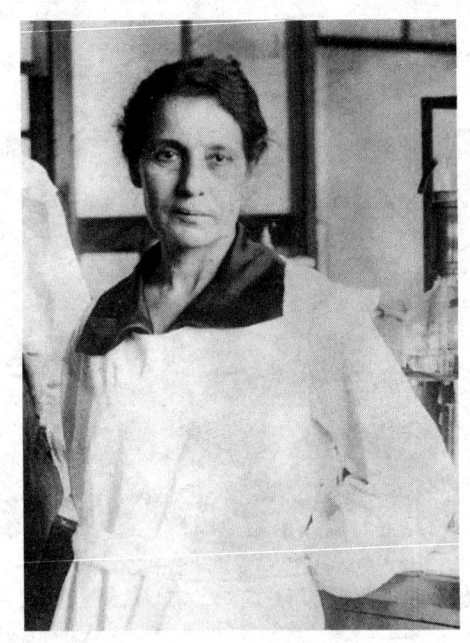

丽莎·迈特能（Lise Meitner）在实验室（摄于 1934 年）

乏对爱因斯坦理论感兴趣的女性物理学者。

几位同侪

爱因斯坦的大学选才建言很吸引人。早在1919年，他就在普鲁士文化部跟当时的国务秘书贝克尔说明，如何才能挽救各学科的"沉沦"："最好的办法，是把选拔教授的关键影响力，通过某种方式交付给已经证实做出重大成就的人士。"他本身就是这种人士。平心而论，爱因斯坦对今日物理界所谓的"优秀"具有很好的鉴别力。他所推荐的物理学者，均给该领域的研究带来超乎水准的进展。反之，不受他重用的学者就是庸才，这话却大谬不然。对于他本身未能大放异彩的方面，他便没有较高的评价，如课程教学和组织能力。

爱因斯坦曾经看走眼的例子之一，便是实验物理学者科嫩（Heinrich Konen）——他曾自荐接任他所在的波恩大学老师的职位。在爱因斯坦致普鲁士文化部贝克尔的信中，评价科嫩"学术方面一无所长"。诚然，他算不上德国顶尖的实验物理学者，却是公认的分光镜专家，更特别因为发明一种具有紫外线光谱的持续光源，而备受称赞。在这方面，德国无与伦比的分光镜专家帕申（Friedrich Paschen）还凭其鉴定而大力支持。在院方的激烈争执后，科嫩得到了职位——1934年，在国社党人夺权后，被迫提前退休，不得离开德国。——科嫩随即在德国科学急难协会获得重要职位,和哈伯及能斯特一起被内政部长任命为威廉皇帝学会评议会常委。1931 年,他更成为爱因斯坦的物理所评议会成员,同时也是帝国物理技术学院评议会委员,并以这个职衔和爱因斯坦参与了 1926 年年度报告会的研讨。在科嫩的擢升背后,有显赫的中央党政治人士施赖伯(Georg Schreiber)的支持。学会主任秘书格卢姆表示,科嫩是"优秀的天主教徒及中央党人……作为物理学者的他,尽管不能和学界大师相提并论,却拥有良好的性格,是个极为精明干练的谈判者。"讽刺的是,正当爱因斯坦获颁普朗克奖章

1929 年 6 月 28 日,马克斯·普朗克从科嫩手上接过"普朗克奖章",颁发给阿尔伯特·爱因斯坦

时，科嫩正巧接任了德国物理学会主席，还好这位大天才不必直接从"一无所长"者手上接下奖章——科嫩把两枚奖章递给普朗克，普朗克再转交一枚给爱因斯坦。

在画家和雕塑家眼中

从照片看来，爱因斯坦伉俪的沙龙（哈伯兰街的家）有5个楼层，第5层为加盖做研究用，共7个房间与客厅，加上电梯和门房，为典型的资产阶级陈设。有目光焦点的大钢琴，饰以法兰西菊花纹的深色壁纸旁，摆着一张旧式写字柜和一组沙发，前方一张单脚的圆桌。在通往书房的走廊，放了个镜子抽屉柜。另外还可看到两扇大窗子前的靠背椅、一株加拿大铁杉、装灯泡的水晶枝状吊灯，及三张中尺寸、多张小尺寸的图画或印刷品。凯斯勒伯爵形容这种客厅"素雅、舒适"。卓别林则称之为"俭朴而窄小"——"在纽约布朗克斯（Bronx）也可找到一样的客厅，同时可以当成饭厅。地板上铺了一张踩旧了的地毯。这里最有价值的物品便是黑色大钢琴。"罗马尼亚艺术史家奥普雷斯库（Oprescu），比较了柏格森和爱因斯坦的陈设：

我所看过他（柏格森）的几个房间，当中见不到因为美感而挑选的物件。除了几张素描，便没有任何艺术品，素描是他那具有天份、上过法国雕塑家罗丹课的聋哑女儿画的。住在柏林简朴设备中的爱因斯坦，同样没有艺术品。我却记得，当我送他若干当时在巴黎几个法郎便可购得的杜米埃（Daumier）的版画时，他回应给我的认同眼神。

令人讶异的是，爱因斯坦还跻身夏加尔（Marc Chagall）、科柯施卡等画家之列，成为包豪斯审查委员会委员。这可能是他那世界级声誉所致，也可能有几分基于他在卡普特的摩登避暑屋。这栋房子近乎包豪斯的理念，可能受到委员会中贝伦斯（Peter Behrens）和珀尔齐希（Hans Poelzig）等建筑师重视。爱因斯坦倒是婉拒了包豪斯设计家布罗伊尔（Marcel Breuer）钢管材质的家具设计。爱因斯坦毕竟割舍不了他小资产背景的艺术品味和观感，不论是在音乐或美术方面。他无法消受现代艺术中的美，这不仅在柏林而已。

由于玛戈特在雕塑方面的才能，爱因斯坦认识了雕塑艺术。玛戈特跟着雕塑家伊森施泰因（Kurt H.Isenstein）学习，伊氏制作过两尊爱因斯坦半身塑像。当时他的作品一定很流行，德布林也当过他的模特儿。根据马里安诺夫的说法，阿尔伯特有时会跟玛戈特一道去弗莱希特海姆（Alfred Flechtheim）和保罗·卡西尔的艺廊看展览。"对于罗马尼亚布兰库西（Brancusi）、意大利莫迪利亚尼（Modigliani）或戴维松（Davidson）之类卓越的现代创作，他只是尊重，却不甚愉快地默默观看着。他对现代艺术没有热爱，却竟然喜欢爱勃斯坦神经兮兮与矫揉造作的产品。"雕塑家爱勃斯坦住在伦敦，也创作了一尊爱因斯坦青铜塑像。从1930年开始，齐费尔（Moses Ziffer）在柏林艺术学院研习造型艺术。爱因斯坦拜托柏林的萧肯（Salman Schocken）公司（萧肯父子购物中心）支援健康与经济出状况的齐费尔。他在希特勒掌权后离开柏林，后来在巴勒斯坦和以色列生活。据说觉得"他的作品如同创作者本人一样纯真、高尚"的爱因斯坦，收下了他一尊裸女石像。

爱因斯坦的外在特征，尤其是他的名气，吸引柏林时期的雕塑家、素描家和画家为他造像。他是否曾出钱请人做这种事，不得而知。他结识了来自布拉格犹太家族、年纪稍长的奥尔利克，他是国立柏林工艺美术馆学院的教授。格罗斯和赫希（Hannah Höch）都是他的学生。一开始，奥尔利克以铜版和彩色木刻版画出名。作家霍伊斯在艺术杂志《潘神》上盛赞过他的画作，认为"首度结合了版画的新追求和新诗的纲领"。奥尔利克为书本画插画，给剧场设计布景和为戏服勾勒草图。他还为缇拉·迪里厄设计剧场的更衣室。1917年12月，已享盛名的奥尔利克，担任了白俄罗斯布列斯特－立托夫斯克（Brest－Litowsk）和平谈判时的官派艺术家。他在此绘制肖像，如俄国左派理论家托洛茨基（Leo Trotzki）的。他为爱因斯坦（1929年）和伊丽莎白·贝格娜画像，给缇拉·迪里厄和保罗·卡西尔画素描。在庆祝豪普特曼六十大寿的书中，有一幅他的铜版画。

施特鲁克（Herman Struck）的爱因斯坦粉彩画，用在1920年伦敦出版的《狭义及广义相对论浅说》英文版的扉页插画上。1931年8月，施特鲁克在爱因斯坦卡普特家的访客登记簿上，留下

爱因斯坦（1931年）

了一张素描。早在1933年之前，他就到巴勒斯坦生活。根据泽利希的说法，爱因斯坦经常到俄国画家列昂尼德·帕斯捷尔纳克（Leonid Pasternak）的柏林画室当他的模特儿。帕斯捷尔纳克夫人和女儿约瑟芬（Josephine）也在场陪爱因斯坦聊天，于是，留下了不同的爱因斯坦画像。为人所知的，有拉小提琴的爱因斯坦素描，更有一张由柯林特的太太夏洛特·贝伦德（Charlotte Behrend）所绘制的爱因斯坦肖像。1930年，李伯曼也制作了张爱因斯坦铜版肖像。爱因斯坦对这些画作似乎都有好评，除了较偏写实风格的画家沙尔（Josef Scharl），他是1927年经摄影师洛忒·雅各比（Lotte Jacobi）而结识爱因斯坦的。根据洛忒所说，艾尔莎把沙尔1927年的油画拒之门外："还好她丈夫不是长这样！"沙

358

尔未怀恶意绘制的画像，后来在纳粹的"堕落艺术"展中展出。画家拒绝入国社党后，画作遭到查禁，而于1938年移民美国。爱因斯坦在那儿跟他保持不错的交情。

就连旅行美国时，也有画作令他开心。1931年2月，他在帕萨迪那时，女画家克莉斯·玛莉·米克（Chris Marie Meeker）为他画了一张肖像，显然令他喜欢，还和画家拍照留念。身为法国伯爵千金的克莉斯，曾在巴黎和芝加哥习画，后以美国杂志素描画家知名。

至于照相这种媒介，由于报纸上自己不得不入镜的相片极多，他有时感到相当厌烦。艺术家也会替他拍照，如奥尔利克或洛忒·雅各比。摄影技术进展快速，像莱卡（Leica）、罗莱弗雷克斯（Rolleiflex）和艾尔曼诺克斯（Ermenox）等品牌纷纷进入市场。爱因斯坦可能获赠过一部照相机，应该在他五十大寿时，但不像托马斯·曼，他对摄影没有好感。

爱因斯坦本身对画家和雕塑家观感如何呢？他家中并没有绘画或其他艺术品，在魏玛共和时期的柏林，也远离当代的艺术科柯施卡、沙德（Schad）、迪克斯或是鲁道夫·施利希特（Rudolf Schlichter）没为爱因斯坦绘制肖像，其来有自。连格罗斯也没画过，他的素描被爱因斯坦视为社会讽刺画，只接受其意识形态与政治上的诉求。根据建筑师瓦克斯曼的说法，艺术界人士赫茨费尔德曾经送他格罗斯《统治阶级形象》之类的几本画册。由于爱因斯坦也是"国际劳工支援会"的成员，一定也知道"艺术家支援会"，甚至参观过该会所赞助的画家作品展，如珂勒惠支、纳格尔、奥尔利克、赛加尔（Arthur Segal）和奇勒（Heinrich Zille）等人的创作。

一般说来，爱因斯坦行事低调，避开有关他个人的作品。然而，据说他1930年在纽约上西区（Upper West Side）访问河滨（Riverside）教会，在西侧入口处看见一尊酷似他的石像时，便"（似乎）大受感动，眼眶充满泪水……"这位世界闻名的科学家，竟然亲眼见到自己还在世时便跻身苏格拉底、伽利略、斯宾诺莎、牛顿、康德和达尔文等不朽者之列。其他人也有过类似的感触。1918年秋，托马斯·曼在日记中记载："许久不见自己的半身塑像，今天却大受震撼。塑像惟妙惟肖，表情中有如许之多苦痛，令我也不能自已。"

12 公众人物爱因斯坦

Der öffentliche Einstein

爱因斯坦——《时代》世纪人物，
照片选自《时代》（1999 年 12 月 31 日）封面

媒体的角色

爱因斯坦似乎不同于一般物理学同仁,愿意甚至乐意与报界和广播界打交道。他大概觉得,这是他表明自己道德和政治观的好场合。他振笔直书,"直言不讳",而且表达得相当简洁动听。不像俄国作家纳博科夫(Vladimir Nabokov),访问他前,要先提交书面问题给他,届时念文稿作答,而且纳博科夫也不像爱因斯坦那样受记者簇拥、上相,且禁得起开玩笑。传记作者派斯(Pais)把爱因斯坦定位成报界的"预言者"。

报 刊

假使马里安诺夫的话还可信,爱因斯坦经由两位他所信赖的人,和美国报界保持紧密联系:一位是和平主义者与亨利·福特(Henry Ford)前发言人、合众社(United Press)柏林分社社长洛克纳(Louis Lochner),一位是《纽约时报》主管安德里斯(Guido Enderis)。该报发行人阿道夫·奥克斯(Adolph Ochs)

也是景仰爱因斯坦的人，曾在他第一趟美国之行时结识他。这便说明，这份报纸的报道为何没有遗漏有关爱因斯坦的任何细节，哪怕只是谈到可能的火星人或成功人生的良方。看来，基于爱因斯坦的世界级声望，他的公开意见几乎不曾受到质疑。

他和柏林报界之间也有一定关系，如乌尔施泰因的报社、伯恩哈德（Georg Bernhard）教授，乃至1930年时《佛斯报》的总编。伯恩哈德为德国民主党理事，1928年成为国会议员，跟爱因斯坦和托马斯·曼一样是德国支持巴勒斯坦委员会会员。德国报社似乎只处理严肃的议题。柏林报界从早（《柏林早报》[*Berlin am Morgen*]）到晚（《世界晚报》[*Die Welt am Abend*]）都在问爱因斯坦对新闻自由的意见："举凡妨碍，甚至禁止对有关政治事务的书面和口头的自由批评与意见表达的国家，都得加以改变。"1927年3月，《纽约时报》引述爱因斯坦对死刑的评论，很可能来自《佛斯报》的一项民意调查。据说，他赞同废除死刑。社会没有理由不能赦免有害群体的个体。社会最多可以判处人终身监禁，却没有权力判人死罪。至于爱因斯坦之前（1920年）跟萧伯纳、英国作家威尔斯（H.G.Wells）、罗曼·罗兰和弗洛伊德在《维也纳劳工报》（*Wiener Arbeiterzeitung*）联合发表《停止判政治犯死罪》声明，与后来的立场并不冲突。托马斯·曼对于报社对这项民意调查回答如下："不管主张死刑的思想多理直气壮，其实际的执行却是如此恶心、野蛮、残忍，令笔者基于种种文化—哲学论据，而倾向赞同予以废除。"虽然，听说他从未观看过行刑，却认为自己观看的印象将成为一生难以抹掉的污秽。此外，普鲁士是以断头台执行死刑的。爱因斯坦是否读过这些话？不过，他曾在1927年11月写信告诉柏林一位报纸发行人，自己已经"详尽考虑过这项主张，即废除死刑是值得努力的"。他提出两项理由：无法扭转审判不公及"处决过程对直接或间接涉及行刑者负面的道德影响"。

同年（1927年），爱因斯坦答复汉堡一份有关当前政策的月刊《欧洲对谈》（*Europäische Gespräche*）为时稍晚的问题"德国应该从事殖民政策吗？"时指出：

> 开垦尚未种植的土地、增加农地面积、大地产租耕，均能够大大提高在德国境内从事农业的人口及土地的总收成。我认为相较于……国家利用海外土地的拓殖，不及国内垦殖那么有益、可靠和予人好感。

凯斯勒伯爵比爱因斯坦更加坚决反对殖民政策，也赞成"加强德国农业"，相对地，当时的科隆市长阿登纳（Konrad Adenauer）则认为，国内"空间太小，不敷广大人口所需"，主张德国必须致力争取殖民地。托马斯·曼的答复大概与爱因斯坦不谋而合："帝国主义殖民扩张时代已然过去。自由和自决的理想已四处觉醒，不可遏止。"当时，爱因斯坦还加入"反殖民压迫联盟"，随后改名为"反对帝国主义及支持民族独立联盟"(Liga gegen Imperialismus und für nationale Unabhängigkeit)，甚至与法国作家巴比塞（Henri

Barbusse）一起被推选为荣誉理事长。

　　基于爱因斯坦的生活和职业经历，大学教育问题在他更为切身——尽管他甚少参与指导研究生。1929 年 10 月，他寄了篇简洁的文章，加入列奥波尔德·施瓦茨席尔德（Leopold Schwarzschild）的周刊《日志》（*Das Tagebuch*）关于《德国大学生》的探讨。他在文中抱怨，"我国的大学课程几乎只对公务员和有产者的儿子开放"，认为原因出在"等级制度本身，尤其在压在我国劳工阶层身上沉重的经济及道德压力"。只有"使人民在社会、经济和教育广泛地平均化"，才能真正有所帮助。同时，应该让成绩差的学生退学，让"大学以某种方式招收那些展现出专业研究能力，却苦于无法升学进修的学子"。至于如何确定这种能力，及谁才有资格来检验，他并未做出答复。从前述几个例子得知，爱因斯坦诚然花了可观的精神和时间，也似乎回答了所有询问他的问题，然而，他本来可以轻易推辞其中大部分的问题。难道没有这样的传闻，即他是有问必答的？他当然不是唯一受到这种批评的人。1930 年，美国出版家菲尔埃克（George Sylvester Viereck）采访《当代伟大人物》的书，便是一例。里头有弗洛伊德、前朝皇帝威廉二世、墨索里尼、兴登堡、法国总理白里安（Briand）、巴比塞、医学专家施泰纳赫、爱因斯坦、豪普特曼和福特。《时报文学副刊》（*Times Literary Supplement*）的书评则是"相当杂烩的组合，菲尔埃克先生对这些人的观点做了很有价值的纪录"。

　　在援助因阶级成见受法庭不公审判的人方面，爱因斯坦的名气便有所价值。如居留德国的俄国战俘雅库博夫斯基（Josef Jakubowski）因为谋杀自己小孩未遂，经过不公审判而遭到处决。德国人权联盟，尤其律师与专栏作家奥尔登（Rudolf Olden）为了这件事而奔走，并于1929年创办"雅库博夫斯基基金会"，继续反对死刑。爱因斯坦、亨利希·曼和阿诺尔德·茨威格都为这个基金会说话。另一个反对未果的活动，则是1927年抗议美国工会干部萨科（Nicola Sacco）和万泽蒂（Bartolomeo Vanzetti）因1920年强盗杀人罪而被判死刑。联署中除了爱因斯坦，更有柏林文化界许多左派人士，如贝歇尔、格罗斯、哈特菲尔德（John Heartfield）、弟弟赫茨菲尔德（Wieland Herzfelde）、亨利希·曼、皮斯卡托、莱因哈特和图霍尔斯基。在1927年8月美方行刑后，大家在柏林怡乐园举办了追思会。

美国画家山（Ben Shahn）创作了一幅油画《萨科和万泽蒂的弥撒》，画中有穿着长袍的爱因斯坦站在打开的棺木旁，该画悬挂于纽约惠特尼（Whitney）美国艺术博物馆。埃里希·缪撒姆把审判过程编成剧本，1929年在柏林搬上舞台。

1931年，爱因斯坦为"斯科茨伯勒（Scottsboro）八人"奔走，这是一批黑人少年，当中最小的才13岁。他们莫名其妙地被起诉，认为他们在火车上轮暴了两位白人妇女而应遭到处决。爱因斯坦也央求过加州州长为该州劳工领袖穆尼（Tom Mooney）减刑，他因为放置炸弹被判处死刑，自1916年起，便等待行刑。上述两案例皆由死刑改判监禁。爱因斯坦这种仗义执言，不胜枚举。1931

《萨科和万泽蒂的弥撒》

年，他也为在德国因违反堕胎条例而遭判刑者说项："尤其应该让医师及因刑法第 128 条而承受可怕压力的一般民众得到赦免。"

"广播事业勇往直前"

德布林拿这句话做自己文章的开场白，谈论他身为广播听众的感受。他特别说道：

　　一块石头掉到地上，这种事稀松平常，最多是令爱因斯坦思考[1]。石头丢进平静的水里，造成一道道波纹，看来就不太一样，较容易令我们思索。至于由电台发射电磁波，以肉眼看不见的震动，经由空气来到家里……对大家来讲，实在是令人赞叹。

爱因斯坦在广播电台话筒前

---

1 "爱因"（ein）和"斯坦"（stein）本意即为一块"石头"。——译者注

自柏林有电台广播之后，广播随即在政治上占有重要地位，传播着魏玛共和政府的重要讯息，并借由转播选情之夜和议会辩论，直接把政治事件呈献给每位听众。不过，广播起初受政府全权控制。这意谓右派政党及后来的国社党，能自由把持麦克风。社民党所得到的放送时间，少于资产阶级政党，共产党则完全不得参与政府决策，所以完全谈不上广播方面的民主。1930 年 8 月 22 日，当爱因斯坦在柏林博览会场为第七届德国广播及摄影展开幕致辞时，便已预见这种新媒体的潜力：

> 各位不妨想想，开始让真正的民主成为可能的，便是科技人员。因为他们不仅减少了一般人的劳务，更减轻了最优秀思想家及艺术家的工作，不久前，还只有上等阶级才有享用这些作品的特权。他们让一切容易取得，让人民从昏睡、懵懂中苏醒。至于广播最为独特的功能，就是达成诸民族的和解。截至我们这个时代为止，各民族认识彼此的凭借，几乎只有自己的报纸这种扭曲的镜子。广播让他们透过最生动的形态，展现彼此在大事上可爱的一面，所以有助于消弭相互的陌生感，这种感觉原本很容易转化成猜疑和敌意的。

爱因斯坦描述事情常常只讲他所愿意见到的，而非事情的本然。至于广播也可用在片面与欺骗的宣传上，这个问题他就没有面对。倒是德布林已经破除幻想，而大加嘲讽，从南斯拉夫萨格勒布

（Zagreb）电台，就像从波兰格莱维兹（Gleiwitz）等电台一样，可以听到同样取自歌剧《卡门》（Carmen）的曲子，且不断重复："我们确信，大欧洲已在广播中，统合在以拉蒙纳（Ramona）或赞巴（Zampa）的象征。"他随即触及个中弱点，却依然保持乐观："在广播中促成精神的存续及其丰硕成果时所需的民主尚未实现。不过，我们在柏林已有两个电台，某些真理已有所披露及实践。我认为，广播界的现象，也并非最后定局。"爱因斯坦马上使用了唱片。早在1921年和1924年，他就把关于理论物理学和他相对论的简短报告录进唱片。1929年，他从市南区之温特菲尔德街的邮局直接传送他的祝贺给"发明电光"五十周年庆的爱迪生（Edison）。他在1930年的讲演，使用了改良的麦克风扩音技术。此外，他也让自己为德国人权联盟所讲的《信仰告白》录成唱片，后来于1932年秋发表。

政治人

爱因斯坦的学界同事通常不觉得有政治表述的必要，除了若干例外，如莱纳德、施塔克和奥斯瓦尔德等诺贝尔奖得主。他则有别于他们。由他多种表态来看，他的角色接近人文科学学者，即神学、哲学、史学和社会学学者自觉的职责，以超乎党派利益为己任，只忠于全民的福祉。出于这种使命感及对学术客观性的追求，他们便足以做出最好的政治判断。有别于同仁的这种雄心壮志，爱因斯坦则致力于单纯行善。他没有他们那种对军国主义的牺牲奉献，而是拥护议会民主及坚持贴近社会运动的立场。

爱因斯坦的政治实践

爱因斯坦政治实践的主轴，是以某种方式参与政治论述，亦即努力借由来自书桌的道德论证，来影响人群和组织的行为，即借由公开声明和呼吁及不时和主导的政治人物谈话和通信，偶尔也利用个人式的会晤。在这方面，他类似罗曼·罗兰。两人在一次大战之初，便相信欧洲知识分子（两人彼此也这么认同）有这个职责，宣扬全人类的真理，让人听从。爱因斯坦所签署的声明受到注意，但这些声明真的成了政治决策的基础吗？至于有助爱因斯坦思想实验的分析能力，是否能从简化的自然模型过渡到复杂的经济与政治现实，则不得而知。此外，爱因斯坦的表述基本上缺乏政治合法性。由"行动政治"的观点来看，他是个缺乏有组织部众的领袖，自绝于党派和工会的政治群众运动。他不是"由基层出发"，而是像共和时期其他左派人士一样，采行"由上而下"的路线，即单凭本身提出建议的说服力及或真或假的个人成就来感召。爱因斯坦或许以为，读者肯定会跟研读他学术论文的物理学者一样，认同他的呼吁。

有别于政党干部或国会议员，爱因斯坦觉得坚持一种道德无瑕的立场很容易。由于他不曾在政治斗争的"泥坑"中打滚，便不必接受任何随着政治行动而来的痛苦妥协——撇开失败不谈。所谓政治乃是各社会团体的利益斗争,这种思想对执著于理念世界的爱因斯坦而言是陌生的。尽管他表示自己"认同民主理想",但他对魏玛共和时期的政治制度却缺乏同情,遑论拥护。在爱因斯坦1919—1932年间的声明中,他很少具体涉及议会制度、竞争的政党、选举及政府对议会多数之依赖。他不相信政治人物:"政治领袖和政府部分借助暴力,部分借由群众选举来取得自己的位子。他们不能被视为民族中具有较高精神和道德的成员之代表。"可见,即便处在民主制度的背景下,他仍然看不出两者之间的矛盾——在相信一流的知识分子必须参与政治和对大众的疑忌之间的矛盾。爱因斯坦不曾采取议会民主中的直接影响办法,不论是通过政党的宣传活动、候选人的公开竞选,或是担任一般的政治职务。我们连这点都不太清楚,即自1926年起,他是否曾经行使过自己在柏林拥有的选举权。得到证实的,似乎是他妻子艾尔莎投票给社民党。

爱因斯坦的政治实践一个鲜明对比,便是物理界名气较小的法兰克福同侪德绍尔(Friedrich Dessauer),他是X射线物理及技术领域的专家。1918年11月"革命"促使他积极参与政治,在法兰克福市议会上支持与天主教会密切关联的中央党。1924—1933年间,他更以该党议员的身份在国会竞选连任。自1918年起,他拥有一间印刷所;1923年起,他发行地方性日报,在民主制度中采行普遍的影响办法。德绍尔周六和周一在法兰克福讲课,搭夜车往来于法半克福和柏林,周二至周五履行自己的政治职务。所以说,只要付出努力，便可以结合这两种职业，从而驳倒劳厄和一般物理学者的看法。

爱因斯坦政治实践的方法有多不奏效，见之于以下的例子。柏林蒂尔加滕社区横向林阴大道上，有个由雷希贝格兄妹主持的超党派沙龙。阿诺尔德·雷希贝格（Arnold Rechberg）是位受到罗丹重视的雕塑家与画家，也曾为缇拉·迪里厄画肖像，妹妹安娜（Anna）还和另一个哥哥经营家族的纺织厂和滚轧场。兄妹俩均投身于德法在政治和经济上的相互理解。雷希贝格在一次大战前曾在巴黎待过，与报界和政界建立了良好关系。1922年8月，爱因斯坦递交雷希贝格关于德国偿付战债问题的建议书给"敌国"的两位高层朋友，即法国数学家暨政治家潘勒韦和英国的霍尔丹勋爵。在德法利益纠葛的考量下，雷希贝格提议，德方卖出工业股票给这些国家以偿还战债。在爱因斯坦所接触的人里头，没有人具备这方面的专业知识或直接影响力。霍尔丹礼貌地告知爱因斯坦，建议书已转呈财政部长——后来得到冷淡的答复，此外便无其他结果。社会心理学者、亦曾任巴登邦课程部长，即地方总理的黑尔帕赫（Willy Hellpach）的观察相当中肯：

可惜我跟爱因斯坦的会面总是很短暂。不过，这已足以从他那里得到一种极具原创力的性格的印象。但这印象更联系到某种天真、善意、不解世俗，尤其不熟悉公众事务的现实成分。我也不断从专心致志的数学和自然学者身上，得到类似的观察结果。

爱因斯坦在政治事务上的天真，表露在他和阿诺尔德·雷希贝格的意见交换上。相对于爱因斯坦，阿诺尔德可说是极保守的民族主义者，致力尽可能加强德俄关系。爱因斯坦的情形如同前述的例子——尽管做出各种善意的诉求和呼吁，他对德国政治发展，尤其对导致魏玛共和结束的局势，并未产生任何影响。

除开上述原因，还有另一项重要因素，即爱因斯坦怯于行使政治权力。对某位美国同侪的见解，即"政治领袖毕竟都是病理学家，因为正常人担负不了如许重大的责任"，且不足以预见自己决策和举动的结果，爱因斯坦不过认为"有些夸张"——另一方面来看，责任仍是必须担负的。学术人"在政治事项，换言之，广义的人类事务上"，是不该沉默的。一如爱因斯坦1933年还写信告诉劳厄，这样的无所作为，将"眼睁睁看着领导权落入盲目与缺乏责任感的人的手中。这背后不正隐藏着责任感的缺乏吗"？他似乎认为，只要他对事情公开表示意见，便是负了全责，但他的建言之政治实现若缺少权力之行使，便无法成为可能，他却把这件事交给别人。在此，似乎又出现"精神权威"和"政治权力"之间的古老冲突。18世纪时，法国自然学者居维叶（Georges Guvier）的见解是，和大自然打交道的学者所得的"纯粹"权力，有别于政治人"肮脏的"行动权力。于是，这便关系到魏玛共和左派人士有关空想与非政治的"精神"和应受鄙视的决策及行动"权力"的探讨及爱因斯坦的态度。

爱因斯坦的政界友人

爱因斯坦在柏林的朋友，也有像拉特瑙和斯特莱斯曼之类的知名政界人士，据一位爱因斯坦传记作者的说法，他经常跟他们讨论政治问题。基于工作性质，他们见面的机会应该不多，也未在政治上留下明显的轨迹。由斯特莱斯曼或拉特瑙的传记观之，一般而言，爱因斯坦未被提及。虽说斯特莱斯曼夫人凯特（Käthe）相当出名，"美丽、苗条、高贵"的她，成为"魏玛共和公众人物争相结识的焦点"。但是，他们家里常有这样的客人，而不只有爱因斯坦夫妇。据说艾尔莎的朋友安东尼娜·瓦伦丁在那里是这样的："只要（斯氏）府邸有较大的晚宴或早餐，便可见到风姿绰约的瓦伦丁夫人。"凯泽在1930年的书中指出，他岳父会"找机会跟领衔的政治人士谈论欧洲局势。因此，他跟斯特莱斯曼交谈，他的政治能力和知性魅力是爱因斯坦所赞赏的。"他也跟白里安商讨德法和解的必要性。不消说，爱因斯坦也分享了斯特莱斯曼在对德国大学生协会演讲时的外交信条："我们的任务在于竭尽全力维持欧洲的和平，并在德国这样的和平时期内，设法让战争撕裂的伤口愈合。"斯特莱斯曼和白里安在洛迦诺条约后，共同获得了诺贝尔和平奖。

拉特瑙尤其"兼擅众长"，同时为工程师、银行家和经理人。他还是86家德国企业与21家国外企业的领导高层。他在一次大战之前和期间，发表了不少评论时势的文章和广受阅读的书籍。拿到物理学博士学位的他，也像爱因斯坦一样，受到物理学家与科学哲学家马赫（Ernst Mach）的影响，这见之于拉特瑙《关于把所有科学的本质视为思维经济的基本观点》一文。自1916年，爱因斯坦和拉特瑙开始相识。绝非和平主义者的拉特瑙，当时便请辞普鲁士战争部战争原料机构的职务。博学多闻的他，也阅读了爱因斯坦相对论的通俗论述，不过并未通读广义相对论。从他给爱因斯坦的信函可见，他对物理理论的理解，还融合了自己对精神世界的创见。1922年，爱因斯坦陪同拉特瑙首度访问法国，和他讨论犹太复国主义，还建议他放下外交部长一职。拉特瑙遇害后，爱因斯坦在《新综览》盛赞他"对经济大势的宏观、对各民族特性的深刻理解、对各阶层同胞和对个别人的认知……"接着，还有一句可以用在爱因斯坦自己前半生、耐人寻味的话："当人一心超脱世俗时，成为理想主义者，便算不上艺术。尽管他留恋尘世，熟悉此中的气味，却是位绝无仅有的理想主义者。"后来他更表明："拉特瑙的真正爱好，并不在于精密科学的思维领域。他热衷的是社会问题和各种艺术。他心怀复杂矛盾的感情，他自觉为犹太人，具有国际思维，却同时……身为地主及军人世家而热爱普鲁士传统。"

至于爱因斯坦与多年担任外交部长的斯特莱斯曼之间的往来，见之于他1929年写给斯氏的信件，当中建议支援在巴黎的国际知识分子合作学院（Internationales Institut für Intellektülle Zusammenarbeit），外交当局并未采行这项建言。爱因斯坦对斯特莱斯曼的重视，展现在他纪念他亡故的文章中：

> 依我之见，他的最大成就，是他懂得说服广大的政治阶层按捺住本身的政治直觉，赞同宽厚的欧洲和解政策……斯特莱斯曼拥有一般卓越的领导人物所具备的特质。他不只是某阶层、某职业、某国家的代表，更直接以具有精神与理念的人的身份行动。他有别于习见的政治人士及专业人才，自有其个人的能力和魅力。

拉特瑙和斯特莱斯曼算是爱因斯坦朋友圈中的异数，因为两人均非社民党人或社会主义者，而是由民族主义出发，在政治上有所进展的人士。早在一次大战新祖国联盟时期，爱因斯坦便认识其中两位成员，即社民党和独立社民党具影响力的政治人士布赖特沙伊德（Rudolf Breitscheid）和伯恩斯坦。布氏为1926年德国加入国际联盟时，前往日内瓦的斯特莱斯曼代表团的团员。

　　另有一个特例，即来自艾尔莎故乡、与爱因斯坦相善的律师保罗·列维（Paul Levi）。李卜克内西和卢森堡遭到羁押期间，他接掌斯巴达克团的领导权，在1920年12月独立社民党左翼和共产党结成联合共产党（Vereinigte Kommunistische Partei）后，成为两位主席之一。尽管本身是议会主义的反对者和苏维埃制度的拥护者，他还是在国会第一届选举时进入了议院。由于早期共产国际领导人拉狄克（Karl Radek）指责他是党派内民主的同路人，列维早在 1921 年 4 月便脱离新的共产党党团。他对大众而言，是位成功的辩护者，即 1928 年时抗告法庭对卢森堡及李卜克内西遇害案罗织罪名。于是，他在政治上采取若干途径。作家奥西茨基（Carl von Ossietzky）认为，列维的辩护是"自初期社民党党魁拉萨尔（Ferdinand Lasalle）以来，德国人最强而有力的演说，具有 18 世纪革命家丹东（Danton）的格局"。当检察官约恩斯（Jörns）的罗织罪行遭到揭发，而法庭宣告遇害两人无罪时，爱因斯坦也赞誉有加：

> 亲爱的列维，很高兴见到一个赤手空拳的人，凭借正义感和洞察力改变风气，完全媲美法国作家左拉（Zola）。在我们杰出的犹太人当中，还是有人秉持《旧约》的社会公义理念。

他在列维过世时表示："他是我在人生道路上所见，最富正义感、最有才智，且最勇敢的人，其天性之一，便是不断追求，实践正义公理。"艾尔莎 1930 年 2 月写信给安东尼娜时表示："我感觉得到，由于列维的逝世，你失去了些什么……我们刚从追悼会回来……自从我丈夫离开自己的孩子以来，我就这么一次看到他流泪。"

从艾尔莎给同一位收件人的信中，我们可以得知更多爱因斯坦社民党友人的事情："几天前，你过去的朋友希尔施到过这里，他来得相当突然，令人讶异。他还带太太来，以及前部长施密特（Schmidt）和国会议员托妮·森德（Toni Sender）。要是希尔施更有礼貌、更和气、更谦虚一点，他是可以办成一些事的。他也有自知之明。"这应该是社民党的希尔施（Paul Hirsch），1919—1920年为普鲁士州总理，1920年起，为柏林市议员，1921至1933年，是普鲁士议会的一员。他生于夏洛滕堡，早年是医师，后来成为专栏作家。同是社民党员的施密特，以重建部长和经济部长的职位历任四个内阁。雍容华贵的托妮·森德，曾于一次战前，在法国与饶勒斯（Jean Jaurés）共同致力民族间理解和国际裁军；自1920年起，为法兰克福市议会中社民党议员，与德绍尔同届，也跟他一样，在1924—1933年间于国会中连任。

由此可见，爱因斯坦相当熟悉当时的政治局势，从而也很清楚自己倾向于哪种政治路线。这些却无法促使他加入社民党或独立社民党之类的党派。他无心像学界同僚、中央党人德绍尔和科嫩那样担负责任，在他看来，无拘无束才至关重要。他的团结行为，并不出现在行动中，而是表达在声明和讲话中。爱因斯坦是道德家，而非政治家。

在国际联盟的活动

凡尔赛条约后，国际联盟于1920年成立，下有全体会议、委员会和秘书处。全体会议决议于同年9月成立"国际知识分子合作委员会"（Internationales Komitee für intellektuelle Zusammenarbeit），并设十二人工作小组，以推动国际合作，致力于和平与安全。一方面，委员中有知名的学者，如物理学家与诺贝尔奖得主居里夫人和密立根（Robert A. Millikan），哲学家柏格森、数学家潘勒韦（全是和爱因斯坦关系良好的同仁）及牛津古典学者默里（Gilbert Murray）、印度植物生理学者杰加迪斯·玻色（Jagadis Bose）爵士，以及日本地球物理学者与地震专家田中（Aikitu Tanakadaté）。另一方面，政治人士也在委员之列，如意大利1925—1932年的司法部长与法西斯主义者罗科（Alfredo Rocco）及法国政治家、1924—1925年担任总理的赫里欧（Edouard Herriot）。罗科在墨索里尼政府的压力下，取代了站在反对阵营的教会法教授鲁菲尼（Paolo Ruffini）而成为委员。在一般性问题的"大"委员会外，也有特定的委员会，其中便有艺术家和作家成员，如西班牙的马达里亚加（Salvador Madariaga）、托马斯·曼、法国诗人瓦莱里（Paul Valéry）及匈牙利音乐家鲍尔托克（Béla Bartök）。

法国课程设施总督学及作家吕谢尔，据说推荐了爱因斯坦——他经过一段长考，才在1922年春成为委员。他可能读过奥比坦（Victor Auburtin）在1921年7月《柏林日报》上的小品：

时值1920年11月，在日内瓦的国际联盟会议。裁军小组在国家饭店先前的餐厅开会，这里可以眺望著名的山湖美景……海地（Haiti）代表表示："本席提案，国联的所有国家应以我们的和平观点为依据，修改历史课程……在文章或诗歌中赞颂战争者，也必须受到处罚，比照现在各国对惩罚罪行的要求……"海地代表的发言并未造成太大影响……代表们多半心不在焉，或是眺望落地窗外的湖泊，那里平常的湛蓝，今天可能变成沮丧的灰暗。英国鲍尔弗（Balfour）先生画着漫画……海地的提案仍然没有得到讨论，而是移交三个特别委员会之一，即几天前才组成的裁军小组处理。

尽管爱因斯坦并不明了委员会的工作，却认为有义务来参与，"因为今天不应该有人拒绝为促成国际合作贡献一份心力"。委员会的权责其实颇为有限。该会首重把各国"精神劳工"之间遭到战争所阻断的途径重新联系起来。对加入国联抱持怀疑态度的德国政府，认为爱因斯坦加入委员会的运作乃是他个人的事情，并不曾和外交部商议。

爱因斯坦并未参加委员会的首次会议，1922 年 7 月，他正忙着日本之行前的待办事项。1923 年 3 月，法国和比利时军队进占莱茵州和鲁尔区后，他便辞去他的职位，而由洛伦兹接替。他退出的理由，在于委员会在关于对抗民族主义和军国主义的民众教育上着力太少，从事国际法制度的人也未真正加以支持。他写信告诉居里夫人，国际联盟"披着客观性的罩袍，实为强权政策温顺的工具"。国际联盟草创阶段中，爱因斯坦没能有所作为。尽管退出，他依然肯定国联的用处。所以 1923 年 7 月，德国人权联盟主张德国加入国联时，他还是声明支持。

在国联委员会秘书长的邀请及在默里、居里夫人和洛伦兹的强迫下，爱因斯坦于 1924 年 6 月重回委员会，感谢"这个对人类政治组织如此重要的团体所重视的宽大信念"。当所有国家均加入时，国际联盟便能善尽其"促进世界和平"的重责大任。德国尚未成为会员国，但政府在 1924 年秋——当时斯特莱斯曼为外相，决议设法尽快加入。1924—1926 年间，爱因斯坦每逢年会便于 7 月底前往日内瓦。顺路的话，他就到苏黎世探视孩子，和前妻谈话。1925 年底，由国际知识分子合作委员会决议设立的常设机构，即由法国政府赞助在巴黎成立的"知识分子合作学院"（Institut für intellektuelle Zusammenarbeit），当时爱因斯坦也成为其中的院士，第一任院长是吕谢尔。

在开幕仪式的席间演说中，爱因斯坦赞赏法方的创办，却也批评当中带给人"法国影响主导委员会"的印象。如此一来，对委员会"政治客观性"的信赖将被葬送："欲入此门者，请尽弃希望（Dixi et salvi animam meam）。"同一天早上，《柏林日报》刊登了同样版本的演说内容。一天后，爱因斯坦跟墨索里尼拥护者，即同为新学院委员会委员的罗科发生激烈争吵。爱因斯坦认为委员会成员是独立的人士，罗科则认为是政府的代表。早在重回委员会时，爱因斯坦便曾高声向坐在旁边的艺术史家奥普雷斯库问起罗科："那个无赖在哪里？"那位听得懂德语的无赖就坐在他对面，却不为所动。巴黎的学院后来成了杂货店，办理像是学位的双边承认，出版国际性手册，乃至著作权、自然保护和精神劳作的统计方法等等。

国联的常务委员会与其说是从事实质工作,不如说是进行了组织工作:为了知识分子合作,提出和决议追加下属国家委员会的构想。有鉴于少数民族将因此遭到排挤,爱因斯坦加以反对,却未得到采纳。接着,他设法说服普朗克加入德国国家委员会。普朗克则认为,由于国际的科学学会和会议均排挤德国科学家,他便不得不回避各种国际性组织,于是加以推辞。这个德国委员会后来于1928年3月底,即在总统兴登堡和外相斯特莱斯曼任内成立,主席为神学教授哈纳克。这时,爱因斯坦似乎已无心在国际知识分子合作委员会及巴黎吕谢尔的学院工作。早在1927年3月,他便央求普鲁士前文化部长,1925年起担任普鲁士国家图书馆总监理的克吕斯(Hugo Kruess)代他出任代表,而他现在还有心脏病。1928年夏

《为何要战争?》(*Why War?*)封面

季，他在休养期间，从夏尔波以兹发函给克吕斯时表示，他不会惋惜自己不再能够亲自参与国联的会议。他逐渐明白自己并不适合这样的活动："当初唯一的原因，便是那时我国'文化界'无心找另一位在国外具有知名度，且能面对国际性敌意的人，于是让我填补了这个空缺。"有许多具体事项，他都无法借着在国联的工作而有所推动。他在小组中有所助益的，则是重新进行反战者之间学术和文化的交流。他最著名的贡献，便是在知识分子合作学院鼓励下和弗洛伊德的通信——《为何要战争？》。

爱因斯坦、犹太复国主义和耶路撒冷大学

犹太复国主义运动始于赫茨尔（Theodor Herzl）的政治犹太复国主义，即关于犹太人迁入巴勒斯坦与农业垦殖活动计划——最好还能同时建立犹太人的民族国家。由此，便发展出相关的文化犹太复国主义，宗旨在于借着反省犹太传统来克服犹太民族所谓的文化危机，并以巴勒斯坦为精神中心。早在1919年底，爱因斯坦就希望迁徙至柏林的许多东部犹太人，能够"把新近形成的犹太人巴勒斯坦，看成犹太民族的自由之子，在此找到真正的家园"，但一开始，他对于积极支持这种构想，似乎仍有所疑虑。

他和当时德国锡安主义协会主席布卢门菲尔德（Kurt Blumenfeld）谈话时，提出这样的问题："如此注重农业，而疏远犹太人与生俱来的精神召唤，这样做好吗？"以及"有必要在为犹

太人问题奋斗时，发动一种犹太民族运动吗？"布氏的答复大概解除了他的疑虑，见解如下："锡安主义领导人所追求的目标，并非政治的，而是社会的与文化的目标。巴勒斯坦的共同体有助接近《圣经》上记载的祖先的社会理想，同时更成为现代精神生活的处所，亦即全世界犹太人的精神中心。"于是，爱因斯坦成了文化锡安主义的拥护者。然而，文化的和政治的锡安主义，并不能截然划分。身为具有宇宙思维的学者的爱因斯坦，不得不一直保持疑虑。早在首度美国之行前，他就写信给好友索洛文："我也不是祖国论者，但确信犹太人将因为人数不多及对巴勒斯坦拓殖地的依赖，而遭到强国阻挠。"1921年夏，他更确认自己的观点如下：

　　依我之见，锡安主义并不单纯是指向巴勒斯坦的殖民运动。犹太民族在巴勒斯坦，正如犹太侨民在海外，是一活生生的事实，且犹太民族主义必须在巴勒斯坦，而今更在所有侨居国家施展开来……我们活在民族主义泛滥的时代。我的锡安主义排除不了宇宙规模的直观。我从犹太民族性的现实出发，相信任何犹太人都负有对自己同胞的职责……基于犹太人重回巴勒斯坦及回归健全与常态的经济生活，锡安主义便意味着一种能丰富人类社会的生产活动。不过重点在于，对海外犹太人的生存而言，锡安主义加强了不可或缺的尊严及自信。

只要对照其他犹太人士的回避态度，爱因斯坦的立场便更加鲜明。

1951 年，爱因斯坦与以色列首任总理本·古里安（Ben Gurion）叙谈

1918年底，拉特瑙写道："绝大多数的德国犹太人……只有一种民族意识：德国的民族意识。我们愿意如同祖先那样，在德国，为德国出生入死。但愿其他人能在巴勒斯坦建立帝国。"他在1922年遇害前不久，还跟布卢门菲尔德和爱因斯坦长谈，对锡安主义一事表现冷淡。爱因斯坦的同仁与科学院生化所所长诺伊贝格（Carl Neuberg）采取了深具影响力的犹太国民经济学者奥本海默（Franz Oppenheimer）的策略："德意志民族意识、犹太氏族意识和易北河以西的爱乡之情。"德布林则称之为"犹太人解放之欺骗性动员"："有人以解放犹太人和融入欧洲国家为托词，掩饰旧有的民族身份。"

自一开始支持犹太复国主义，爱因斯坦就致力于建立耶路撒冷大学，并为此在美国募捐。在该大学正式启用之前，就出现了一份学术期刊《耶路撒冷大学学报》(*Scripta Universitatis atque bibliotecae Hierosolymitanarum*)。这是柏林的白俄罗斯人韦利科夫斯基（Immanuel Velikovsky）主编，并由他父亲赞助的杂志。据说，这位在维也纳学成心理分析的学者，二战后，为了一本伪学术书《冲突中的诸世界》和学术界起了冲突，成为"不受欢迎的人物"。爱因斯坦在这份新学刊中担任数学与物理组主编，和研究助理格罗梅共同发表了一篇论文。其他论文分别出自知名的数学家，如朗道（Edmund Landau，哥廷根）、阿达玛（Jauques Hadamard，巴黎）、来维（Tullio Levi Givita，罗马）及流体力学理论家卡耳曼（Theodor von Kármán，德国西部亚琛）。1923年2月上旬，爱因斯坦在由日本归国途中访问了巴勒斯坦，寄宿在以犹太血统自豪的英国常务代表塞缪尔（Herbert Samuel）爵士家里，成为以色列特拉维夫（Tel Aviv）荣誉公民，并参加耶路撒冷的希伯来大学奠基典礼。后来他告诉同窗好友索洛文：

> 我很喜欢巴勒斯坦的这群族人，有农夫、工人和中产者。土地大致上并不肥沃。这里可以成为道德的中心，却容纳不了大部分犹太民族。另一方面，我也相信这场垦殖将会成功。

爱因斯坦设定的是一所具有最高研究与教学水准的顶尖大学，美国的出资者却只要一间学院，让孩子可以顺顺利利学习，于是他很快陷入人事政策的纷争之中。1925年4月1日希伯来大学的落成典礼，爱因斯坦受邀担任校方评议会的委员，却未出席。即使亲临现场，或许他也不会像出席典礼的犹太裔柏林作家霍利切尔那么愤慨吧：

所有这些仪式，即便不算是史前的，也有几分中古味道，在我看来……相当陌生，且不太符合一所犹太大学的意义和思维。两位拉比主持讲论，其中一位甚至开始唱歌。我不由得想起当今几位犹太学者的鼎鼎大名：爱因斯坦、柏格森、丹麦文学家布兰德斯（Brandes）、弗洛伊德。每位各以自己的方式撼

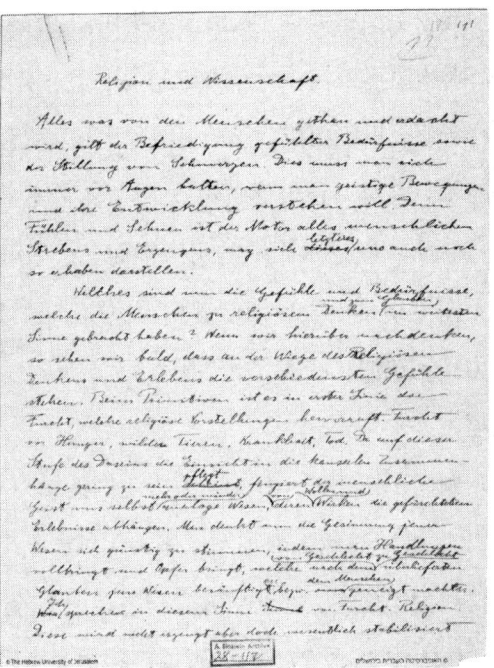

爱因斯坦写于1930年的手稿，主要讨论了关于宗教与科学等问题

动了本身知识领域的既定基础，在彻底毁坏的基础上建立新的学理与革命性的学说。大家在这里面对死海，眼光指向在世的犹太民族，却试图把官方的神和学问不合时宜地拼凑起来。

爱因斯坦关切该大学的发展，在他看来，大学完全没有走上正轨，终于让他在1928年默默退出评议会。不过，他依旧尽量赞助这所大学。在其他方面，即使身为犹太复国主义者的爱因斯坦，仍保持着自己的独立立场。

爱因斯坦对两者之间的矛盾，或许有更为深切的体认：他的国际主义及拒斥锡安主义中为犹太民族主义提供动力倾向的任何过激的民族意识。既然他不把政治行动看成解决利益冲突的办法，便感受不到真正介于巴勒斯坦阿拉伯氏族多数住民和犹太移民之间的对立，或是刻意加以忽略。他告诉贝索："这根本算不上把阿拉伯人排挤出他们的领土。就这块土地的可能性而言，聚居的人口并不多。"胼手胝足开荒辟地的人应该能够相互谅解：这个劳工阶层，更是唯一有能力和阿拉伯民族建立健全关系，完成锡安主义最重大政治任务的族群。"

爱因斯坦倾向于把犹太人和阿拉伯人之间的暴力冲突，特别是1920年、1921年和1929年多人遭到杀害的事件，界定成相当于英国托管政府的行为。有鉴于促进犹太人和阿拉伯人的民主和自治，他在1930年建议组成一个"机要议会"，包括犹太和阿拉伯各四位大佬（医界、法界、劳工界和宗教界），作为两大族群面对托管政府的调停机构。然而，由于该议会缺乏权能，也就可能遏止不了暴力。爱因斯坦依旧采行忽视政治现实的道德劝说之道。1929年，他写信给反对任何"犹太民族运动"的教授黑尔帕赫，表示在锡安主义中的民族主义理想，"并非求取权力，而是追求尊严和复原的民族主义"。凯泽也在关于岳父的传记中，设法让爱因斯坦摆脱提供犹太民族主义助力的"特别可笑的"指责。就爱因斯坦看来，"巴勒斯坦的重建及维护巴勒斯坦之外犹太人的整体性"，乃是"社会援助的手段，同时更是确保更高尚未来的教育性措施"。爱因斯坦深信这种更高尚的将来，并毅然投入其中。

榜样人物

国会总理勒贝在回忆录中讲述道："为了职务或自身的兴趣，我加入了多少个协会和委员会啊！首先是慈善公益的组织：自然保护联盟、盲人救援、青少年收容……之前还有政治及工会的团体……不要忘了，还有艺术社团……年初时，我可以缴到84个社团的会员费。接着是委员会。主所赐予的每一天，均带来新的委员会。"爱因斯坦可不想担任这么多名誉职务，即便只是若干协会的纯会员或名誉会员，担任某些组织的主席或小组成员，所做的却不只是为呼吁或声明联署。结果，还是有些应接不暇。

自1918年起，爱因斯坦与珂勒惠支，成为莱昂纳德·内尔松（Leonard Nelson）的"国际青少年联盟"（Internationaler

Jugend–Bund）友朋委员会成员。自 1921 年起，他赞助"为赈济俄国挨饿劳工组织委员会"(Russlandkomitee zur Organisierung für Arbeiterhilfe für die dort Hungernden)。在苏维埃俄国1921 年的旱季后，经过列宁号召而创办的该社，接着便由共产国际和赤色工会国际主导。该赈灾组织的执行秘书是共产党员明岑贝格 (Willy Münzenberg)。他把 1921 年底联署"国际劳工救援" (Internationale Arbeiterhilfe) 协会首度呼吁的所有人，全部列为创会成员，当中有爱因斯坦、霍利切尔、演员莫伊西（Alexander Moissi）、格罗斯和珂勒惠支。该组织在英国获得萧伯纳，在法国获得巴比塞支持。根据国际劳工救援协会1925年的纲领，这是"跨党派的国际性组织"，奋斗的目标"首重以工会的方式，即不依赖党派属性，把各国劳工结合起来。本会自觉与苏维埃俄国关系特别紧密"。该救援组织建立了各种设施，诸如儿童疗养接送、生育咨询、食物分配、德国妇女预防纳粹袭击的自保课程，乃至在俄国的建屋协助。爱因斯坦知不知道作家魏纳特（Erich Weinert）给协会写的战歌可用小提琴来伴奏呢？大概不知道吧！曲中最后一节是这样的：

准备打仗吧，兄弟！

这是场关键的比划！

若要自由、面包和权利，

切莫仰赖一个奴隶国家！

欺压者早把武器抓在手上！

流血之日将近！

所以劳工们，为了救援会的理想，

大家向城市和乡下迈进！

副歌：因为红军后方

还要站着救援会

的粮秣队，

才赢得了这场仗！

自1923年3月16日起，爱因斯坦担任"国际劳工救援之友联盟"
(Bund der Freunde der Internationalen Arbeiterhilfe) 名誉会
长，但歌曲中的斗志并不适用在他身上——他不过是挂名。1927
年，他甚至被选入救援会扩大的中央委员会。性质相近的委员身
份，还有自1923年起"新俄国之友会"(Gesellschaft der Freunde
des Neuen Russland) 的中央委员会 (后更名为"工作小组")。托
马斯·曼和德布林也属于这个协会。另外，还有1922年的"巴特
埃姆斯(德国西南部)学者及文艺人士复原之家"(Genesungsheim
für Gelehrte und Künstler, Bad Ems) 名誉主席、1926年的
"德国精神劳工工会"(Gewerkschaft Deutscher Geistesarbeiter)
荣誉会员，及1927年的"拉特瑙基金会"评议会委员。同年，爱
因斯坦和具有左派倾向的法国和平主义者巴比塞一起担任"反对帝
国主义及支持民族独立联盟"名誉会长。会员还有霍利切尔、专栏

作家莱曼—鲁斯比尔特、女性主义者海伦·斯特克及汉诺威大学编外讲师提奥多尔·莱辛（Theodor Lessing）。1928年，爱因斯坦进入德国人权协会的督导会。1929年，他担任"犹太妇女联盟"（Jüdische Frauenliga）理事会的成员。爱因斯坦的所有职衔，均表明他是和平主义者及拥护人权、捍卫社会弱势者的榜样。

对苏联的态度

随着1922年4月16日意大利拉巴洛（Rapallo）条约的签订，德国开始步上正轨，和革命后的俄国建立合理的邻国关系。两方恢复外交往来，协商贸易利益，放弃双边的赔偿要求。新祖国联盟继续推动德俄经济与文化关系的改善。1919年秋，盟员爱因斯坦、诺贝尔和平奖得主弗里德（H.A.Fried）和凯斯勒伯爵一同公开抗议战胜国对俄国的"饥饿封锁"。在外交部的批准下，联盟安排了1920年元月的会晤，几家德国大企业的代表会晤拘禁在市北区的勒特尔街莫阿比特监狱（今已不存）里的人民委员与受人敬重的苏联代表拉狄克。关心苏联动向的爱因斯坦，或许也读了相关报道。1920年元月底，他写信给玻恩：

此外，要告诉你的是，就算这些布尔什维克的理论再奇怪，我对他们还是没有恶感。就近观察一下，还真是有趣得很……这些人的高层有不少是具有政治天分的人。我最近读了拉狄克的小册子——相当佩服，他确实很内行。

不过，爱因斯坦却不曾到过苏联——他担心这么做，会让双方爆发宣传战。爱因斯坦对苏联的社会实验抱持乐观态度。据说，假使他只知道一条正路，一定就会"从事布尔什维克"。人真的是很难搞懂的东西。此外，爱因斯坦可能从拉特瑙那得知这方面的事。拉特瑙熟知俄国，对布尔什维克这种社会现象极感兴趣——更记得双边有待改进的经济关系。1920年，他曾表示这件事很重要："我们要和苏维埃共和国这个日渐巩固成军事、农业、寡头政体的国家保持良好关系。"

具有亲俄态度的爱因斯坦，却跟柏林康德大街、诺伦多夫广场、布拉格广场和巴伐利亚广场之间大部分俄侨没有密切往来。这些人一般是流亡者和前朝的官吏，此时经济状况恶劣，且没有任何国籍。1922—1937年间，居留柏林的俄国作家纳博科夫还抱怨："从证件上讲，这里是俄国人的温床。国联用所谓的南森护照(Nansenpass)，配发给失去俄国国籍的流亡者，这是种极低微的惨绿色证件。"据纳博科夫表示，当时有许多属于民主团体的俄国知识分子，"在文化水平上……远远凌驾于周遭的外国人民"之上。不消说，爱因斯坦知道这些新的流亡者，但身为锡安主义者的他，更关心苏联犹太人的处境，及促成迁居巴勒斯坦的办法。为此，他会晤了布卢门菲尔德及1918-1930年间在苏联驻柏林大使馆负责外交事务的人民委员契切林 (Georgi Tschitscherin)。

爱因斯坦除了是"为赈济俄国挨饿劳工组织委员会"及"新俄国之友会"（该社定期寄《新俄国》[Das neuen Russland]杂志给他）的成员，这时又多了一个会员身份。1924年，阿尔科伯爵在莫斯科联合德俄工程师创办了"文化与科技"（Kultur und Technik）学会，发行《德俄学术科技报道杂志》（Russisch-Deutsches Nachrichtenblatt für Wissenschaft und Technik）。爱因斯坦属于该学会的评议员，赞助刊物的发行及两国的经验交流。此外，早自1912年起，便出现颇为排外与保守倾向的"德国东欧研究学会"（Deutsche Gesellschaft zum Studium Osteuropas），会长施密特－奥特也是德国科学急难协会的理事。主事者则是柏林大学保守派史学学者赫奇（Otto Hoetzsch）。该学会有十年之久无所作为，1923年时却做出一份提案。在施氏和赫式的运作下，任职于文化部的物理学者韦斯特法尔（Wilhelm Westphal），成立了一个由大学教授组成的小组，宣称要开放对苏的学术关系。其中除了科学院的巨头，如爱因斯坦、冯·劳厄、普朗克和哈纳克，还有和爱因斯坦关系不甚密切的学者，如迈尔（Eduard Meyer）、松巴特（Werner Sombart）和施普兰格尔（Eduard Spranger）。1925年，该学会接待了苏联科学院执行秘书奥尔登堡（S.F.Oldenburg），安排苏联学者和艺术家讲演。1925年9月，为了位于列宁格勒（Leningrad）的科学院两百周年庆，德方派出由施密特－奥特带领的多人代表团——没有爱因斯坦。1926年4月，德苏友好条约签订后，阿尔科伯爵和爱因斯坦11月邀请苏联科学院副主席费斯曼

（Alexander J. Fersman）来柏林演讲。阿尔科、爱因斯坦、《前进报》艺术批评家奥斯本博士（Max Osborn）和傅克斯（Eduard Fuchs）共同主持会议。1927年，德国的东欧学会也在柏林举办了苏联自然学者周。

崇尚自由的爱因斯坦算不上什么"始终如一"的宣传家。他在1929年与"新俄国之友会"划清界限，抗议政府拒绝给遭到流放的苏联领导人托洛茨基（Leo Trotzki）政治庇护。在苏联集体化运动后的1929年，农村出现数十万饥民，领导阶层找出48位高干，其中包括10位犹太人，来当替罪羔羊，这些人在公审后遭到枪决。索尔仁尼琴（Alexander Solschenizyn）在关于俄国犹太人的史书中指出，知名的犹太作家布鲁兹库斯（Ju.D.Bruzkus）曾设法借着联署来抗议这种政治清算。爱因斯坦和阿诺尔德·茨威格签署，而罗曼·罗兰则未签。随后爱因斯坦受到影响：1931年，他退出反对莫斯科公审"48个罪魁"的联署抗议，理由是：

> 如今我深深懊悔自己参与了这次连署……我当时并未充分意识到，在苏联事务种种特殊情况下，可能存在着完全出乎我所熟悉情况之外的事情。

是否有跟他不同论调的人，我们不得而知。当时柏林有两位流亡的国民经济学者布鲁兹库斯博士及伊林（Iljin），多次发表反苏联的报刊评论和演讲。为此，外交部和德国东欧研究学会所发生的争执，可能对爱因斯坦有所影响。爱因斯坦这样改口，也可能是保持了一贯的立场：1936年，意大利作家与共产党干部西洛内 (Ignazio Silone) 在公开信中把莫斯科其他公审解释为整肃异己，还用了"赤色法西斯"一词。几年之前，有鉴于俄国十月革命期间的恐怖现象，爱因斯坦也曾写道："假使俄国的当权者有心继续以道德来折服有素养的人民，便必须改变他们的方法。若是他们无法借着伟大勇敢的解放行动，来表明自己在为政治理念赋予力量时，并不需要进行血腥的恐怖活动的话，便将失去大家最后的好感。"

反对兵役和民族主义

一次大战期间还不太出名的爱因斯坦，对于和平主义者的公开声明还相当拘谨；在魏玛共和较自由的氛围中，他则不断热情支持主张拒服兵役和裁军的个人及组织。1931年12月，他在接受出版了关于一战期间参与战争宣传国家一书的美国出版家菲尔埃克访问时，表示：

> 我不只是和平主义者，更是战斗的和平主义者。我准备好为和平而战。战争只能靠一种办法来制止：所有有关的人抵制参战……我们必须准备好，如同我们在战争中所一贯采取的，为和平大业壮烈牺牲。对我来说，再没有比这个更重大、更令我关切的职责了。

爱因斯坦跟着其他表态的知识分子一同签署了宣言和呼吁。如1930 年 5 月由"国际妇女和平自由联盟"（Internationale Frauenliga für Frieden und Freiheit）发起的裁军宣言，有罗素、斯特凡·茨威格和托马斯·曼的联署，以及1930年10月的《反对兵役及青少年军事教育宣言》，除了上述的联署者，这里还有弗洛伊德、罗曼·罗兰和泰戈尔。纳坦和诺顿指出，爱因斯坦这类表态将近80次。当时他特别关切国际合作和民族间理解的问题。与之不谋而合的，有由白里安发起，美国国务卿凯洛格（Frank B. Kellogg）提案的公约，建议设置全球性的仲裁法庭，取代用战争作为解决国际争端的办法。1928 年 8 月在巴黎，有15 国签署了这项协定，后来更有48 国跟进。可惜，1931 年日本出兵中国东北，令该约定成为废纸。

1932 年，爱因斯坦与弗洛伊德思想交流的两封信，引起公众瞩目。论题涉及爱因斯坦在20年代末极为关切的文明问题："是否有使人免于战争苦难的方法？"对这位心理分析之父，爱因斯坦似乎抱持了善意的批评态度。根据他1931 年底的日记记载，即便他不相信弗洛伊德的命题，仍然"非常喜爱他那鲜明的风格及尽管稍嫌离题，却相当原创的精神"。弗洛伊德"过度相信自己的想法"。另一方面，弗洛伊德1929 年 11 月曾写信告诉菲尔埃克：

> 我早就知道爱因斯坦对心理分析的态度。我在几年前跟他有过一场长谈，当时我打趣表示，他对心理分析不及我对数

学的了解。不错，我认为自己在这方面强过他。相对于我充分理解数学思维的权能，他却质疑心理学的权能……

在声明对彼此的评价后，两人详谈了战争的起因——弗洛伊德有别于鲜明的爱因斯坦。爱因斯坦咄咄逼人问道，是否有种办法"引导人的精神发展，令其有能力抵抗仇恨和破坏的精神变态呢？"姑不论那些握有报刊、学校和教会的战争既得利益者，人类本身就有"仇恨和毁灭的欲望"。弗洛伊德在答复中采取了历史做法，把这种权力描述为被驯服的暴力及借由感情而结合的群体的力量。对设置一个超乎不同国家的较大群体这种构想，他认为不可能实现："凭

弗洛伊德像（Ferdinand Schmutzer 绘于 1926 年）

借理念的力量来取代现实力量的尝试，目前仍注定失败。"于是，他触及爱因斯坦思想中的痛处——他常常只看见自己想看的。此外，弗洛伊德更借着"性爱本能"和"死亡本能"两种本能之联系，来理解人的行为。他得出悲观的结论，即"当人在迫切的实际任务下"，如阻止战争，从"不解世事的理论家取得建议"，"是不会有太大成效的"。爱因斯坦在信件开头却愉悦地表示，在从事政治的人身上，"这样的意愿很高，即就本身对问题的看法，请教那些因为惯常的学术工作，而获得面对各种人生问题时极为超然立场的人士"。

爱因斯坦的许多和平主义声明，均显示他相当涉入德国及国际的和平运动，是故，他的拒斥战争并未展现任何特色。在拒绝兵役及有关战争起因方面，我们各举一例。1929年2月，爱因斯坦在捷克斯拉夫的报纸上，有项关于兵役的明确表态。关于新的战争爆发时，他会做些什么的问题，他答复道："我将直接或间接坚决反对兵役，并促使朋友们做出同样的表态，甚至不理会战争起因的论断。"纳坦及诺顿认为，这句话让爱因斯坦成为世界各地"战斗和平主义的英雄"。笔者这里有不同的看法。爱因斯坦不过复述了两年多以前海德堡的第十二届德国和平主义者大会上压倒性多数通过，发表在《和平守护者》(*Friedenswarte*)的言论。前述的话，就是选自这里，即"不论攻击战或防御战、国际联盟的惩罚战，或是出于其他或真或假的目标"，均将拒服兵役。就连在位的国会总理勒贝也有类似的表述：

来自背街房屋的人和广大的群众，一定会反对未来的战争，各国青年反战的日子必将来临。一定要通过这样的法令，要求导致战争的外交人员和专栏作家，先下下壕沟。我们不要武器，这些先生不妨自行肉搏。

爱因斯坦底下的说法，同样不可单独来看，而要置于时人的辩论脉络之中：

所谓战争完全或主要由资本家造成，这个论点我觉得不对。废除经济上严重的不合理，我认为比不上和平主义的问题。我更确信，我们不该让后一问题的解决取决于前一问题的解决，因为目前创办一个废除战争的组织，时机已然成熟。

在此，爱因斯坦跟希勒的看法不同。希勒认为帝国主义属于资本主义，"如同老虎有牙齿"。资本主义统治制度，乃战争的主因，是"强迫性的杀人勾当"。在 1931 年 8 月《世界剧场》的一封公开信《再迈一步，爱因斯坦！》中，希勒取笑他是"在政治理论上成熟得较慢"，却宽厚地附上一句："而今没有世界大师能……同时兼具精密科学和政治哲学的。"呼吁拒服兵役并不够，一定要"发难，推翻政治权力的巧取豪夺"。"请勇于破除执迷，跨出这一步，爱因斯坦，从激进和平主义迈进到革命和平主义！"1918 年时，希勒还抱持精神贵族政治的非民族理念，1931年，则走到世界革命的理想。爱因斯坦未受感动，而以一封私人信函回复，他对"在有民主宪法的国家中，对革命期望不高"。希勒之类的"共产主义式"和平主义者的看法，则被社民党左翼领袖保罗·列维批评为过于片面，而加以排斥。他认为产业劳工的群众罢工，才是反战的万灵丹。

1930年12月，爱因斯坦于纽约主讲的激进和平主义演说，甚至引发奇怪的效应。他在其中的评论表示：

> 即使只有2%受到征召的人表明拒绝从军，进而共同要求以和平方式解决所有国际争端，也能令政府失去力量。府方没人胆敢把数量如此之多的人送进监狱。

于是，美国"抵制战争者联盟"（War Resisters League）发行有《爱因斯坦论拒服兵役》标题的传单，派发有"2%"字样的夹报。这些东西很快就停止流通，因为同一时间，纽约出现一项政治行动，即正在推行所谓共和党众议员"沃尔斯特德(Volstead)法案"，进而试图废除对含有2%酒精含量的啤酒的禁令。人们喝起2%的啤酒。把任何直接或间接拒绝参战的行为视为道德良心（这一点与爱因斯坦一致）的罗曼·罗兰，认为爱因斯坦的提议有争议性："2%的人口拒服兵役，并不会废止战争。爱因斯坦似乎忽略了，自1914年起，战争技术已有所改变，且持续演变中。近来有一小队科技人员强调，他们懂得使用装填了毒气或细菌的鱼雷及其他大型毁灭武器。在这种情况下，不论人口的 2% 或 10% 拒服兵役，政府完全无所谓。"

魏玛共和期间，爱因斯坦持续投入和平与民族间理解的努力，令人赞赏。话说回来，相较于许多国家中，青年因拒服兵役而遭监禁，这位世界知名的 50 岁天才自然轻松许多。身为普鲁士官员的爱因斯坦，不该参与国内的政治斗争，如奥西茨基或埃里希·缪撒姆之类的作家在《世界剧场》中直接对抗若干国社党徒和希特勒——原本，他也可以用个人名义来进行。既然爱因斯坦一再强调自己不是德国人的这种自觉，想必对德国内政没有太大兴趣，但这并不表示爱因斯坦全然跳脱德国内政。在"贵族补偿"，即 1919 年 11 月革命期间，皇室和地方贵族被征收之地产的补偿问题上，工会、社民党、共产党及中产阶级政党左派，均以"不给贵族半毛钱！"的口号，主张无条件没收，并在成功提案后，强制进行全民表决。爱因斯坦也一同签署。魏纳特则以一首斗志高昂的诗助阵：

投给爵爷

的每百万张票

便是反动派的弹药。

两千万，足以进驻军营。

这事关自由！这攸关百姓！

所谓"两千万"就是预定通过的选票。在政府高层、教会和兴登堡总统的强力施压下，1926 年的全民表决失去必要的多数选票。爱因斯坦涉入内政的另一例子，是他支持《反对打造战舰和扩充军备号召书》，抗议兴建价值 8000 万的"A 型装甲巡洋舰"。共产党试图推动全民表决议案《禁止建造任何种类的装甲船和巡洋舰》而未果。亨利希·曼、珂勒惠支、包豪斯学院院长格罗佩斯（Walter Gropius）和巴拉赫（Ernst Barlach）均支持该党。哈特菲尔德制作了令人印象深刻的拼贴画，刊登在 1928 年 10 月 14 日的《红旗报》（*Rote Fahne*）头版上："加把劲！投赞成票！"

能否从爱因斯坦对德国的保留态度推知，希特勒一旦掌权，他便随即离开这个国家呢？其实，在 1930 年 12 月美国之行期间，即由安特卫普出发，经过纽约、巴拿马运河及西岸时，便有谣传流回柏林。根据犹太作家布鲁兹库斯博士的一位公子所说，爱因斯坦告诉他，万一希特勒夺权，他将到法国隐居。在《纽约时报》上，爱因斯坦施展了辟谣的艺术："在公众场合不应该用希望绝不会发生的条件句讲话"，及"更不应该在这样的条件句下预先做出决定，甚至把这样的决定公诸大众"。

13 爱因斯坦五十大寿

Einsteins Fünfzigster Geburtstag

位于美国首都华盛顿的爱因斯坦雕像

自从报载"太阳使真相大白"及告知读者柏林市住着一位"新阿基米德"（Archimedes）以来，过了差不多10年。现在1929年，爱因斯坦50岁生日将至。该如何为他庆贺呢？就爱因斯坦自己来讲，他不爱过节。只要他没有站在台前，或是通过书面声明与群众保持距离，是不太爱公开露面的。但对学界而言，50岁并不够资深。要评价一生事业，再晚个10年比较适当。就纪念文集来讲，也是如此。在菲舍尔出版社的女婿凯泽要发行这种东西，轻而易举。1931年，当艾尔莎向安东尼娜透露，豪普特曼也做五十大寿时，见识便显得浅薄："拿阿尔伯特跟他比较吧。他在50岁时就躲到僻静角落，没有人能跟他祝寿！"话是不错，但爱因斯坦因此也没给任何人机会一同庆生。之所以这么低调，艾尔莎的节俭肯定不是因素。爱因斯坦有的是有钱朋友，他们乐意为他花钱。但他根本无意于像1912年的豪普特曼那样，在阿德龙酒店的宴席上过50岁生日。

祝贺和礼物

所以说，爱因斯坦在生日那天"躲了起来"，也就是躲到普勒许医师在市区西边的嘉陶（Gatow）的乡下庄园"克雷姆（Klemm）别墅"为他准备的、没人进得来的小房间——可能出于健康因素吧。好客的人会去处理各种电报、贺卡、鲜花和礼品，接待前来到贺的客人四面八方的祝贺纷纷涌向爱因斯坦。在总理米勒（Hermann Müller）的电报中，德国自豪地望着"它那伟大的学者，他为德国科学赢得不朽的声誉"。东方学家与普鲁士文化部长贝克尔在电报中表示，他殷切盼望能够当面告诉爱因斯坦，"我觉得非常满足，因为您在普鲁士科学院找到自己的精神家园，且不断为它增添名望。"贝克尔得到伊森施泰因（Kurt Harald Isenstein）雕塑的一尊爱因斯坦半身像，摆放在波茨坦爱因斯坦楼塔的入口处。就连宇宙影城电影新闻周报，也报道了爱因斯坦的生日。所以史家弗里德尔的话也有几分道理："这不是没有可能，即往后的时代也许会把我们这时代讲成是爱因斯坦时代。"因为人必须在历史面前证明自己的价值。哈伯给爱因斯坦的贺词则相当谦虚：

几百年后，一般人会把我们这时代看成世界大战的时期，但学者会把这前四分之一世纪跟您的大名联系起来，就好比今人把17世纪末看成法王路易十四的战争时期，而学界则联想起牛顿……所以为了自己未来的名声和历史中个人的存续着想，我衷心祝你善自珍重，保持健康，让我能继续跟您一道开玩笑、喝咖啡。

德国人权联盟在电报中称他为"社会及国际进步的先锋";而"苏联及外国文化交流协会"则称赞他为"相对论的原创者与新苏联的忠实朋友"。弗洛伊德写信说他是"快乐人";少时的朋友、年迈的老师及许多百姓均寄来贺卡,其中还有"红色救援会"(Rote Hilfe)莫普尔(Mopr)教养院的院童所画的素描。爱因斯坦欣慰地表达了谢意及应有的道德自觉:"亲爱的孩子们……要拿最了不起的人当榜样。阅读卢森堡的书信,并注意,人的差别不在他们的感觉和行为,而在其外在的机运。"连爱因斯坦出生的城市乌尔姆也寄来祝寿信,尽管晚了两个星期。他们把以下的讯息当礼物,显示了地道的施瓦本的节俭作风:"早在几年前,本市为了表扬您,便预定把一条交通最繁忙的街道命名为'爱因斯坦街',且已铺设完成。"爱因斯坦亲切地即时回复,其中仍透露几分不悦:"我聊以自慰地以为,自己应该不必为期间发生的事情负责吧?"

还有另一个问题,生活简朴、行事低调的爱因斯坦,大概不太会享用礼物吧?据瓦克斯曼所说,对于一般人所重视的生活物质,爱因斯坦从未同等重视,这并没错。汽车、高价的画作、昂贵的装饰品及时髦的衣物,均是爱因斯坦不曾也不愿拥有的。话说回来,他还是有喜欢的、乐于当成礼品而接受的东西。与他相熟的几位朋友,为他造了一艘帆船,他们是柏林贸易合作社(老牌银行,今已合并成 BHF 银行)的三位股东。当成寿礼的这艘赛船,甲板面积有 20 平方米,拥有一间舱房和一具备用马达。所以爱因斯坦昵称它为"胖帆船",取名为"海豚号"。这件大礼对爱因斯坦很受用,

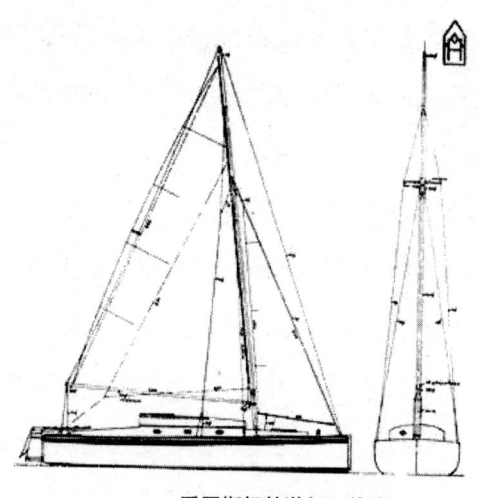

爱因斯坦的游艇（线图）

他可以恣意地在水上消遣，不被访客，甚至老婆找到！倾向社会主义思想的爱因斯坦，到底收了哪几位"资本家"朋友这艘船，则不得而知。可能是柏林市民熟知的善开玩笑的银行家菲尔斯滕贝格（Karl Fürstenberg）、出身学者世家的辛特尼斯（Gustav Sintenis）博士及艺术赞助者叶德尔斯（Otto Jeidels）博士，但也可能另有其人。

传统的大手笔——柏林市的赠礼

在私的方面，爱因斯坦得到船的大礼。据若干人指出，普勒许曾找柏林市长伯斯（Gustav Böß）商量，柏林市也该对爱因斯坦有所表示。成为荣誉市民——这大概行不通。或许基于过去学生会会员的自豪感及民主党人的身份，伯斯想扮演类似总统的角色。总统有"支配权"，得以在不经国会同意的情况下，自行决定。兴登堡滥用过这种权限来支持自己的阶层，帮助易北河以东陷入财务困境的大地主。不过，伯斯若缺少市政府行政官员，便无法办到。1929年初，大柏林的市政府咨询委员会由31位委员组成。于是该部会决议："拿哈韦尔河畔的一块地送给本世纪最伟大的学者与本市市民爱因斯坦教授先生，作为五十大寿时的贺礼。"就某些市府官员而言，这项决议并非全无争议：有鉴于该市拮据的财务状况，不论左派或右派党人，均无意为民众找出令人信服的说法，解释这份"贺礼"的缘由。自从1928年经济低迷以来，柏林市陷入财务困境。于是，隔年初，伯斯想恢复原先停摆的地铁建设案，却遭到多数票否决。症结在于，柏林当时两亿马克的短期债务将有长期的变化。基于这层因素，及为了答谢纽约市长沃克（James Walker）1927年访问柏林，伯斯便于1929年夏末前往美国。他想在那寻找财力雄厚的投资者。

除了市政府官员，市府行政单位也很重要，这是负责决策的执行，也就是找寻地皮，甚至房子的单位。这次参与的人要不是能力不足，便是计划施行不顺——起初和艾尔莎的磋商并无结果。爱因斯坦夫妇婉拒了市府两项提案，因为一块嘉陶的建地位于汽艇俱乐部附近，另一块在市区西边的新克拉多（Neu-Cladow）地产，市府早已允诺该地的贵族女地主的终身用益权[1]。从斯莱福格特所画

---

1 即市证府拿不能送的地来送他们。 ——译者注

的《新克拉多的花园》可以看到，那里的房子美轮美奂。市府方面看来没办好这件事，而且成了报上的闹剧。爱因斯坦家住在滕珀尔湖（Templiner See）附近卡普特的朋友斯特恩夫妇（Adolph und Elsbeth Stern）得知了这消息，表示愿意廉价转让湖边的部分地产。

为此，伯斯和名誉职的市议员与经济党（Wirtschaftspartei）党员布希（Busch），一同于1929年4月24日，即生日过后，提交草案给市议会。案文中表示："本席恳请议决：议会惠予同意，由购地基金提拨约两万德国马克，俾购入卡普特一块地产作为爱因斯坦50岁生日贺礼。"所以贺礼就是一块地皮。然而，这块略有坡度的地皮，府方却以"改善能见度"为由，准备填高地基，打造成"花园的格局"。在5月1日的《劳工画报》（*Arbeiter-Illustrierte Zeitung*）上，刊登了一幅讽刺市府乌龙事件的漫画，受赠人却是卡尔·爱因斯坦，而非阿尔伯特。直到5月2日的下次会议，市议会仍未能做成决议，再度顺延，因为该案与资深议员的意见相左。个中原因，可能是市政府官员所谓"极为拮据"的财务状况及关税议员们采取节约的做法。也有可能是反犹人士，甚至与国社党员交好的人士从中作梗。未能详知内情的柏林讽刺作家"小妖怪"，则认为是出于恶意和嫉妒：

> 我喜爱柏林少数耆老，更胜于老建筑，他们已经是"美好"旧时代的活记录，却不是那些从官方获赠一只（一只！）瓷盘

的百岁人瑞，也不是60岁的知名教授爱因斯坦，可惜后来发现，市府所送的乡下房子"不得使用"。为此，他们送了他另一项乡下地产，竟是由谷仓改建，没有门口的房子。

爱因斯坦可能也看了这篇文章。不过，他不想再等人决议，而是决定自己花钱买下府方所提供的地产。于是，私人交易便取代了官方运作。

可想而知，市议会5月的会期无济于事。据说，身为社民党员的警察总长由于没在5月1日撤除一般示威禁令，而遭伤害，警方便出动保安警察以血腥方式介入，导致该市骚动不安。共产党声言遭到歧视，柏林这场"血腥5月"的结果，街头共有40位死者和73位重伤患。换言之，当时在市府有比爱因斯坦贺礼更重大的事

爱因斯坦在波茨坦附近卡普特（Caputh）的避暑宅子今貌

情需要讨论。

经过业主和建筑师瓦克斯曼几个月的细心作业后，1930年夏，一栋拥有暖气设备、实用取向的木造房子完工了。安东尼娜语带保留表示："一个单调的立方体，再加上稍微矮小的另一个立方体，再接上一个屋顶平台。整体造型形同数学公式，未加修饰，硬邦邦的。"爱因斯坦倒是对这栋自己付钱的"别墅"相当自豪。在5月4日新居落成的访客登记簿上，冯·劳厄以"规定"为题写了首打油诗，规定访客用韵文登记，设计的告示上写着"禁用散文"。他的落款则是：

以卡普特地产管理单位的名义。

屋主敬启

1932年11月21日的最后一次登记，同样出自冯·劳厄。爱因斯坦享用"自己的土地"，为期仅仅两年半。1933年5月，这块地便过户到艾尔莎女儿名下，1935年1月，就被"新时代"的当局无条件征收，官方说法表示：爱因斯坦家遭窃。

从同侪、传记作者法兰克开始，许多爱因斯坦的传记作家均为了这场乌龙，取笑柏林市政府[1]。诚然，伯斯在政治上犯了大错，失去颜面；却没有人反过来问，魏玛共和时期，除了爱因斯坦，还有哪位名人的50或60岁生日，能让柏林市提供这份相当丰厚的礼物

---

[1] 法兰克倒不认为行政上出现疏失，而是推测有人阻拦。 ——译者注

呢？于是，我们再度见识到这种现象，即爱因斯坦被推崇为无与伦比的"伟大"。尽管他的研究成果不比哈伯的那么容易为一般人了解。爱因斯坦为什么愿意收下这份礼物呢？他觉得自己当之无愧吗？抑或受到艾尔莎敦促？早在1919年的艰难时期，爱因斯坦楼塔经费的募捐，便只得到他颇为勉强的赞许。最晚自1920年起，亲水的避暑屋早已是他的梦想。他为何仍然不能自己实现这个梦想呢？因为他在苏黎世第一个家庭的财务负担吗？从结果来看，他有不必自己出资的财政办法。[1]

身为普鲁士官员的爱因斯坦，事后或许会庆幸自己接下提案，随后加以放弃。因为在他生日之后半年，伯斯便卷入一场政治丑闻，1930年时，由于收受他人给妻子一件价值4000马克的狸皮大衣遭到起诉。送礼者是名叫斯克拉瑞克（Sklarek）的犹太三兄弟厂商，涉嫌高达数百万马克的诈骗案。伯斯被判处3000德国马克的罚金，自动以"不适任"为由，对外则表示"基于健康因素"，于11月1日提前退休。《德意志犹太人》月刊更试图以嘲弄的方式，把爱因斯坦为犹太民族出头，和斯克拉瑞克丑闻挂勾。在1929年11月号中，他被指责为"犹太民族文人"："爱因斯坦教授写道：'这对犹太人的道德造成重大伤害，他们和犹太民族共同体失去联系，被该经济民族视为异族。往往冒出无耻阴险的自私自利。'所以说，假使斯克拉瑞克家族及时信奉锡安主义的救世说，他们大概就不会舞弊了。"

---

1 作者暗示他在等人家为他出钱。　——译者注

如同今日有所考据的专家所言，伯斯被迫下台，主要因为报界：

> 然而，追踪他的不仅是《红旗报》的人，右派报社，尤其胡根贝格的地方广告报也这么做。就连莫斯和乌尔施泰因的小报也认为，为了业务，有必要加入这种以传闻为依据，不负责任的报道手法。原则上支持魏玛共和及其所代表的力量的这两家出版社，在伯斯一案中却失去作用。他们本该运用其对柏林民众的影响力，为手无寸铁的民主市长对抗他的政敌的。

如今，伯斯对本市的贡献，即"他以其高瞻远瞩所定下的发展步调，让柏林至今仍蒙受其利"，已经不受重视。至于这位柏林人，只因和爱因斯坦别墅有关的政治遭遇，而留在人们的记忆中，本身就带有几分悲剧性。

14 火山上的舞会：1930—1933年

Tanz auf dem Vulkan

1930—1933

1940年，爱因斯坦正式取得美国国籍。图为1940年10月1日，爱因斯坦从菲利普·福曼（Phillip Forman）大法官的手里接过了此前他申请加入美国国籍的申请信。

柏林在市长伯斯任内，努力急起直追，和其他世界性都会一较高下。1928 年 10 月，他在《柏林日报》上表示："我知道巴黎、伦敦和纽约仍然胜过我们。我们必须，且将要迎头赶上。"10 月中旬，一场以"柏林发光"为口号为期 4 天的预演，在夜晚时分举办了：将以新的照明方式照亮历史建筑，并进行测试。这件柏林经济的大事获得赞助。当时莱比锡街上的人造星光，便耗费大约 4 万马克。"这场活动费用，非常之高，因为大部分中大型装置，不仅用于发光，更将持续照耀柏林，吸引顾客。这类大手笔的装置位于选帝侯大道街口一整栋建筑，最新型的照明广告亮得宛如白昼。"这里指的大概是市中心乌朗德街口的建筑，底下是咖啡馆，顶部是奔驰（Mercedes）公司的照明文字，其间是舒尔特亥斯（Schultheis）公司及狮子酒厂（Löwenbräu）的广告。

库尔特·魏尔还特地为"柏林发光"活动谱了首歌曲。由于经济状况并未因此大有改善，免不了出现这样的批评："发光周的主办者市府单位，要如何为这笔不小的浪费向穷人与街友们交代呢？这大概是要跟外国人和大剥削者展示柏林的难民营，并表示：照过来，这就是你们的杰作！"凯斯勒伯爵对 1932 年发生在柏林某些地方的状况记录，也是这个意思："有件我不太清楚的单一事件：在柏林已有2万到3万名11至15岁的流浪少年，他们组成有组织的小帮派……全然没有道德顾虑，随时准备犯罪，大部分均有梅毒和毒瘾。"

失业和黑色星期五

人们不理会供过于求的警告，一窝蜂投机后，1929年10月24日，纽约股市开始下滑，导致"黑色星期五"声名狼藉的股市崩盘。这个银行危机日，也标示出接下来三年的世界性经济危机，直到1932年底才结束。1926与1927年间，德国经济复苏，自1928年，尤其自1928与1929年间的严冬，则陷入低迷。工业产量开始降低，失业数字持续攀高，到了1929年2月，达到320万的最高值，导致"德国失业保险机构"的可怕赤字，只能通过贷款来打平，而亟须改革失业及社会保险。

解决德国战债偿付的新方案杨格（Young）计划引发争议。这个计划固然会让德国在经济政策上自主，却也令德国在经济衰弱时仍然背负着赔款的重担。这有一定的风险。美国的银行危机，一定也直接冲击德国，致使国外给德国县市和银行的短期借款大幅减少。由于德国债务人主要把钱做了长期的投资，他们很可能一夕之间陷入困境。自称"国家反对派"的德国国家民族党和国家社会党，发起反对杨格计划的全民投票而未果，但这些右派政党却大获重视，逐渐聚集拥护者。

国社党的颠覆活动

身为国社党区域干部的戈培尔（Joseph Goebbels），自 1926 年 11 月 1 日起设法"渗透"柏林市。他首先张贴鲜红色的海报："资产者国家末日将近，必须重新打造新德国。"他把机关报命名为《进攻》（*Der Angriff*）。图霍尔斯基便拿《戈培尔》一诗来取笑柏林这位新宣传分子。其中第一节是这样的：

> 你真少不了那些家具包装工！
>
> 拿了钱的他们，这才向你靠拢。
>
> 这么个没本事的男中音，
>
> 在当中拼命地哗众取宠。
>
> 哇！女人一见你便小鹿乱撞，
>
> 最爱做的无非是躺到地上！
>
> 你就搞呀搞，弄呀弄的。
>
> 约瑟夫，你真是小角色。

由于最高同志希特勒被禁止在普鲁士公开演讲，戈培尔只能采取其他办法——他的冲锋队按时打击共产党人的集会，进行大大小小的战斗。他们更在没有向警方报备的情况下，以上百人的阵仗，在利希特菲尔特东火车站欺负了夏洛滕堡“赤色先锋联盟”（Roter Frontkämpferbund）乐队的23位乐手。1928年5月，国社党在国会选举中的柏林票数，尚远低于他们在国内各地的平均数。在经济复苏期间，纳粹暴徒的攻击与其说是别具意义，不如说是令人不齿。但自经济低迷以来，如柏林机器工人开始工资斗争、罢工和反抗解雇时，希特勒的党派便获得更多支持者。街头的局势，逐渐走向冲锋队和共产党人之间的对峙。希特勒的演讲禁令解除，并出现在偌大的海报上：

首度在柏林！

在普鲁士政府对领袖

希特勒

的演说禁令解除后，

他将于1928年11月16日星期五

晚上八点半在波茨坦街的

体育堂（Sportpalast）

的群众集会中，主讲

《即将挣脱镣铐的斗争》。

1929年9月中旬，国社党徒在选帝侯大道上殴打多位具有犹太容貌的过路人。在同年11月柏林市议员选举中，亦即爱因斯坦大寿之后，国社党议员首度增加到13名，约占总数的6%。从11月到隔年3月，在失业人口的支持下，议员数增加到两倍多。在1930年9月14日的国会选举中，纳粹党已占18.3%的席次，1928年时还是2.6%，许多知识分子都把这天看成共和的忌日。不过，社民党仍是最强的派系，甚至中央党也略微领先。

爱因斯坦的官方上司贝克尔，在1930年元月关于部内轮替的公开讨论后便辞职了。看来，普鲁士总理布劳恩（Carl Otto Braun）需要一位新部长，更能以无穷的精力影响与民主渐行渐远的青少年，尤其是大学生。不过，像学界里的爱因斯坦和能斯特，文艺界的豪普特曼、托马斯·曼、李伯曼和珂勒惠支，均力主贝克尔留任。

说到这时国社党的无法无天，见之于以下事件。1930年12月初，在美国以雷马克小说为脚本拍摄的反战影片《西线无战事》，在柏林诺伦多夫广场戏院莫扎特厅的首演，遭到纳粹党徒的干扰。戈培尔为幕后主导，过去为政治左倾的表现主义作家布龙宁（Arnold Bronnen）带头作乱。事前就在伦敦看过这部片子的俄国作家爱伦堡（Ilja Ehrenburg）表示，他是在朋友的央求下一起去的，并指出："纳粹党人……今天（想）打一场仗。大家好好招待他们。"他们本想观赏影片时，"突然响起几声歇斯底里的尖叫。灯光暗了下来，没有发生殴打，但尖叫声持续着。观众离开了电影院。原来纳粹党人在这里放了上百只老鼠"。接下来可就不是那么简单了。冲锋队不断用暴力抗议这部影片，直到不胜其扰的当局勒令该片下档为止。当时在美国看了这部片子并对女性朋友玛格丽特·雷巴赫讲述过的爱因斯坦，于是发表声明，反对柏林这项禁令：

> 这项禁令暴露了政府的致命伤，即屈服于街头暴徒的叫嚣，在世人眼中，肯定需要设法恢复名誉。

不过，在魏玛德国，"仗义执言"并非本土的字眼，只有极少数人加以实践。

1930年10月，托马斯·曼在柏林贝多芬厅主讲《致德国人》，情况也没好过雷马克的影片。戈培尔派了20位穿着租借晚礼服的冲锋队员来到现场，布龙宁也在。他后来解释了队员所扮演的角色：

> 时机终于到了。仅仅邻座的人大叫一声"哇啊"，便足以引爆激烈的冲突……尽管闹事者还未到场，会场却已经闹了起来，大家彼此吼叫，只有21个人还保持安静：形同失火时不知所措的主讲者托马斯·曼及穿着租借晚礼服安坐着、并担心有所破坏的20位冲锋队员。

1931年3月，卓别林为了无声影片《城市之光》在德国首演访问柏林时，受到兴奋的群众"一再地欢呼"。不便外出的卓别林，在接受共产党青年会（Jugendverband）报社的电访时，简短致意："我对德国共产党青年致上敬意与好感。"这句话却马上被保守右派和国社党报纸打成是反共产与反犹太的粗暴攻讦。当时他们还扬言抵

1931 年，爱因斯坦与卓别林会晤于好莱坞《城市之光》首映式上

制他的电影，迫使他不得不更正声明。幸好爱因斯坦夫妇延迟了自美归国的时间，使得卓别林得以在搭夜车离开前的下午，到他们哈伯兰街的家拜访。若非如此，爱因斯坦肯定也会卷入这场闹事活动。租用卓别林影片的德国片商，于 1932 年破产——由于在电影院门口站岗的冲锋队员辱骂观众，并堵住入口，院方老板无法播放该影片。不宽容的暴力在德国于是成为现实。

他看得比别人透彻吗？

早在 1929 年，作家戈尔便在长篇小说中勾勒了柏林阴森恐怖的景象：

> 柏林，北方之都，死亡之城，冰封的窗户呆滞得像垂死的眼睛，堆迭着龟裂的石块，开裂得像妊娠纹的土地。如同黑暗和牢狱中的执念和蠢动之城，多不同于黄金时期诗歌中沸腾的疯狂！……病恹恹、臭兮兮的城市！你的贱民的恐慌，在你那冷却的岩浆般发皱的皮肤上传布。年老的食人婆，你下垂的乳房在皱巴巴的衬衣下发怒，更在不知方向的沼泽中失明。你来自哪个遥远的千年，难道你会在欧洲高贵的地毯上翻腾吗？

引文中的末句似乎蕴含某种预见。但也有可能，作家把自己在柏林的不得意投射成这一幕阴沉的画面。

　　1930年时，爱因斯坦评估德国的政治局势对自己已无大碍，几位犹太同侪却有不同看法。诺贝尔物理奖得主维格纳（Eugene

爱因斯坦在普林斯顿的办公室

Paul Wigner）回顾道："德国的一些事件令人害怕。当时在卡普特，匈牙利物理学家斯齐拉尔德（Szillard）和我便比爱因斯坦早些预料到，我们必须尽早离开这个国家。尽管自己在柏林的科技大学职位算是相当稳定，我还是应征了美国的工作，自1930年起，每半年在普林斯顿大学教书。"爱因斯坦的前研究助理兰克泽斯1931年去了美国。还有卡尔曼，他早在1929年便接受了加州理工学院（California Institute of Technology）的职位，却还是每学期在亚琛大学教书。卡尔曼之所以离开德国，因为自己预料得到，只要纳粹观念所到之处，身为犹太人的他，一定最易因此受害。另外，也有无从选择的人，如贡贝尔。他在经历漫长的抗争后，于1932年失去他在海德堡大学的教席而避居法国。由于他深入追查魏玛共和时期的政治谋杀者，亦即检视法庭过度宽待右派的罪犯，招致了民粹阵营的敌视。由于贡贝尔算不上一流的学者，爱因斯坦的帮忙就相当有限："我会为您谋得职位感到庆幸。性格成就的价值，并不亚于学术成就，所以您是不应被埋没的。"

1931年7月17日，爱因斯坦曾写了封推荐贡贝尔的信，给身为科学院执行秘书的普朗克，却似乎未寄出。笔者以为，纳坦和诺顿的评论可能有误："从中可见，爱因斯坦展现了某种不确定性，即他察觉，纳粹运动对德国政治和社会生活的影响与日俱增。"爱因斯坦在这份信稿的开头，表明自己的国籍："我在战争结束时便已经说明，在瑞士国籍之外，也接受德国国籍。在我看来，最近种种事件相关指责，却使这种状态的维持变得极为不利。"他拜托普朗克帮忙，放弃自己的德国国籍。"对于许多经济上依赖我的人的担忧及个人独立的某种需求，迫使我走到这一步。"什么是"最近种种事件"和"指责"呢？当时国内各地均没有太大的政治变革，就连科学院设置理论物理研究所作为物理所扩充之构想，亦不可能是所指的事情，因为爱因斯坦完全予以同意。促成写下这封信的缘由，应该不过是德国的银行危机，即自当月13日，德国两家最大的银行达姆施塔特银行及国家银行倒闭开始。德累斯顿银行维持到隔日。布吕宁（Brüning）内阁的因应措施，是强制停止16与17日两天的汇款交易，只容许提领工资等例外。随着紧急法令的颁布，外汇交易也遭严格限制。当时人指出：

> 所有银行和储蓄银行的窗口都关闭了！资本主义结构，一夕之间应声而倒……失业大军的数目已经来到400万大关……报纸公布，金融机构的窗口重新开放，但由存折提领现金，每日最多只有50马克的限额。

看来，爱因斯坦担心自己的存款。若是身为外国人，情况或许会好些。金融危机一解除，寄这封信的理由也消失了。爱因斯坦一定也像其他民主人士那样，对具有政治背景的暴行之日渐增，多感愤慨。据说1931年时，柏林这种恶斗下的死者有29名，其中共产党徒比纳粹党徒多出一倍。在1930年7月至1932年9月之间，总统只颁布了七项关乎政治暴力的法令，但这种禁令收效甚小。对于冲

Der Hausknecht der Deutschen Gesandtschaft in Brüssel wurde beauftragt, einen dort herumlungernden Asiaten von der Wahnvorstellung, er sei ein Preuße, zu heilen.

"可怜的傻瓜",对于爱因斯坦移民美国,民众的反应并不一致,反对的声音一直不绝,这幅画作于1933年春天,作者不详。

锋队和共产党之间的暴力斗争,警方不是无能为力,也是睁一眼闭一眼。1931年10月10日,兴登堡首度接见希特勒。隔天在德国北部巴德哈尔茨堡(Bad Harzburg),举行了所谓民族反对派的会议。该会的宗旨在于,在第一任布吕宁政府结束后,支持"民族派"壮大:"大家对着由我们选出的兴登堡总统起誓,他代表祖国数百万位男男女女、前线军人及青年的殷切盼望，并在最后时刻，借由任命一个真正的国民政府，促成良性轮替。"奥西茨基以一篇质疑文章《希特勒真要来吗？》，在《世界剧场》中加以回应。他抱怨政府：

> 这些先生拯救共和国的办法，是排除共和主义力量的支持，并惩罚这些不合己意的支持。不加分辨的集会禁令及禁止穿戴制服和徽章的法令，不仅使纳粹更使左派人士感到气愤。政府若有心捍卫这个宪法国家，就不可放弃动员所有民主共和力量……假使政府真的有意向国家社会主义展现权威，就必须在希特勒俨然为次级政府领导在皇宫前举行阅兵那天，把他当成叛乱犯加以逮捕。

幸运的是，同月13日，第二任布吕宁内阁组成了，这是个缺乏国会多数的总统内阁，只能以未经国会批准的紧急命令来治理。

1931年12月6日，夏季时的财务危机和10月的政治局势，可能促使爱因斯坦在搭船前往美国途中写下日记：

> 今天我决定原则上放弃我的柏林职位，亦即后半生成为候鸟！海鸥总是跟着船，一直飞着。它们应该会加入驶向（北大西洋中东部、葡属）亚速尔群岛（Azoren）的航线。这就是我的新同仁，不过老天知道，它们比我还能干。

他可能没有告诉妻子自己这个决定。"候鸟"可能表示他打算在两个地方之间往返。由于巴黎吕谢尔夫人的敦促，爱因斯坦应该离开柏林——或许是基于他们在搭柏林城乡快铁时的纳粹经历，艾尔莎 1932 年 7 月时这么回复她：

> ……而且心情难过，因为我们应该离开。这对阿尔伯特并不容易，他完全适应卡普特的生活，再没有比这里更惬意的地方了。他还跟我说明，他没有遭遇到需要离开的处境。他什么都不怕。

这封信或许也跟这件事有关，即美国教育学者弗来克斯纳 (Abraham Flexner) 6 月访问卡普特，想吸引爱因斯坦去普林斯顿。这样的洽谈直到 10 月才结束。爱因斯坦并未马上告诉普鲁士科学院自己跟弗氏签订的合同，亦即每年 5 个月时间在普林斯顿新成立的"高等研究院"(Institute for Advanced Studies) 工作。大概是他那"对个人独立的需求"，促使他朝多个面向发展。在与院方和部方磋商后有了协议，即自 1933 年起 5 年，爱因斯坦只领取目前的一半薪资。他希望这项协定自 1933 年 4 月 1 日起生效。部方却在后来 12 月圣诞节前夕（！）指示科学院，他在 1933 年前半年的薪给应予扣除，当时爱因斯坦已在美国。由此可见，他绝未预料到希特勒 1933 年初的夺权。

除了纳粹的日益嚣张，学术和经济因素，也激发爱因斯坦离开

行走在普林斯顿大学校园的小径上

柏林的想法。在专门领域里，随着他对量子力学和统计学诠释之排斥，他与德国同侪渐行渐远。很有可能，他跟哈伯、能斯特和普朗克的关系，即为了解决量子之谜促成他来到柏林的人，不再像1926年以前那么融洽。有所突破的人不是他，而是薛定谔、海森堡、玻恩及英国的狄拉克。另一方面，他全心钻研的统一场论只令学界同僚稍感兴趣，而部分报刊依旧重弹老调，推崇广义相对论为最新学术创见。波利取笑爱因斯坦这种定期受到赞扬的命题，爱因斯坦自己其实也在推陈出新："理论死了，理论万岁！"美国及英法等欧洲国家，倒是对身为科学家的爱因斯坦深感兴趣。位于帕萨迪那的加州理工学院，弗莱克斯纳设法延揽已经52岁的爱因斯坦。在美国多一个去处，这没什么不好。在这里，尤其在纽约和芝加哥，爱因斯坦大受欢迎。爱因斯坦夫妇1931年12月在美国时，凯泽写了封略带忧虑的信：

> 这里的苦难、恐慌和愤恨的气氛及绝望的激动，越来越浓。一切精神要素日渐失去拘束力，仿佛即将让位给新的野蛮文化。

1932年3月，兴登堡再度当选总统，以将近两成的票数领先希特勒，但党派间的斗争依旧。柏林和德国各地的政治骚动有增无减。凯斯勒伯爵6月底的评论是："奥西茨基今天下午忽然打电话来……在他市南区的弗里德瑙（Friedenau）家前一条平静的路上，就有纳粹队员不停来回巡逻——纳粹在柏林西半部逐渐制造出真正的街头恐怖。"接着是7月初："在我们礼拜天畅游风景秀丽的乡下期间，纳粹肆无忌惮与有组织的恐怖行动，又造成17位死者和200位伤患。"当月7日，柏林警察总长（社民党员）葛雷钦斯基（Grzesinski）在接受访问中，判断了国内的安全状况："不错，自然不得不这么说，这确实是德国的内战，潜伏的内战。"住在安静无事的卡普特的爱因斯坦夫妇，也有所察觉，这见之于同年5月、6月艾尔莎给吕谢尔夫人的信："在这么扰攘的时期，能否安心留在这里，谁都说不准。外子自己最爱待在他的小别墅和帆船里。不过，我重复一次，我却感到相当不安。"同月18日，政府的示威禁令只有一时的帮助。同月20日，无党籍国家总理巴本（Franz von Papen）以柏林的准内战情势为由，促成社民党人布劳恩（Carl Braun）所主持的普鲁士地方政府倒台，明显违宪。他把普鲁士警力归内政部长掌理，基本法随即失效。不论民主派系或是工会，均未曾全力如通过罢工抵制。

爱因斯坦在内政方面很少有所行动，难得的例子，是他在1932年7月31日国会选举前，对莱昂纳德·内尔松的"国际社会主义斗争联盟"（Internationaler· Sozialistischer Kampfbund）《恳切呼吁》之答复。文中号召，为因应国社主义造成的危害，主张组成反法西斯阵线，"借由社民党和共产党的联合，最好以共同的候选人名单为形式。切莫让自己的惰性和怯懦使自己落入野蛮"！爱因斯坦先是辞却签字，转而提议让他跟珂勒惠支

……邀请三位关键人物，即社民党的韦尔斯（Otto Wels）、共产党的台尔曼（Ernst Thälmann）及普世德国工会联盟（Allgemeiner Deutscher Gewerkschaftsbund）的莱帕尔特（Theodor Leipart）进行个人对谈，如此便可达到目的。

爱因斯坦政治行动的重点，是关起门来和合法的政治"领袖"进行个人磋商，却未想到，即使会谈成功，仍需要党派和工会采纳。在促成这种对谈时，爱因斯坦和珂勒惠支具有怎样的合法性呢？爱因斯坦的理解是：借着他们在科学和艺术上的成就及其道德标准！早在1931年12月，埃里希·缪撒姆便已预料到：

> 能够阻止希特勒夺权的唯一力量，是德国工人不受国社主义迷惑的团结意志。所有具有思想的劳工在这方面所见略同。他们也知道，大家所能采取的手段便是总罢工……这事业往往因为这样而中断，即社民党人指责共产党领导，共产党人指责社民党领导，并怪罪对方，说无产阶级是无法取得共同决议的。实情在于，劳工群众的意志是无法在任何一党、工会或纲领的领导下达成的。

一如所料，会谈没有成局，只有爱因斯坦、珂勒惠支及亨利希·曼共同写给三位领导干部的信函。台尔曼全无回应；韦尔斯和莱帕尔特尽管称赞这个提案，却认为共产党一定会从中作梗。这封信有其他许多联署人，如贡贝尔、希勒、克斯特纳、托勒及阿诺尔德·茨威格。经过国会选举，国社党成为最大党。至于巴本的右派保守总统内阁[1]，由于贵族占了半数，只维持到1932年12月。尽管如此，乐观主义者还是有的。贝尔曼·菲舍尔记叙道："民间某位一流犹

---

1 据德国东部的哥达（Gotha）贵族名册，亦称为"哥达内阁"。

太银行家还想跟我打赌，希特勒最迟在1932年底就会消失。因为雄辩是没有用的，休养生息的需求与日遽增。街头那些在我听来可有可无的喧嚣，不管是在哪个历史转折的时代，均是闻所未闻的。"

德国产量大减、价格下滑和官吏减薪的经济状况，只能以"悲惨"二字形容。自1928年起，失业数字持续攀升，隔年为8.5%，1932年时为29.9%，相当于登记有案的失业人口达560万——据估计，台面下还有100万人次。在纳入工会组织的劳工当中，无收入者的比例更高。以下是勒贝回忆录中的叙述：

> 德意志民族之所以盲从纳粹的误导，我在经济危机中看到一项主因。局外人很难设想，长年的失业多让这些诚实的劳工感到压抑。1932年底，在我于布雷斯劳（我的选区）的政党较小的理事会中，12位会员里，便有7位是失业的——有几位甚至失业了5年！

说到赔款，这个国家是没有偿付能力的。在美国总统胡佛（Hoover）的提议下，德国在6月的战债清偿顺延一年。后来在1932年7月瑞士洛桑（Lausanne）会议中，删除了杨格计划直到1988年（！）的费率，并结算出高达30亿金马克的赔款，清偿期限延为3年。

1932年9月，爱因斯坦在祝贺高尔基65岁生日时，依旧以类似的话语表达了自己的道德观："不论政治组织塑造成何种形式，但愿您的作品继续让人高尚。从来决定人的命运的，均是个人的感受、意志和作为。所以就长远来看，人的教育与其说是政治人士的，不如说是文艺人士的成果。"这是向政治斗争的大权投降吗？是在左派共同反纳粹阵线失败后的撤退吗？

告别柏林

在1932年7月的选举后，选民又得在11月6日决定新的国会。选举结果显示，国社党略有损失，却依然是最大党。若干人士从中看出某些希望。据说1932年底时，汉堡—美国远洋航线"副总裁"基普（Kiep）博士，其弟为纽约驻德方代办，对莱因哈特做了以下的表示：纳粹本来是打输了前一场选战，他们的运动已倒退，财政也破产。施莱歇（Schleicher）的新政府首长，也就是国防军，和社民党人同仇敌忾，所以是没什么好怕的。于是，莱因哈特留在柏林，直到1933年2月底国会大厦纵火案隔日才离开。元月中旬时，当《世界剧场》一位匿名作者在评论拥有8万名"党军"的希特勒党时，讲出以下的话，可说是错估了形势："国社党仍然苟延残喘——尽管已有几分削弱——仍然活着，而且张牙舞爪……刚开始的1933年，一定会显示出应有的结果……有什么预测呢？没错，德国最大企业的破产。"该年元月初，连奥西茨基都以为，这位"保皇派总理"施莱歇可以撑持很久呢。

1932年12月10日，爱因斯坦为了履行与普林斯顿的约定，和

爱因斯坦与艾尔莎（1931 年）

艾尔莎从勒特尔火车站途经安特卫普第四度前往美国。在搭船之前，他和朗之万在安特卫普会面，发起欧洲精神劳工反对国社主义的行动。在之前 10 月时，他写给政治左倾的法国作家马格里特（Victor Margueritte）时表示：

　　我认为，借助于知名作家、公认的艺术家和学者的激进和平主义团体，这种和平事业最具影响力。我相信，假使能如此戮力为之，便能产生真正有效的群体。

在马格里特复信表示赞同后，爱因斯坦建议他和朗之万联系，认为他是最合适的发起人："这可说是个国际性的联合会，由具有确切的和平思维的一流知识分子组成，他们应该设法以团体的身份，通过报刊在裁军和安全等等的议题上施展政治影响力。朗之万应该是这种群体的灵魂人物，因为他不仅拥有善良的意志，更具备相当的政治理解力。"艾尔莎在"奥克兰号"甲板上兴奋地记叙先生和朗之万的情形："他们有时会听取彼此所修正的共识。这两个好家伙。"爱因斯坦的提议，却跟一次大战结束时的提案如出一辙——他在自己的政治实务上，没有新的见识。这在 1932 年，大概会像 1918 年一样缺乏成果。我们不禁要问，爱因斯坦的立场是否真的只能以他在政治事务上的天真来解释；他的世界性声望，是否并不至于导致他某种程度的自我蒙蔽；或者是某种政治无力感，才促成他采取无视欧洲民族国家观点的行动？很有可能，这两人的会晤仅仅促成 1933 年 10 月中在巴黎的会议——也就这么多了。

据纳坦及诺顿的说法，"希特勒大权在握"，并未出乎爱因斯坦意料。毕竟他在 1933 年元月 30 日的夺权后 3 日，便致函给普鲁士科学院秘书处，谈及自己的薪俸事项：他的薪给不必从原先所要求的 4 月 1 日，而是从元月 1 日至 6 月 30 日全数扣除。这终究关乎 3 个月的薪资。

爱因斯坦和亨利希·曼及奥尔登联手组成"创制委员会"(Initiativkomitee) 及其"自由发言"大会，宗旨在于号召大家对付各种危害，维护新闻、集会、言论及教学自由等基本权利。1933

年 2 月 19 日，讨论会在柏林举办，可惜来得太晚。爱因斯坦早在国会大厦纵火案隔日便拿定主意，暂时不再回到柏林。他从帕萨迪那发信给朋友与情人玛格丽特·雷巴赫："有鉴于希特勒，我不会冒险踏上德国领土……我会在 3 月 25 日前往瑞士，在那里跟儿子见面。"3 月 7 日，《世界剧场》停刊号出版，在末页中可以读到："从 2 月 27 日的事件后，一系列人士遭到逮捕，当中也有本志的发行人奥西茨基。"接着 3 月 1 日，爱因斯坦便从美国发出公开声明：

> 只要我有这个机会，便将只留在这样一个国家，一个拥有政治自由、宽容和法律之前全民平等的国度。政治自由包括在口头和书面上表达政治信念的自由，宽容则是对个体任何信念之尊重。目前德国并未满足这些条件。

他还表示，在那些致力国际间谅解，且遭追捕的人当中，有些是极著名的文艺人士。他希望德国能很快恢复"健全的状态"。像是康德和歌德之类的伟大人物，不仅应该庆祝他们的周年庆，更应该用心推广他们在公众生活和一般意识中所代表的基本原则。自称与爱因斯坦"在政治上南辕北辙"的普朗克，觉得他的声明缺乏善意，因为"这些消息均使您格外难以介入您所重视且赞扬的一切"。另外，在"普鲁士科学院前执行秘书"海曼（Ernst Heymann）看来，爱因斯坦的声明有如芒刺在背。他于 3 月 29 日向普朗克提出建议，爱因斯坦应该自行退出科学院，否则应以其他办法逼他就

1939 年，在同为德国纳粹难民的奥地利物理学家西拉德（Leo Szilard）的敦促下，爱因斯坦上书罗斯福总统，警告纳粹德国在核子研究方面颇有进展，可能搞出原子武器。在信中，爱因斯坦敦促政府赶在德国之前研制出原子弹。右图即为此信原件。

范。爱因斯坦深知院内同僚对"国家"的忠诚，且不在意由谁主政，所以 28 日当日便发表退出声明：

> 当前德国的主要情势，令我放弃普鲁士科学院的职位。19 年来，科学院一直提供机会，让我从事科学研究，免于任何职责。本人明白，再怎样向院方致谢都不为过。我极为不舍离开，在这长段时期当中，身为其成员，我深受激励及拥有美好的人际关系，并将永远珍惜。

他的正式理由是"在目前的情势下"，他那依附普鲁士政府的职务，已令他难以忍受。就在同一天，3 月 28 日，《科隆报》刊登了爱因斯坦为"对抗反犹主义国际联盟"(Internationale Liga gegen den Antisemitismus) 所写的另一份声明，其中有这样的话："针对所有自由人士和犹太人的血腥暴力和镇压之行动，这些在德国已经发生且继续发生的行动，幸好已经唤醒向来忠于人文思想和政治自由的国家之良知"；以及"我们可以期待，这项回应足令欧洲避免倒退回消失已久的野蛮状态"。纳粹党徒于当月20日侵入爱因斯坦在卡普特的避暑屋的谣言，传到他耳边，他在横渡大西洋的商船甲板上便予回应："这不过是现今发生在全德专制暴行中的一个例子。"当科学院执行秘书海曼在报上发表一份未经批准、有失体面的声明，指责爱因斯坦为"危言耸听者"时，开始扮演希特勒同路人的院方觉得大失尊严，咸认"基于这项理由，便不必惋惜爱因斯坦的退出"。冯·劳厄试图在科学院全体大会上反对这项声明，未能成功。院士们害怕新的当权者。普朗克只留下这样的会议记录，即爱因斯坦是"这样的物理学家，他在本院所发表的论文让本世纪的物理更进一步，他的重要性只有开普勒和牛顿的成就才能相比"。同年5月，他拜会希特勒，为犹太科学家尤其是哈伯说项，却无成果。

在国外绝不批评自己的国家，这点或许是德国人由来已久的忠诚与品行。格罗斯也不例外："我不愿从安全无虞的国外搞对抗德国的宣传——在这方面，我是传统的小资产者，而非聪明的布尔什维克。我不乐意在'被压制的文化财产'的假面下，助长讨厌的法国资本主义及军国主义。这就留给像图霍尔斯基之类的聪明人吧。有位法国出版商要我画反德国的插画，被我断然拒绝了（不计较那笔钱——多小资产啊）！"

回到欧洲，爱因斯坦在比利时疗养胜地来克苏美(Le Coq sur Mer)租了间房子，想暂时待在这里，和海伦·杜卡斯与迈尔当邻居。如今世事变化迅速。1933年4月1日，纳粹抵制犹太公司行号、诊所和大学生，在月初搜索他哈伯兰街的家后，可能因为马里安诺夫，爱因斯坦于同月4日提出申请，撤销自己和妻子的德国国籍。5月初，他从来克苏美写信给荷兰物理学者德哈斯："德国的情形很可怕，看不出会有什么改变。我从相当可靠的消息来源听到，纳粹正加紧生产战争物资。要是再给这些人3年时间，欧洲就会遭遇可怕的事情，现在用强硬的经济行动还来得及阻止。可惜世人从不曾由历史中学得教训。"

4月7日，"公务员整顿"法案生效，要求国家各部门（只有少许限制条件）让犹太或反对党官吏离开公职，亦包括爱因斯坦。因为参与战争而一开始免被解雇的玻恩、哈伯和哥廷根的弗兰克，为了抗议这项法令，在交还职务后便移民。5月10日，在柏林大学正对面的广场上，焚书之火点燃了：在书籍被烧成灰烬的134位作家、诗人和出版家当中，将近半数的人住在柏林。爱因斯坦的文章也在其中。尽管如此，7月时，巴黎的柏林艺品商弗莱希特海姆(Alfred Flechtheim)仍然深抱希望，认为纳粹统治即将终了，希特勒政府会在秋季时垮台："弗莱希特海姆认为，在纳粹党里头就有不同的路线和干部在恶斗，譬如戈林(Göring)和戈培尔。这些内部争执和避免不了的可怕后果，将使其瓦解。"在这种动荡不安的局势下，爱因斯坦仍然辛勤研究他的统一场论。6月初，他在牛津大学主讲英国思想家"斯宾塞（Spencer）学说"。在讲稿中，他把自己和研究助理迈尔关于描述电子的最新论文，承接法国科学家德·布罗伊（de Broglie）和狄拉克之前的进展，并稍嫌草率地认为，这是目前最周详的方法。

若说爱因斯坦的政治行动相当天真，那么他在初期对纳粹可能掌权的分析（如在《世界剧场》中），便堪称严谨。他发觉，忍耐这些褐色当权者及其张牙舞爪的帮凶，并无意义。奥西茨基和埃里希·缪撒姆便这么做过，因而丧失生命。于是，爱因斯坦在夏季期间，一改"激进和平主义者"的立场，而倾向"现实政治"。7月时，他自问道：

> 比如说，今天眼看着德国致力军备，还应该建议法国人或比利时人拒服兵役吗？或是为了这种拒斥而运作？坦白讲，我不认为如此。我认为，在当前的状况下，大家只能支持跨国的暴力组织，却不可赞同废除暴力。这阵子的种种事件已使我"改变观念"。

当他为了比利时两位遭到羁押的拒服兵役者求情时，决定让"两位被关押的朋友有所认识"。尽管他原则上并未改变观点，却表示："假使我是比利时人，我不会在今日这种情势下拒绝从军，而是抱持拯救欧洲文明的观感，自愿承受。"这种急转弯（比利时国王对此也有所影响），令不少从事和平运动的朋友感到愤慨。像是罗曼·罗兰在 9 月 15 日给斯特凡·茨威格的信上，便严厉批评这位过去的同道：

　　身为朋友的爱因斯坦，在某方面比敌人更加危险。他的才华只在他的学术上，在别的领域，不过是个愚人……自己相信，也让年轻人相信，他们可以停止排斥战争，这都是致命的天真。因为很显然，即使这么做还是会有战争，还是有人壮烈牺牲！……现在他走了回头路，以昨天还在支持反战的那种轻

爱因斯坦 1933 年在圣塔巴巴拉骑自行车，刚刚脱离德国纳粹的控制，其自由悠哉的形象传遍了全世界。

率，背叛了反战人士。他生来不过是为了他的方程式。

尽管这些话出自一时气愤，却也点出爱因斯坦的一般特征，即不只在政治上，他总是采取无害于己的论点。反观克维德，他不单在帝国时期因为侮辱皇帝而坐牢，葬送了学术生涯，据说在共和期间，还因"叛国的文字"而遭逮捕。爱因斯坦则不会当这种烈士。

尽管他跟许多人一样，没有预料到希特勒会迅速掌权，却仍然做了万全的准备。同年3月13日，格罗斯从美国写信给何尔森贝克夫妇表示："所以你们已经接受希特勒这个人当首长……因此我庆幸自己移民的这个决定。想当初，我们的朋友将军兼总统的施莱歇还稳若泰山呢。我自己都没办法相信，共和国这么快就完全覆灭。"1936年，何氏也从柏林流亡纽约，跟爱因斯坦一样成为美国公民，从事心理医师一行。格罗斯在一封给危难中朋友（后来还帮助他流亡）的信中，以戈培尔的口吻嘲弄爱因斯坦3月底在美国的声明："你听说过那位随便就被收买的叛国者爱因斯坦吧？这个人的作为还真卑鄙，尤其还有个'学者'的名号，荷包里塞满的钱，全是百货行的犹太老板从穷人搜刮来的，他在这里摆出肮脏的嘴脸。"但格罗斯并不如爱因斯坦那么认真看待希特勒。在他给何尔森贝克的信上是这么说的："我不过是从自己的经验知道，过一阵子，等初期的惊吓过去，终究会再拨云见日的，政治路线会继续稍微偏右。"

托马斯·曼似乎也认为，希特勒当上总理并不意味着彻底的变化。他在阿姆斯特丹和布鲁塞尔讲演《瓦格纳的苦难和伟大》后，便和妻子到瑞士度假。直到国会大厦纵火案及同年3月5日国会选举国社党大胜时，他才感到惊慌。夏季时分，当他停留在法国南部蔚蓝海岸（Côte d'Azur）的勒拉芳杜（Le Lavandou）和珊纳瑞（Sanary）时，夫妇两人的举止令席克勒感到惊讶："他们看得到发生及即将发生什么，却不愿理会。"

由于爱因斯坦的世界性声望，更由于德国内政部和外交部之间的歧见，他在一年之后，1934年3月24日，才跟着若干朋友如贝

1933年9月，纳粹分子发表的讽刺爱因斯坦的漫画，画中底部写着："阿尔伯特·爱因斯坦：作者的名声似乎是相对的。"

歇尔等作家一道注销国籍，11月还有克劳斯·曼。1933年8月，一批前述人士早已做出同样决定：教授伯恩哈德、左派人士布赖特沙伊德、福特万格勒、格拉赫、葛雷钦斯基、贡贝尔、"枭雄"赫尔茨、科尔、莱曼－鲁斯比尔特、亨利希·曼、共产党人明岑贝格、沙伊德曼和报刊总编施瓦茨席尔德。如今，爱因斯坦只有瑞士国籍。托马斯·曼在1936年12月才丧失德国国籍。

根据格龙德曼（Grundmann）考证，德国政府借着指控爱因斯坦夫妇进行共产主义活动，没收了他们约6万马克的资产、市价16200马克的避暑屋及游艇。后者的拍卖价是1300马克。在财务方面相当谨慎的爱因斯坦，把他在国外的收入都留在当地，而基尔的安许茨公司为了旋转罗盘而给他的专利费用，自1926年至1938年直到企业解散为止，均由其荷兰经销公司"转账"至海牙（Den Haag）。所以爱因斯坦并未被强盗政府搜刮殆尽："我本人没事，但几乎所有跟我有交情的人都遭殃了。"当中吃到苦头的，也有艾尔莎的妹妹保拉和女儿玛戈特。据艾尔莎表示，玛戈特全靠爱因斯坦的户头过活。玛戈特在4月初离开柏林，跟随她那已逃往巴黎的丈夫。伊尔莎和先生凯泽留在柏林收尾，通过法国大使把爱因斯坦的个人文件、藏书和家具运至国外。除了5月底冲锋队从哈伯兰街家偷走的地毯、图画和贵重物品外，凯泽他们算是完成任务，随后就逃到荷兰席凡宁根（Scheveningen）。

为了人权和犹太族人付出的爱因斯坦，仍被当中若干人指责。艾尔莎于同年4月发自席凡宁根的信，或许稍嫌夸张：

外子命运中的悲剧性因素，就是所有德国犹太人，都指责他导致他们在那里的可怕经历。……所以犹太人寄给我们充满恨意的信件，比纳粹来得还多！其实，他已经为犹太人奉献牺牲了！他没被吓倒，且不曾放弃！……他们所受的恐吓和惊吓如此之大，让他们全盘托出，还保证句句属实。他们多乐意和爱因斯坦划清界线哪！

不难想见，爱因斯坦的不满，主要针对"德国人"。5月底，他从牛津写信告诉玻恩："你晓得我对德国人从来没有特别的好评（在道德和政治方面）。但我不得不承认，有些事情确实相当令我讶异——他们的残忍和懦弱程度。"他设法帮助遭到希特勒政府驱逐的同侪。他拜托法国译者索洛文，让逃出德国的犹太学者都来找他。他想设法"在外国（英国？）为犹太助教和教授设置一所犹太特约大学"。他写信告诉玻恩，每当想到年轻的学者，他就感到痛心。根据艾尔莎的一封信，爱因斯坦本身获得巴黎、马德里、布鲁塞尔、牛津和荷兰的邀聘，且全都接受："只要时间许可，他哪里都乐意去。"但他却依然无动于衷："现在在我脑子里，教授的事多过理性思维。杂念多得不得了！"能斯特于10月1日退休；薛定谔在柏林留职停薪，1933年还拿英国奖学金到牛津修学位和授课。他私下表示纳粹令他厌烦，面对对手时，却不这么表明。

这时，在本市各种场合都飘着纳粹的红旗，街上则有褐衬衫、黑长靴的队伍跟着旗子行进。有位百姓，几乎不太可能是德国人，说了这么一句："旗子一撑起来，理智便随喇叭起舞！"在这个"新时代"，德国人的理智都在高举的"希特勒万岁的手臂"上。这个法治国家，现在靠的是嚣张的冲锋队和党卫军(SS)以及许多人民的无所作为。一万名德国犹太人和国社主义的政敌，被迫仓卒离开德国，免得性命不保。就连和爱因斯坦保持距离的"柏林化石"梅林，他的书也在被焚之列，也不得不在纳粹恐怖行动前亡命，却是心有未甘。他的《柏林颂》最后一节是这样的：

你们的波克人（Bowkes）——和你们的"蓝色泻药"：

难道一去特雷普托我就是尼斯人（Neese; Neisse）？

你们说什么？解救？就穿着褐衫到处跑？

什么跟什么！这样子就要让人忙上一阵？

我只知道哪里可以捡到马粪——

我跟你，你则跟所有的马相处。

你们凭什么把我从公会赶出？

告诉我吧，柏林，

你不觉得丢脸？

我拿嘴巴、心和脑与你们同在！

你的回报呢——这就是你的回报？

这很不该！

纳粹政权被消灭后，梅林重返欧洲。柏林市尊他为名誉教授。

1933年10月初，爱因斯坦夫妇、迈尔博士和海伦·杜卡斯从英国搭船前往美国。据说，爱因斯坦夫妇就此告别欧洲。柏林再也见不到这位不平凡的市民。

谢 辞

笔者想先感谢爱因斯坦过去在普朗克研究院教育研究所的成员、他周遭不同科学的研究者，与参与普朗克研究院爱因斯坦理论的研究人员。首先谢谢该所负责人，柏林普朗克研究院 (MPIWG) 院长雷恩 (Jürgen Renn) 博士的鼓励和支持。我和研究院严谨和精确的学术伙伴卡斯坦尼蒂 (Giuseppe Castagnetti) 合作愉快，我也感谢他所提供的若干资料来源和许多有用的讨论。此外，还要提及谢妲乐 (Britta Scheideler) 博士、希固森 (Skúli Sigurdsson) 博士、史泰德－施奈德 (Gudrun Staedel-Schneider) 小姐、霍夫曼 (Dieter Hoffmann) 博士、达美罗 (Peter Damerow) 博士和绍尔 (Tilman Sauer) 博士。两位知识渊博的好友，费城的哈瓦斯 (Peter Havas) 和波士顿的史塔赫 (John Stachel)，引发我对科学史的兴趣。三位哥廷根同事，即卢斯 (Hans Jörg Roos)、克内泽 (Martin Kneser) 和施瑞德 (Manfred Schroeder)，及美国毕士大 (Bethesda) 的格林斯潘 (Nancy Greenspan) 博士、美国罗契斯特 (Rochester) 的奥特拉姆 (Dorinda Outram) 教授、维也纳的拜格（Beig）教授、慕尼黑的迈耶（Karl Meyenn）博士、保加利亚索菲亚（Sofia）的伊万（Ivan）教授和托多洛芙（Boriana Todorov）博士，及慕尼黑的瓦格纳（Siegfried Wagner）博士，给我许多建言。我更谢谢法大（F.）的柯（G. K.）女士许多有价值的思想交流以及资料引文和语言上的帮助。内人多萝西娅（Dorothea）及孩子茱莉亚（Julia）和洛伦兹（Lorenz）是最早给我批评的人。在文稿的格式和一些改善建议上，我要谢谢哥廷根的葛罗曼（K. Glormann）女士。在此要感谢的档案机构，有柏林—达冷的普朗克学会、柏林地方档案馆、柏林普鲁士国家图书馆和哥廷根大学图书馆原稿室。书稿也受益于出版社编辑部的细心校阅。

中译版编按

1.本书人名，为求简洁，除同姓氏和女子名，国外人名只译姓不译名。

2.为增加阅读时的理解，文中添加了不少译注。

3.由于国内一般读者不像德国读者那样熟悉柏林，故作者提到有关柏林的街道和区域，均在前方加注方位。例如市中西区表示在柏林市内西区，市区西边表示位于柏林市郊西边，以此类推。

本书译文由立绪文化出版公司授权简体字版出版发行。

图书在版编目（CIP）数据

爱因斯坦在柏林 /（德）戈纳（Goenner,H.）著；李中文译.
——北京 ：中央编译出版社，2012.10

ISBN 978-7-5117-1174-8

Ⅰ.①爱…
Ⅱ.①戈… ②李…
Ⅲ.①爱因斯坦，A.(1879~1955) －生平事迹
Ⅳ. ①K837.126.11

中国版本图书馆 CIP 数据核字(2011)第 252354 号

爱因斯坦在柏林

出 版 人：刘明清
出版统筹：薛晓源
责任编辑：王忠波
责任印制：尹 珺
出版发行：中央编译出版社
地　　址：北京西城区车公庄大街乙 5 号鸿儒大厦 B 座（100044）
电　　话：(010) 52612345（总编室）　　(010) 52612339（编辑室）
　　　　　(010) 66130345（发行部）　　(010) 52612332（网络销售部）
　　　　　(010) 66161011（团购部）　　(010) 66509618（读者服务部）
网　　址：www.cctphome.com
经　　销：全国新华书店
印　　刷：北京瑞哲印刷厂
开　　本：880 毫米×1230 毫米　1/32
字　　数：300 千字
印　　张：14.875
版　　次：2012 年 10 月第 1 版第 1 次印刷
定　　价：49.00 元

本社常年法律顾问：北京市吴栾赵阎律师事务所律师　闫军　梁勤
凡有印装质量问题，本社负责调换。电话010-66509618